GEORGES DEMANCHE

AU CANADA

ET CHEZ

LES PEAUX-ROUGES

OUVRAGE CONTENANT

NEUF GRAVURES HORS TEXTE

D'après les dessins de G. Tiret-Bognet et L. Boudier

ET UNE CARTE EN COULEUR

PARIS

LIBRAIRIE HACHETTE ET Cie

79, BOULEVARD SAINT-GERMAIN, 79

1890

AU CANADA

ET

CHEZ LES PEAUX-ROUGES

OUVRAGES DU MÊME AUTEUR

D'Alger à Kairouan, brochure grand in-8°. — Librairie Challamel, 1886. . . . . 1 fr. 50

A travers la Corse et l'Oranais, brochure grand in-8°. — Librairie Challamel, 1888 . . . . 1 fr. 50

Aventures d'une caravane scolaire en pays slave, brochure in-8°, C. A. F. — Librairie Lecoffre, 1888.

GEORGES DEMANCHE

AU CANADA

ET CHEZ

LES PEAUX-ROUGES

OUVRAGE CONTENANT

NEUF GRAVURES HORS TEXTE

D'après les dessins de G. Tiret-Bognet et L. Boudier

ET UNE CARTE EN COULEUR

PARIS
LIBRAIRIE HACHETTE ET CIE
79, BOULEVARD SAINT-GERMAIN, 79

1890

AVANT-PROPOS

Quelle est la situation politique, économique et sociale faite par l'Angleterre aux descendants des 65,000 colons français laissés sur les bords du Saint-Laurent, en 1763, lors de la cession du Canada?

Quelle est leur force de résistance à l'absorption anglo-saxonne?

Quel rôle jouent-ils et de quelle influence disposent-ils dans la confédération canadienne?

Quel avenir est réservé à la race française dans l'Amérique du Nord?

Tels sont les points que l'auteur s'est efforcé de mettre en relief dans le récit du voyage qu'il fit au Canada en 1885.

On retrouvera dans ces pages le tableau des réceptions brillantes et enthousiastes qui furent faites au premier groupe de Français qui apparut dans ce pays pour resserrer les liens d'amitié détendus depuis plus d'un siècle.

On comprendra, en parcourant ces pages, l'attraction que doivent exercer sur les immigrants les beautés naturelles d'un pays, déjà si riche en produits de toutes sortes et qui, malgré sa grande jeunesse, se montre si bien préparé à la vie publique et si apte à savoir jouir de la liberté.

Ces notes de voyage, publiées d'abord dans la *Revue Française*, de 1886 à 1888, n'ont subi, depuis lors, que les modifications nécessaires pour mettre le lecteur au courant des événements les plus récents.

Nous espérons qu'elles feront connaître et aimer davantage en France un peuple qui a conservé pour la mère patrie un si religieux souvenir.

GEORGES DEMANCHE.

Paris, 15 juillet 1890.

AU CANADA

ET

CHEZ LES PEAUX-ROUGES

I

AUTREFOIS ET AUJOURD'HUI

France et Canada. — La traversée du *Damara* du Havre à Halifax. — Un bateau comme on en voit peu. — Les premiers temps de la colonisation. — Jacques Cartier et Montcalm. — La cession du Canada. — La lutte pour l'existence. — L'acte de confédération de 1867. — La question de l'indépendance. — La langue française au Canada. — Accroissement prodigieux de la race française. — Régime commercial.

Durant un siècle environ, depuis le traité de Paris du 10 février 1763, qui cédait le Canada à l'Angleterre, tout rapport avait à peu près cessé entre la France et le Canada. Ce n'est pas que les Canadiens eussent perdu le souvenir de la mère patrie ; non, ils avaient conservé pour elle la plus tendre affection, mais la France, elle, avait oublié les descendants de ceux qui avaient lutté pour sa domination et avaient arrosé de leur sang les rives du Saint-Laurent.

Cependant les événements de 1814 et 1815, les souffrances du captif de Saint-Hélène avaient trouvé un douloureux écho dans notre ancienne colonie. Plus tard des Canadiens combattaient côte à côte avec nos soldats sur les champs de bataille de la Crimée, et l'alliance franco-anglaise, en réconciliant deux nations si longtemps ennemies, rappelait à la France qu'elle avait au delà de l'Atlantique des enfants dont le cœur battait toujours pour elle. Aussi lorsqu'en 1855 la *Capricieuse*, commandée par M. Belvèze, montra, pour la première fois depuis un siècle, le drapeau français sur les bords du Saint-Laurent, des manifestations enthousiastes accueillirent ce pavillon qu'une foule de Canadiens-Français vinrent saluer du fin fond de leurs campagnes. E lorsque nos marins mirent pied à terre dans la vieille cité si française de Québec, ce ne fut plus de l'enthousiasme, mais du délire. Le drapeau tricolore, qui flottait à toutes les fenêtres, n'a pas cessé, depuis ce jour, d'être arboré par les Canadiens-Français dans toutes leurs fêtes nationales et dans les cérémonies solennelles.

Ces faits ne pouvaient passer inaperçus en France. Aussi le gouvernement de Napoléon III conçut-il le projet de créer à Québec un consulat général de France. Un décret rendu en 1860 mettait à exécution ce projet et nommait le premier titulaire de ce poste.

Lorsqu'eut lieu l'expédition du Mexique, des Canadiens prirent du service dans les rangs du corps expéditionnaire français, et lorsqu'en 1870 nos désastres furent connus sur les rivages canadiens, les sympathies douloureuses ne manquèrent pas à nos représentants, pas plus que les secours à nos blessés et, plus tard, les souscriptions pour la libération du territoire.

D'un autre côté, d'intéressantes publications apprenaient à la France que son souvenir était pieusement conservé sur les rives du Saint-Laurent. M. Xavier Marmier, un des premiers, faisait cette révélation; M. Edme Rameau de Saint-Père retrouvait, pour ainsi dire, les Acadiens et les faisait connaître, non seulement à ses compatriotes, mais encore aux Canadiens eux-mêmes qui n'avaient point de rapports avec eux et ne possédaient sur leur compte que des données fort incomplètes. Puis, suivant la voie si bien-tracée, MM. H. de Lamothe, Gustave de Molinari, Fr. Gerbié, pour ne citer que les ouvriers de la première heure, faisaient part de leurs impressions et de leurs savantes et consciencieuses recherches sur le Canada.

L'Exposition universelle de 1878 à Paris permettait à la masse du public de faire connaissance avec les ressources et les produits du Canada et de les faire apprécier à leur juste valeur. Enfin la création à Paris, en 1882, d'un commissariat général du Canada, dont le titulaire est encore M. Hector Fabre, la fondation d'un journal spécial *Paris-Canada*, ne pouvaient que contribuer à renouer des liens d'amitié et de commerce trop longtemps détendus entre Français et Canadiens. Une grande excursion transatlantique devait, une fois de plus, faire éclater au grand jour les sentiments de sympathie et d'estime mutuelle que les deux nations ressentaient l'une pour l'autre.

Dans le courant du mois de janvier 1885, une délégation se formait à Paris dans le but de visiter le Canada, à l'occasion de l'inauguration d'une ligne franco-canadienne de paquebots reliant directement le Havre à Halifax. Cette délégation, forte de 54 membres, se composait principalement de représentants de la presse, de délégués des sociétés savantes, des chambres syndicales et de commerce, d'ingénieurs, de négociants, d'industriels, etc. Un certain nombre de dames faisaient partie de l'excursion.

Le 4 août, dans la nuit, le *Damara*, inaugurant le service de la ligne canadienne, quittait le port du Havre, emmenant avec lui environ 80 personnes, tant passagers qu'émigrants. Ce paquebot, sorti des chantiers de Glascow, était solidement construit, mais avait le tort de ne filer en moyenne que 10 nœuds à l'heure. Ce tort était d'autant plus grave pour un paquebot neuf qu'aujourd'hui toutes les lignes de passagers desservant les États-Unis et le Canada font de la rapidité du trajet une question de succès et atteignent en moyenne au moins 16 à 18 nœuds à l'heure, tout en joignant le confort à la vitesse. Tel n'était pas précisément le cas du paquebot de la ligne franco-canadienne. Cette ligne n'avait, du reste, de français que le nom; le matériel, le personnel, la direction, les intérêts, le langage, tout était exclusivement anglais, même la façon de comprendre les engagements. On est bien obligé d'avouer que, pour faciliter les rapports entre la France et le Canada français, l'essai n'était pas très heureux. Aussi ne fut-on pas surpris d'apprendre, quelque mois plus tard, que la nouvelle ligne avait cessé d'exister.

Mettant à profit les longues heures de la traversée, les membres de la délégation constituent un bureau et mettent à sa tête, comme président, M. G. de Molinari, que son expérience, ses voyages aux États-Unis et au Canada semblaient indiquer tout naturellement pour occuper ce poste. En outre, à la suite de plusieurs réunions, se constitue également, sous l'inspiration et sous la présidence de M. Ed. Agostini, une *Association française canadienne*, dans le but de resserrer les liens commerciaux unissant la France et le Canada, et de diriger vers ce dernier pays l'émigration française trop souvent perdue, sans aucun profit pour la mère patrie, dans des pays de race et de mœurs différentes.

Des incidents nombreux et variés, d'un ordre purement intérieur, égayent quelque peu les passagers, les agitent même parfois, quand les flots de l'Océan ne se chargent pas de ce soin. La traversée se ressent de la précipitation avec laquelle le voyage a été préparé et l'embarquement effectué. Les passagers sont plus qu'au complet dans les cabines, qui ont toutes indistinctement l'étiquette de 1re classe, mais ce n'est, hélas ! qu'une étiquette. Les vivres sont en abondance dans la cambuse, il y en a même jusque dans les canots de sauvetage, mais malheureusement ils y restent, inconnus même et surtout de ceux qui sont chargés d'en faire la distribution. La table du *Damara*, sans ressembler toutefois au radeau de la *Méduse*, souffre quelquefois de ce vice d'organisation. Un beau jour c'est le boulanger du bord qui fait grève, et le pain manque totalement; force est de manger du biscuit, dur comme de la pierre. Une autre fois c'est le tour du cuisinier, et l'on ne vit que de conserves. Puis c'est l'agent de la compagnie de navigation, qui, ne pouvant s'entendre avec le capitaine Mac Mullen, ni en direction, ni même en langage (celui-ci ne s'exprimait qu'en anglais, celui-là n'en connaissait que quelques mots), donne sa démission de commissaire de bord. Les passagers inquiets se réunissent en grand conseil et, avec l'assentiment du capitaine, choisissent un des leurs, M. Ch. de Bouthillier, pour donner l'impulsion nécessaire au service si mal fait des cabines et de la table. Tout marche alors à merveille. Le service devient ponctuel, les garçons polis, la table presque succulente. Mais hélas ! ce paradis terrestre ne dure que vingt-quatre heures, car le capitaine prend à son tour la direction du service intérieur. Le régime du *self government* a vécu !

Malheureusement pour les passagers, ce brave Mac Mullen, excellent homme au fond, surtout lorsqu'il n'est ni sous l'influence de la colère, ni sous celle des petites liqueurs, s'en repose, pour le service, sur le *steward*, petit cuistre de 20 ans, aussi négligent que mal appris et que les passagers ont trop souvent besoin de remettre à sa place. De son côté le roulis profite de ce que la cale du paquebot manque tant soit peu de fret pour obliger le bâtiment à se livrer à des ébats peu agréables pour les passagers et à prendre à bâbord, sous l'influence de la voile, une inclinaison exagérée. Mais les distractions et les amusements de la jeunesse réagissent contre les petites misères du bord. La musique, qui ne perd jamais ses droits, charme les esprits par des flots d'harmonie, et bien que la lyre d'un Orphée ne se fasse pas entendre, quelques virtuoses s'efforcent de la faire oublier. C'est entre les soubresauts de deux vagues qu'un jeune violoniste de talent, M. Jacques Haakman, met au monde, en l'honneur du Canada, un hymne de circonstance, qui prend de suite le nom de *Chant du Damara.*

Après avoir franchi les parages toujours agités du Trou du Diable, le *Damara* arrive en vue du cap Race et des côtes escarpées et désolées de Terre-Neuve. Là il est pris, dans d'épais brouillards pendant près de deux jours, n'avançant que lentement au bruit de la sirène, dont le son rauque et lugubre se fait entendre de nuit comme de jour. Le 15 août on découvre la terre de la Nouvelle-Écosse, dont les côtes relevées sont couvertes de forêts ou de riantes prairies. Quelques heures après, le *Damara* pénètre dans la profonde baie d'Halifax, franchit le môle et va accoster sans la moindre difficulté aux quais du magnifique bassin naturel qui sert de port à la capitale de la Nouvelle-Écosse.

Sur le pont même du bateau, le maire d'Halifax, M. Mac Kintosh, vient souhaiter la bienvenue aux voyageurs, ainsi que deux délégués de la ville de Québec, MM. Faucher de Saint-Maurice, membre du Parlement, et Tarte, directeur du *Canadien*, qui ont tenu à saluer leurs frères de France avant même qu'ils eussent mis le pied sur la terre d'Amérique. On nous attend avec impatience à Québec, mais il est impossible de partir le jour de l'arrivée. Le lendemain étant un dimanche, les chemins de fer font relâche, sans se soucier des impatiences des voyageurs, et ce n'est que le lundi soir — car il n'y a qu'un train par jour — que le départ pourra s'effectuer.

Il n'est pas possible d'aborder sur cette terre du Canada sans se reporter par la pensée aux temps glorieux où le drapeau de la vieille monarchie française flottait librement et fièrement sur cet immense territoire. L'histoire du Canada n'a encore que quelques pages, mais combien d'illustres faits d'armes et d'actes héroïques n'y sont-ils pas consignés ! Ces souvenirs sont profondément gravés dans tous les cœurs canadiens; mais, peut-être, n'est-il pas inutile de rappeler en quelques lignes cette grande épopée de la colonisation du Canada et les diverses phases traversées par ce pays jusqu'au jour où une véritable autonomie lui a été concédée.

Le 16 juillet 1534, Jacques Cartier, parti de Saint-Malo avec deux vaisseaux, débarquait sur les côtes de la Gaspésie, à l'embouchure du Saint-Laurent, et prenait possession, au nom du roi François Ier, du pays qu'il désignait sous le nom de Nouvelle-France ou Canada, d'après le nom que les Sauvages lui donnaient. En 1535, dans un second voyage, il abordait à Stadaconé (Québec), où il passait un rude hiver avec les équipages de la *Grande Hermine*, de la *Petite Hermine* et de l'*Émerillon*. En 1536, il remontait le Saint-Laurent jusqu'à Hochelaga (Montréal). Une première tentative de colonisation, faite en 1541, ne réussit pas. En 1604, de Monts débarqua sur une île, près du Nouveau-Brunswick. Mais ce fut en 1605 seulement, que furent jetées les assises de la première cité française, Port-Royal, sur les côtes d'Acadie. Le 3 juillet 1608, Champlain fondait Québec, dans une situation admirable. A dater de ce jour la colonie existait, mais des guerres incessantes avec l'Angleterre entravèrent constamment son développement. Québec fut assiégé et pris par les Anglais en 1629, mais rendu à la France en 1632.

Afin de favoriser la colonisation, Richelieu avait fondé, le 29 avril 1627, la *Compagnie des Cent-Associés* qui avait le monopole du commerce et de l'administration du pays. Cette Compagnie, qui ne répondit pas à l'attente générale, subsista jusqu'en 1663, époque à laquelle le Canada fut replacé sous l'autorité directe de la Couronne. Pendant près d'un siècle, à partir de 1609, la colonie eut à subir les incursions des Iroquois, sans cesse excités contre elle par l'Angleterre. Après avoir presque exterminé les Hurons, nos alliés et leurs mortels ennemis, les Iroquois ne furent contraints qu'en 1700 d'enterrer la hache de guerre. Cela ne les empêcha pourtant pas de nous combattre jusqu'en 1760, chaque fois que les Anglais nous attaquaient, et c'était souvent !

Durant ces luttes intestines, la guerre avec l'Angleterre n'avait cessé de sévir. Québec, assiégé de nouveau en 1690, repoussait toutes les attaques : le chevalier d'Iberville, le *Cid canadien*, prenant à son tour l'offensive, s'emparait de Terre-Neuve, en 1696, et de la baie d'Hudson, en 1697 ; mais ce dernier territoire était cédé à l'Angleterre à la paix de Ryswick, en échange de l'Acadie. La majeure partie de cette région et Terre-Neuve passaient ensuite à l'Angleterre, en 1713, à la conclusion du traité d'Utrecht.

La guerre de la succession d'Autriche n'entama point le Canada, mais la guerre de Sept ans devait amener, après une lutte glorieuse, la fin de la domination française dans le nord de l'Amérique. A cette époque la Nouvelle-France ne comptait que 13,000 hommes en état de porter les armes, et les deux tiers étaient des colons. Néanmoins, le gouverneur, le marquis Duquesne, et son successeur, de Vaudreuil, se préparèrent à résister énergiquement avec l'aide du marquis de Montcalm et du chevalier de Lévis, qui devinrent les héros de cette lutte aussi glorieuse qu'inégale. En 1755, les Anglais, désespérant de voir les Acadiens renoncer à leur nationalité, les déportaient en masse sur les côtes de la Nouvelle-Angleterre. Le 3 juillet 1755, de Beaujeu avec 220 Français et 720 Sauvages mettait en déroute complète 2,200 Anglais commandés par le général Braddock. Les deux généraux étaient mortellement atteints et les Anglais laissaient 1,300 hommes et 13 canons sur le champ de bataille de Belle-Rivière ou Monongahéla. Le 8 juillet 1758, Montcalm remportait la célèbre victoire de Carillon; 16,000 Anglais étaient complètement battus par 3,000 Français et abandonnaient 5,000 hommes hors de combat sur le lieu de leur défaite,

Mais ces brillants faits d'armes restaient sans écho à la cour de Versailles qui laissait sans appui et sans secours d'aussi vaillants champions. Les Anglais, exaspérés par leurs échecs répétés, résolurent d'en finir et mirent sur pied 60,000 combattants, chiffre égal à la population tout entière du Canada. Louisbourg fut pris après six semaines d'une résistance héroïque, le Canada envahi de trois côtés à la fois, et le général Wolfe, à la tête de 11,000 hommes, vint mettre le siège devant Québec. Une lutte suprême eut lieu, le 13 septembre 1759, dans les plaines d'Abraham. Montcalm, qui n'avait que 4,500 hommes, fut vaincu après une glorieuse résistance. Les deux généraux ennemis tombèrent mortellement frappés en chargeant à la tête de leurs soldats, et le même monument, élevé à Québec, rend un égal hommage aux deux héros morts au champ d'honneur.

Québec capitula le 18 septembre.

Le 28 avril de l'année suivante, à Sainte-Foye, dans ces mêmes plaines d'Abraham, le chevalier de Lévis vengea brillamment l'honneur des armes françaises et rejeta les Anglais dans Québec. Mais la disproportion des forces des deux combattants rendait la lutte impossible. Lévis se replia sur Montréal et la reddition de cette ville, le 8 septembre 1760, mit fin pour jamais à la domination de la France sur une terre où l'esprit de sacrifice et de dévouement à la mère patrie n'avait pas un instant cessé de battre dans tous les cœurs. Le 10 février 1763, le traité de Paris cédait à l'Angleterre les immenses et fertiles territoires que Voltaire, en courtisan aussi plat qu'ignorant, appelait si dédaigneusement *quelques arpents de neige*...

A dater de ce moment commença, pour les 65,000 Français restés au Canada, une véritable lutte pour l'existence. Abandonnés à leur malheureux sort par tous ceux qui occupaient une situation tant soit peu influente, les infortunés colons serrèrent les rangs autour du clergé patriote qui était resté fidèle à son poste de combat. Bien que l'acte de cession à l'Angleterre ait garanti aux Canadiens l'usage de leurs lois et le libre exercice de leur religion, les vainqueurs traitèrent les vaincus avec un arbitraire et une rigueur excessifs. Toutes les lois françaises furent abolies et le pays fut gouverné militairement. Bientôt cependant l'agitation des colonies de la Nouvelle-Angleterre fut cause d'un adoucissement de régime au Canada; l'acte de Québec (1774), rétablissant les lois françaises, amena, pour un temps du moins, une période d'apaisement et de calme. Aussi quand le général américain Montgomery envahit le Canada, en 1775, les habitants de ce pays restèrent indifférents, d'autant plus qu'ils n'avaient jamais eu que de l'antipathie pour ceux que, même après leur indépendance, ils désignaient sous le nom de *Bostonais*. Montgomery fut repoussé et tué à l'assaut de Québec (31 décembre 1775).

Mais à peine le danger était-il passé que la tyrannie du gouvernement anglais se fit sentir de nouveau dans toute son odieuse rigueur. Tout fut mis en œuvre pour angliciser le pays. Mais le courant d'émigration qui, depuis le traité de Versailles de 1783, amenait des États-Unis dans le haut Canada un fort contingent de population anglaise, ne réussit pas à donner un appui suffisant aux Anglais pour le triomphe de leur nationalité. L'attitude des Canadiens déjoua tous les calculs. Alors en vue d'amener un apaisement entre les deux races, le Parlement métropolitain accorda une constitution aux Canadiens (1791). Le territoire fut divisé en Haut et en Bas-Canada, chacune de ces provinces ayant deux Chambres. La population du Canada s'élevait alors à 135,000 habitants dont 15 à 20,000 Anglais seulement, presque tous dans le Haut-Canada. Bien que l'élément français eût une immense majorité, la nomination, par la Couronne, d'une majorité anglaise à la Chambre haute du Bas-Canada paralysa toute bonne administration et fut une cause de conflits aussi aigus que fréquents. Les concessions accordées n'étaient plus qu'un leurre. La constitution torturée dans ses textes, les intérêts des Canadiens-Français sans cesse sacrifiés aux intérêts anglais, la mise en pratique d'un système de vexations et de taquineries mesquines amenèrent des protestations sans cesse renouvelées. Les réclamations les plus légitimes étant toujours écartées avec un parti pris systématique, les manifestations de la volonté populaire restant toujours sans résultat, les Canadiens-Français exaspérés firent appel aux armes. Un soulèvement éclata à Montréal le 7 novembre 1837 et se propagea dans tout le Bas-Canada; mais il fut bientôt réprimé et noyé dans le sang. Ce soulèvement entraîna la suspension de la constitution et de nouvelles mesures de rigueur qui durèrent jusqu'en 1840, époque où le Parlement de la Grande-Bretagne vota l'union des deux provinces. Bien que la population d'origine française fût encore bien supérieure à la population anglaise, les deux races étaient représentées par un nombre égal de députés à l'Assemblée législative. Par ce moyen on espérait étouffer la voix des Canadiens-Français. Aussi ne fut-ce pas sans de grands efforts que l'usage de la langue française pu être maintenu dans les débats parlementaires. Néanmoins les Canadiens-Français, grâce à leur union constante, à leur fermeté et à leur sagesse, rentrèrent peu à peu dans l'exercice de leurs droits. Les passions, si justement excitées, s'apaisèrent enfin.

C'est vers cette époque que l'Angleterre commença à poser en principe l'administration des colonies par elles-mêmes. On peut revendiquer pour le Canada l'honneur de l'idée et de son application, qu'on lui concéda de bonne grâce lorsqu'on s'aperçut qu'il pouvait se gouverner de lui-même sans faire appel au trésor de la Grande Bretagne. Parmi les promoteurs de l'idée d'un Canada vivant par lui-même, il faut citer sir Louis-Hippolyte Lafontaine que le Canada s'honore de compter parmi ses hommes d'État.

A l'acte d'union de 1840 succéda, en 1867, la réunion en une seule confédération du Haut et du Bas-Canada (Ontario et Québec), du Nouveau-Brunswick et de la Nouvelle-Écosse auxquels furent adjoints peu après : le territoire du Nord-Ouest et le Manitoba, la Colombie anglaise, l'île du Prince-Édouard. Terre-Neuve n'adhéra point à la confédération, L'acte de 1867 reconnaît un gouverneur général, nommé par la Reine, et dont les pouvoirs sont d'un ordre presque exclusivement contemplatif. Le Parlement fédéral, siégeant à Ottawa, se compose d'un Sénat de 80 membres nommés à vie et d'une Chambre des communes de 215 membres élus. L'usage des deux langues, anglaise et française, y est facultatif; la rédaction des procès-verbaux, des lois, de la *Gazette officielle* est obligatoire dans les deux langues. L'acte de confédération reconnaît la liberté de pétition, de réunion, de la presse, et consacre pour les Canadiens-Français le libre exercice de leur langue, de leur religion, de leurs coutumes. Le pouvoir exécutif est entre les mains d'un conseil des ministres. Enfin, chaque province est indépendante des autres, en ce qui concerne son administration intérieure dans le sens le plus large du mot. Elle est dotée d'un lieutenant-gouverneur, de ministres provinciaux et possède une Assemblée législative et un Conseil législatif, excepté le Manitoba, Ontario et la Colombie qui ne sont point pourvus d'une Chambre haute.

Le lien qui rattache le Canada à l'Angleterre est si fragile qu'il suffirait d'un souffle pour le rompre. L'Angleterre a toujours eu pour principe de laisser la plus grande liberté d'administration à ses colonies. Mais au Canada, cette liberté a pris de telles proportions qu'elle est devenue une véritable autonomie, presque une indépendance absolue; le mot fait à peu près seul défaut. En effet, depuis l'acte de confédération de 1867, le Canada a la haute main sur tous les services. Il possède un pouvoir exécutif, un parlement, un budget, une milice, un tarif douanier, auquel sont soumis les produits anglais tout comme ceux des autres nations: il peut même conclure des traités de commerce, sous réserve de sauvegarder les apparences diplomatiques. S'il n'arrive pas jusqu'à avoir des représentants diplomatiques à l'étranger, il a toutefois trouvé le moyen d'avoir un commissaire général, non seulement à Paris, mais même à Londres, auprès du gouvernement de la métropole. La fonction de gouverneur général du Canada, déjà bien annihilée, devient pour ainsi dire presque honorifique. Le gouverneur représente la Reine, reçoit les hommages, donne des fêtes, et c'est tout. Enfin, les Canadiens se sont octroyé un drapeau spécial en appliquant sur les couleurs anglaises les armes des provinces canadiennes. Le nouvel État a pris le nom de Dominion ou Puissance du Canada.

Grâce à cette organisation fort ingénieuse, le Canada retire de cette situation tous les avantages que comporte la protection du pavillon britannique sans en avoir les inconvénients. Non seulement la souveraineté morale de l'Angleterre est pour lui une source de force et de prestige, mais encore la flotte britannique, qui rayonne sur toutes les mers, est pour lui un appui précieux, et le fait que les représentant diplomatiques et consulaires de l'Angleterre sont également les siens épargne au budget du Canada de lourdes charges.

Et qu'on ne croie pas que le Canada ait hâte de rompre le faible lien qui le rattache à l'Angleterre. Tout au contraire. Le Canada qui, comme le charbonnier, est maître chez lui, aurait tout à y perdre et rien à y gagner. Quelle serait, en effet, sa situation à lui, pays de quatre millions et demi d'habitants, vis-à-vis des États-Unis et de ses soixante millions d'âmes? Ne risquerait-il pas un jour ou l'autre d'être absorbé par la grande république, de voir son autonomie détruite et ses intérêts gravement lésés ? Les Canadiens-Français souffriraient particulièrement de ce changement de régime, car ils devraient renoncer pour toujours à obtenir une suprématie qu'ils ont l'espoir justifié de pouvoir reconquérir un jour. Là est le secret de leur loyauté, de leur attachement même à la couronne britannique, tout autant que la liberté dont ils jouissent. C'est ce qui fait comprendre ces paroles d'un homme d'État canadien, sir Étienne Taché : « Le dernier coup de canon pour la défense de la domination anglaise en Amérique sera tiré par les Canadiens-Français. »

Et, chose digne de remarque, ce ne sont pas les Canadiens qui ont poussé l'Angleterre à se détacher presque complètement de leurs affaires. C'est l'Angleterre elle-même qui, de son propre mouvement, dans un esprit d'économie, et suivant en cela les théories d'une certaine école, s'est peu à peu désintéressée du Canada, et, plus l'Angleterre retirait sa main de ce pays, plus ce dernier faisait d'efforts pour la retenir. Cette école, dont M. John Bright était un des plus ardents champions, et dont le *Times* était un des échos les plus retentissants, ne demandait rien moins que l'abandon à elles-mêmes de toutes les colonies anglaises. Les libéraux, qui tenaient alors les rênes du gouvernement à Londres, s'ils n'adoptaient pas toutes les théories de cette école, subissaient cependant son influence. C'est sous l'empire de cette influence que le cabinet Gladstone ordonna le retrait des troupes anglaises du Dominion, considérant que, depuis l'acte de confédération, les forces vives du Canada pouvaient facilement être groupées en un seul faisceau pour sa défense. Ce fut en vain que les Canadiens protestèrent contre cette mesure, se croyant complètement abandonnés à leurs faibles forces. L'Angleterre ne voulut rien entendre. Elle fit cependant une concession en consentant à laisser une garnison à Halifax. Les Canadiens comprirent que le jour où ils voudraient être indépendants ils le seraient.

Deux choses ont puissamment contribué, après la cession du Canada, à maintenir chez les colons français le souvenir de leur nationalité et de leur race : c'est la conservation de leur langue et de leur religion.

Après la conquête anglaise, tous les fonctionnaires français, les seigneurs influents, les grands propriétaires ou négociants, quittèrent peu à peu le pays. Le petit commerçant dans les villes et le cultivateur dans les campagnes restèrent seuls attachés au sol qui les faisait vivre. Le clergé catholique, cependant, était en majeure partie demeuré fidèle à son poste. Ce fut lui qui, profitant de sa culture intellectuelle, de son influence morale et de la supériorité de ses lumières, entreprit de rallier autour de sa bannière ces éléments épars et découragés de la race française. A force de patience, de courage et de dévouement, il parvint à ranimer les esprits abattus par les plus cruelles épreuves et, en leur enseignant leurs devoirs, leur indiqua la voie à suivre pour le recouvrement de leurs droits. Grâce à cette influence, aussi légitime que bien entendue du clergé, les Canadiens-Français relevèrent la tête et se firent peu à peu la place à laquelle ils avaient droit. Vers 1780, le clergé avait réparé toutes ses pertes et s'était entièrement reconstitué à l'aide du seul élément canadien.

Aujourd'hui que la lutte est terminée, le clergé ne possède plus cette influence prépondérante qu'il avait dans les jours de deuil et de malheur, mais il est profondément respecté, justement estimé partout, et sa part n'en est pas moins fort belle encore dans l'éducation des jeunes générations.

Les Canadiens-Français sont restés profondément attachés à la religion de leurs pères. Ils n'ont pas eu, il est vrai, de révolutions pour jeter dans leur cœur des semences d'athéisme et d'irréligion. Sans être cléricaux, dans le sens non altéré donné à ce mot, ils sont catholiques sincères et pratiquants, et qui dit, en Amérique, *Canadien-Français*, dit également catholique. Sans secousses d'aucune sorte, l'Église s'est trouvée séparée de l'État sans le moindre désavantage d'aucun côté. Comme il n'y a pas de budget des cultes, les habitants pourvoient eux-mêmes à l'entretien du clergé. Celui-ci, en dehors des biens qu'il peut avoir, reçoit la dîme que chaque habitant lui remet volontairement et librement. Bien rares sont ceux qui se soustraient à l'accomplissement de ce devoir, au paiement de cette dette qui n'est jamais réclamée par la voie judiciaire.

Les protestants d'origine française sont en nombre infime et sont, du reste, mal vus des Canadiens catholiques qui les considèrent comme des renégats.

Bien plus encore que la religion, la langue française à eu à subir des assauts aussi nombreux que redoutables de la part de ceux qui pensaient, avec juste raison, que sa disparition entraînerait l'absorption complète de l'élément latin dans l'élément anglo-saxon. La capitulation de Montréal, en 1760, ayant omis de stipuler la conservation de la langue française dans les actes officiels, les colons furent en butte à des persécutions sans nombre de la part de leurs vainqueurs qui étouffaient sans cesse les réclamations relatives à l'emploi de cette langue. Lorsqu'en 1790 s'ouvrit la session du premier Parlement, la candidature comme *orateur* (président) de M. Antoine Panet fut vivement combattue sous prétexte de l'insuffisance de sa connaissance de la langue anglaise. De longs débats, où Papineau fit ses premiers débuts d'orateur, s'engagèrent sur cette question, ainsi que sur celle de savoir s'il convenait de rédiger dans les deux langues les procès-verbaux des séances. La langue française sortit victorieuse de cette lutte parlementaire et acquit droit de cité, à partir de ce jour, dans les assemblées et dans les tribunaux.

Mais le parti anglais n'avait pas déposé les armes.

En effet, il réussissait à faire insérer dans l'acte d'union du Haut et du Bas-Canada, en 1840, que la langue anglaise serait la langue officielle du Parlement. Mais dès l'ouverture de la première session des nouvelles Chambres, celles-ci votèrent un bill autorisant l'usage de la langue française au Parlement. Et si un *orateur* anglais, sir Allan Mac Nab, se basant sur l'acte d'union, osa, en 1844, refuser de recevoir une proposition dont le seul défaut était d'être présentée en français, il ne fut pas longtemps sans encourir le blâme de la Chambre. L'usage du français fut maintenu et un acte de la métropole abolit, en 1848, la disposition de l'acte d'union relative à l'emploi de la langue anglaise. Depuis cette époque, les deux langues n'ont pas cessé un instant d'être traitées sur le pied de l'égalité.

Bien que le contact littéraire ait été, tout comme le contact politique, longtemps perdu entre la France et le Canada, les Canadiens d'aujourd'hui ont conservé avec une fidélité, qui n'a d'égale que leurs sympathies pour leur pays d'origine, et une pureté véritablement surprenantes, la langue que leurs pères leur avaient léguée. A ce sujet un ancien ministre canadien, dont la compétence en matière d'instruction publique est reconnue, M. P. J. O. Chauveau, écrivait il y a quelques années déjà :

« Le langage des Canadiens les moins instruits est encore du français et du français meilleur que celui que parlent les paysans des provinces de France où l'on parle français. On ne saurait trop admirer la sottise de quelques touristes anglais qui ont écrit que les Canadiens parlent un patois. Le fait est que, sauf quelques provincialismes, quelques expressions vieillies mais charmantes en elles-mêmes, le français des Canadiens ressemble plus au meilleur français de France que la langue du Yankee ne ressemble à celle de l'Anglais pur sang. »

Il est, en effet, curieux de remarquer que, tandis qu'en France les idiomes provinciaux sont encore, à l'heure actuelle, fortement enracinés, il n'existe pas de patois au Canada. La raison nous en est donnée par un écrivain distingué, M. Benjamin Sulte, dans une notice sur la *Situation de la langue française au Canada*, publiée au moment même de la visite de la délégation française. Le Canada présente la merveille de l'uniformité du langage :

« De Gaspé à Prescott, écrit M. Sulte, il ne varie pas, et, ce qui est au moins aussi singulier, c'est que, à l'ouest de la province d'Ontario, dans le comté d'Essex, par exemple, où nos gens sont si nombreux, le langage est le même que sur les rives du Saint-Laurent et de l'Ottawa. Il est le même dans les États-Unis, partout où nous sommes répandus...

Pourquoi n'avons-nous pas de mots de patois ?

Dans ces premiers temps (XVIIe siècle), l'influence des directeurs et directrices de nos institutions publiques a été décisive. Écoles, hopitaux, séminaires, cures, avaient à leur tête des hommes et des femmes très instruits, venant de toutes les parties de la France, et qui, en très peu de temps, eurent fondu les accents de leurs administrés en un seul corps où domine nécessairement le normand, mais où les accents de Chartres, de Tours et des Charentes prirent aussi une belle part. Ces professeurs, ces curés, apprenaient aux petits Canadiens à bien parler, à bien prononcer, à bien saisir le génie de la langue française. Quelles conditions plus favorables peut-on exiger pour atteindre à l'uniformité et à l'exactitude du langage chez le peuple ? »

Quelques voyageurs et écrivains français visitant le Canada ont jugé assez sévèrement le pays au point de vue du langage. Ils ont eu tort, car ils n'ont pas tenu suffisamment compte de l'abandon dans lequel avait été laissé le peuple canadien et du contact permanent d'une autre langue qu'on cherchait à lui imposer. Le Canadien traîne les mots en parlant et se sert de certaines expressions et de quelques tournures de phrases qui découlent évidemment de la langue anglaise. Le paysan, l'*habitant*, pour employer l'expression canadienne, a parfois un langage un peu altéré. Mais au lieu de constater et d'enregistrer le fait purement et brutalement, que ne compare-t-on avec la mère patrie, que ne met-on en parallèle et les efforts faits et les résultats obtenus ? On verra alors de quel côté se trouve la supériorité.

Si le Canadien a souvent un langage traînard et monotone, quelle surprise n'éprouvera-t-on pas en France en entendant parler successivement un Normand, un Gascon et un Provençal ?

Si l'habitant canadien se sert parfois d'expressions surannées ou de mauvais français, que ne dira-t-on pas alors des paysans français, car il faut comparer les classes entre elles, et ne pas conclure, en entendant parler les gens du peuple, que c'est là le langage de la société? Dans tous les pays du globe, le langage du peuple est défectueux, et ce n'est pas uniquement sur ce langage qu'un voyageur doit baser ses observations.

Si un étranger parcourait nos campagnes et jugeait la langue française sur le langage des paysans, à quelles conclusions surprenantes n'arriverait-il pas? Laissant de côté les anciennes provinces où un patois est, trop souvent encore, la langue la plus usitée, que de défaillances de langage ne trouve-t-on pas dans des régions qui ont, bien à tort, il est vrai, la réputation d'être celles où la langue française se parle le mieux ! Dans le Blésois, le Vendômois, par exemple, c'est-à-dire en plein cœur de la France et de la vieille monarchie française, que de fois n'ai-je pas entendu prononcer par des paysans des phrases dans le genre de celles-ci : *Quéque* tu *ieu* (leur) *za* dit? — *J'étions bein* allé à la rivière mener les vaches *buve*, » et autres barbarismes à faire dresser les cheveux sur la tête d'un linguiste. Avec quelques comparaisons de ce genre-là on sera vite amené à reconnaître que, non seulement le langage de l'habitant canadien n'a rien de si défectueux, mais encore, comme dit M. Chauveau, qu'il est bien supérieur à celui de la masse des paysans français.

Il faut reconnaître aussi que la culture de l'habitant canadien est supérieure à celle du paysan français en ce qui concerne la langue française. En outre, excepté dans quelques comtés de la province de Québec, où le français est exclusivement employé, tous les Canadiens-Français parlent la langue anglaise, ce qui relève singulièrement leur niveau intellectuel. Il n'est pas inutile de faire remarquer que chez les Canadiens-Anglais le même phénomène ne se produit pas. Là où la population est en très grande majorité anglaise, on ne sait pas un traître mot de français. Il en est à peu près de même dans les régions où les deux races sont également mélangées. Ce n'est que dans les contrées où ils sont incontestablement en minorité que les Anglais daignent apprendre et parler notre langue. Quand un Canadien-Français et un Canadien-Anglais se rencontrent, neuf fois sur dix la conversation a lieu en langue anglaise, car sans cela, elle accuserait une infériorité par trop accentuée pour le sujet anglais, ou elle serait même matériellement impossible. C'est ce qui explique pourquoi, dans des villes d'origine toute française, le bruit d'une conversation en anglais vient, plus fréquemment que l'on ne s'y attend, frapper et surprendre votre oreille.

Si, dans la société canadienne française, le langage n'a pas ce laisser aller que l'on rencontre parfois chez les habitants des campagnes, le contact de la population anglaise a amené l'introduction de tournures de phrases et d'anglicismes de nature à altérer la pureté du langage. Mais il faut rendre cette justice aux Canadiens-Français qu'ils font des efforts pour chasser de leur langue des expressions qui y trouvent trop souvent droit de cité. La plupart des mots techniques de date récente ont d'ailleurs été traduits en français et sont employés dans le langage courant, tandis qu'en France nous acclimatons sans scrupules les mêmes mots étrangers. C'est ainsi que nous disons : *rail*, *wagon*, *sleeping-car*, *tramway*, *ticket*, *square*, tandis qu'au Canada on dit : *lisse*, *char*, *char dortoir*, *char urbain*, *billet*, *carré*.

Sous ce rapport, la langue française est en proie à une véritable invasion contre laquelle on ne saurait trop protester, d'autant plus que, très souvent, c'est uniquement par genre que ces mots anglais prennent place dans la conversation. De ce côté, la supériorité et la raison sont encore du côté des Canadiens.

Mais, si plusieurs écrivains ont jugé le langage des Canadiens-Français après un examen par trop superficiel, il s'en est trouvé d'autres qui ont opiné dans le même sens, sans le moindre examen. M. Benjamin Sulte raconte à ce propos une curieuse anecdote attribuée à un auteur qu'il a la charité de ne pas nommer.

« D'autres, dit-il, sont moins heureux dans leurs conceptions. Le mot *raquette*, par exemple, n'est employé en France que pour désigner le petit objet avec lequel on lance le volant (1). Un auteur ayant lu que les Canadiens font, en hiver, des promenades en raquettes, et croyant voir là une faute d'impression, écrivit que, malgré la rigueur de leur climat, les Canadiens se promènent en *jaquette*. C'est d'autant plus curieux que nous avons l'habitude d'appeler les chemises de nuit *jaquettes*.

Voilà ce que l'on dit de nous
Dans le vieux pays de nos pères ! »

La conservation de la religion catholique et de la langue française sur les bords du Saint-Laurent a été singulièrement facilitée par l'accroissement prodigieux des Canadiens-Français, accroissement qui est

(1) Au Canada, pour marcher plus facilement sur la neige, on s'attache aux pieds de grandes raquettes, ayant environ 1 mètre de longueur sur $0^{m},40$ de largeur.

peut-être sans exemple dans l'histoire des peuples. Le dernier recensement de la population, fait en 1881, a donné 4,324,819 habitants. Dans ce chiffre on compte 2,568,600 Anglo-Saxons (dont 957,403 Irlandais); 1,298,929 Français; 254,319 Allemands; 108,547 Sauvages. Dix ans auparavant, la population n'était que de 3,647,596 habitants et, en 1800, de 240,000 âmes seulement, ce qui fait une augmentation annuelle, depuis le commencement du siècle, de 21 0/0, tandis que, dans la même période de temps, l'augmentation n'était que de 15 0/0 aux États-Unis. Le recensement de 1844 donnait encore la majorité à l'élément français dans l'ensemble des deux provinces du Canada, mais celui de 1852 constatait que la prépondérance était assurée à l'élément anglais, sans cesse alimenté par une émigration nombreuse venant de la Grande-Bretagne, tandis que l'élément français, bien que croissant d'une façon prodigieuse, ne se reproduisait que par lui-même, nulle assistance ne lui arrivant du dehors. C'est ainsi que le Haut-Canada anglais, qui avait 500,000 habitants en 1844, en comptait 952,000 en 1852, Aux mêmes dates, la population du Bas-Canada français ne s'élevait que de 697,000 à 890,000 âmes.

Il est facile de voir que l'acte de confédération, longtemps combattu par les Canadiens-Français, a eu pour conséquence de noyer ces derniers dans le flot des Anglo-Saxons; mais grâce à l'autonomie que possède chaque province, l'élément français, qui se trouve pour les 4/5es dans la province de Québec, jouit, dans cette province, de la plus grande somme de liberté qu'il puisse désirer. Bientôt il y régnera en maître presque exclusif et déjà il déborde sur la province, si anglaise, d'Ontario. Si l'on ajoute aux 1,300,000 Français du Canada, — qui sont bien 1,500,000 aujourd'hui, les 6 ou 800,000 qui vivent aux États-Unis, on dépasse 2 millions. On voit que les 65,000 colons de 1763, dont ils sont tous les descendants, n'étaient pas dégénérés, et on juge facilement, par cet exemple, de la force de résistance et d'expansion que peut atteindre la race française, dont les facultés colonisatrices ne sauraient plus être méconnues. Nulle part, d'ailleurs, la race française n'a été aussi prolifique qu'au Canada; les célibataires y sont rares, les mariages s'y font de bonne heure et les familles y ont une moyenne de 6 à 8 enfants, moyenne supérieure à celle des familles anglaises. Parfois le nombre des enfants, de même père et de même mère, atteint 25, et, quand ce chiffre est dépassé, le 26e enfant est élevé aux frais de la paroisse. C'est dans cette rapidité d'accroissement, tout à l'américaine, que réside le secret de la force des Canadiens-Français. Qui sait si, avec quelques renforts de France, ils ne parviendront pas un jour à reprendre la prépondérance et à fonder dans le nord de l'Amérique un grand empire français destiné à servir de contrepoids à la Confédération des États-Unis?

Malheureusement pour les Canadiens, l'émigration de France est des plus minimes et la difficulté des transactions commerciales ne contribue pas à l'encourager. Sous ce rapport un tarif douanier fort élevé élève entre le Canada et la France une véritable barrière qui date de l'époque où le Canada voulut protéger et développer son industrie naissante. En 1860, le Canada avait été assimilé à l'Angleterre sous le rapport du régime d'introduction des produits français. Nos vins ne payaient alors qu'un schelling (1 fr. 25) par gallon, comme en Angleterre. Il en fut ainsi jusqu'en 1873. A cette époque eut lieu un changement de régime; le Canada cessa de profiter des traités de commerce, non renouvelés et établit un tarif général des douanes. En 1879, une nouvelle augmentation de tarif se fit sentir; les droits sur les vins furent frappés d'une surtaxe de 30 0/0. Mais le gouvernement canadien se fit autoriser par le Parlement à rapporter cette surtaxe pour la France et l'Espagne, s'il le jugeait utile.

Cet état de choses, toujours en vigueur, n'a point favorisé le commerce français. L'exportation de France au Canada, qui n'était, en 1865, que de 1,709,000 francs, atteignait 9,848,000 francs, en 1874. Mais, depuis cette époque, date de l'établissement du tarif général, elle n'a cessé de décroître. Quant à l'importation du Canada en France, elle était de 2,145,000 francs en 1865 et, depuis ce moment, elle a suivi constamment une échelle ascendante.

A deux reprises, en 1882 et en 1883, des négociations ont été engagées pour arriver de part et d'autre à un abaissement de tarifs. M. Alexandre Galt, commissaire du Canada, offrait pour unique concession la suppression de la surtaxe de 30 0/0 et demandait l'abolition de la surtaxe d'entrepôt pour les produits canadiens importés par la voie d'Angleterre, une réduction de droits sur quelques articles (cuirs, coutellerie, etc.) et le traitement de la nation la plus favorisée.

Le gouvernement français représenté, en premier lieu, par MM. Tirard et de Freycinet, puis par MM. Hérisson et Challemel-Lacour, alors ministres, ne put consentir à abolir la surtaxe d'entrepôt, se basant sur ce fait que c'était une règle générale à laquelle tous les pays étrangers étaient soumis. Il fit en outre remarquer que les droits canadiens, établis en 1879, étaient excessifs. M. Galt ayant répondu que le Canada ne pouvait renoncer à sa politique protectionniste, l'accord ne put pas s'établir.

Il faut espérer que, dans un intérêt politique autant que commercial, les négociations seront un jour reprises avec plus de chances de succès et amèneront un contact commercial qui devrait exister depuis longtemps entre deux peuples animés des mêmes sentiments sympathiques et unis par de communs et glorieux souvenirs.

Telles sont les diverses phases traversées par le Canada depuis les premiers temps de la colonisation jusqu'à ce jour. Tel est l'exposé sommaire de la situation de ce pays si jeune et cependant si expérimenté déjà, exposé qui facilitera l'intelligence du récit qui va suivre.

II

D'HALIFAX A QUÉBEC

Halifax. — Un article humoristique. — La vie anglo-américaine. — D'Halifax à Québec. — Les chemins de fer américains. — Les Acadiens. — Ovations aux délégués français.

Forcés, au delà de toute espérance, de faire à Halifax un séjour par trop prolongé, nous parcourons en tous sens les rues et les environs de la ville. Halifax est une ville de 36,000 habitants, tous d'origine anglo-saxonne. Les rues y sont larges mais nullement pavées, ce qui en rend la fréquentation peu agréable les jours de pluie. Pour faciliter la circulation, on a placé à chaque croisement de rues de larges dalles de pierres qui permettent au piéton de passer d'un trottoir à l'autre sans enfoncer dans la boue jusqu'à la cheville. Ce système est d'ailleurs usité dans tout le Canada. Les maisons situées le long du port sont presque toutes en bois, mais dans l'intérieur de la ville s'élèvent de belles constructions en pierre et en brique. L'église cathédrale catholique, de style gothique, n'est fréquentée que par les Irlandais; l'intérieur est sans luxe mais décoré avec goût. Le palais législatif et l'hôtel des postes, qui sont de grands édifices, n'ont pas le moindre cachet. Parmi les tableaux qui garnissent les salles des séances du Parlement, se trouve le portrait du général Williams. Le valeureux défenseur de Kars contre les Russes, en 1855, est originaire d'Halifax. Un monument élevé à la mémoire des soldats morts pendant la guerre de Crimée rappelle le temps où Canadiens et Français combattaient ensemble dans les tranchées devant Sébastopol.

Le port est situé sur les bords d'une baie de 6 milles de longueur sur 3 de largeur maxima et entièrement abritée de la haute mer. La baie est reliée par un étroit chenal au bassin de Bedford, qui a la même profondeur dans les terres et pourrait former un second port aussi vaste que le premier. Par les marées les plus basses les navires du plus fort tonnage peuvent s'amarrer le long des quais en bois qui, au lieu de présenter une seule et même ligne droite, forment à l'infini une série de petits rectangles ouverts sur la baie. Le *Great-Eastern* lui-même, ce géant des mers, a pu jeter l'ancre dans le port à quelques encâblures des quais.

Le port d'Halifax a une importance plus militaire encore que commerciale; car, outre que le mouillage y est à la fois sûr et profond, c'est le seul grand port canadien qui ne soit pas bloqué par les glaces pendant l'hiver. Aussi est-il fortifié en prévision d'une attaque par mer. La citadelle, qui se dresse au sommet du monticule sur les flancs duquel est bâtie la ville, occupe une forte position stratégique et est appuyée par une ceinture de forts détachés qui s'élèvent sur l'île Mac-Nab, l'îlot Georges et les différents bras de mer qui serpentent autour de la ville. La garnison anglaise, la seule qui existe au Canada, est forte d'environ 2,000 hommes. La citadelle est en état de défense complète; elle est armée de canons de gros calibre; sur les remparts s'élèvent de grandes casemates à l'abri de la bombe. Les soldats profitent des loisirs de la paix pour s'y livrer à la culture des champignons de couche.

Halifax possède un jardin public assez coquet et soigneusement entretenu. Les parterres de fleurs y sont nombreux mais nullement arrangés avec goût. D'un côté on joue au lawn-tennis, de l'autre on écoute la musique militaire. Dans les allées, circulent en groupe, de jeunes Anglaises, fort mal attifées pour la plupart, ce qui ne les empêche pas de croire que seules elles savent s'habiller. Les voyageurs français sont l'objet de l'attention générale; on les regarde un peu comme des bêtes curieuses, et ils produisent sur les Halifaxiens à peu près le même effet que les Nubiens ou les Esquimaux, exhibés au Jardin d'Acclimatation, font sur les Parisiens. Les reporters ne manquent pas de venir les *interviewer*, mot à la mode, qui, en anglais veut dire interroger. Les journaux anglais sont remplis de leurs faits et gestes. On ne les quitte pas d'une semelle ; on sait où ils vont, ce qu'ils mangent, comment ils dorment, ce qu'ils pensent, s'ils portent des bretelles ou de la flanelle. Quelques-uns de ces comptes rendus sont véritablement fantastiques et, comme échantillon, voici un extrait du *Morning Chronicle*, du lundi 17 août, qui se passe de tout commentaire:

« Il y a quelques semaines, on avait fait courir le bruit de l'arrivée dans le Dominion, de cent cinquante Français, venus pour visiter ce qu'ils appellent avec enthousiasme la *Nouvelle France*. L'arrivée du *Damara*, samedi matin, a montré que ce chiffre avait un caractère exagéré et que le nombre des voyageurs était réduit au tiers. Il y en a cependant beaucoup et ils ont donné à la cité une apparence tout à fait parisienne, samedi et dimanche. Le *Damara* a quitté le Havre, avec sa cargaison *(cargo)* de Français, le 1er du courant. La traversée n'a pas été un petit sujet d'amusement pour les passagers. Ils ont parlé très haut du confortable et du service qu'ils ont eu, et, pour montrer l'estime dans laquelle ils tenaient le capitaine, ils lui ont présenté une adresse accompagnée d'un cadeau assez conséquent...

» Pendant leur séjour, ils ont été l'objet d'une grande curiosité. En général, ils ne ressemblent pas exactement au type du Français conventionnel. Quelques-uns d'entre eux passeraient presque partout pour des Anglais, s'ils gardaient leurs lèvres closes. Mais du moment qu'il commencent à parler, leur organe gaulois détruit toute illusion. Plusieurs cependant représentent bien le Français dont nous avons parlé plus haut. Il est poli, il gesticule, son menton est orné d'une gracieuse barbiche ; il est très amateur de café, cognac et absinthe. Quelques-uns parlent un petit anglais de pigeon *(pigeon english)*. L'éducation de la majorité est limitée à la langue française. Les efforts faits pour se faire comprendre par quelques-unes des dames spécialement, lesquelles sont au nombre de huit ou dix, sont tout à fait risibles. Ils ont eu le plus grand mal à ce sujet au télégraphe, un grand nombre envoyant des dépêches à leur amis. Aux hôtels aussi, la difficulté n'était pas petite et les interprètes faisaient prime.

Hier, une partie d'entre eux a été à l'église et les dames de la cité avaient fort à faire pour examiner les modes parisiennes, représentées par les costumes de ces étrangères. Les Françaises étaient toutes habillées de lourdes soies noires et portaient des chapeaux pointus en paille, ornés de plumes d'autruches coloriées. Les habillements des hommes ressemblent à quelques-uns des vêtements des gentilshommes anglais. D'autres se rapprochent des costumes du type yankee, comme on le dessine dans le *Puck*. Parmi eux il y a le comte Molinari, le vicomte de Bouthillier et autres de sang noble.

... Beaucoup sont membres de la Société géologique de France ; ils ont traversé la mer dans l'intention de poursuivre leurs recherches géologiques dans un pays qu'ils n'ont pas encore exploré. Ils espèrent faire beaucoup d'additions à leur stock de connaissances scientifiques, à leurs collections de minéraux et autres curiosités. Ce matin, toute la délégation nous quitte pour Québec et Montréal, où ils recevront une réception cordiale de la part de leurs compatriotes, dont ils seront escortés dans les diverses parties du Dominion. Ils seront de retour à Halifax dans quelques semaines. »

Cet article original, reproduit par les principaux journaux de la ville, eut le don d'égayer pendant longtemps ceux qui en étaient l'objet.

Des glacis de la citadelle se déroule un fort beau panorama sur Halifax et la cité de Richmond, qui en est le prolongement sur le bassin de Bedford. Sur le côté opposé au port se trouve la petite ville de Darmouth, auprès de laquelle s'élèvent une grande usine à sucre et un établissement d'aliénés entourés d'un cadre de verdure. Ce petit coin de terre est, du reste, très fréquenté ; c'est de ce côté que sont construites à flanc de coteau les plus jolies villas donnant sur la baie. Ces rivages ont servi de lieu de sépulture à bien des marins et soldats français victimes des nombreuses guerres anglo-françaises des XVIIe et XVIIIe siècles. L'îlot Georges a été le tombeau du chef d'escadre d'Estournelles et de plusieurs officiers supérieurs de la marine française.

Au pied de la citadelle on remarque une rotonde assez bizarre surmontée d'un vaste cadran. Ce monument a été élevé par le duc de Kent qui avait la manie de bâtir tout en rond. C'est lui, en effet, qui a fait bâtir une chapelle ronde, un château rond, aujourd'hui en ruines et les maisons qui sont en forme de rotonde autour de la citadelle. On raconte que le chapelain du duc était également tout rond.

Le quartier assez malpropre qui avoisine la citadelle est particulièrement habité par des nègres : on en voit un grand nombre assis nonchalamment sur le seuil de leur porte. On rencontre également quelques Indiens au teint cuivré d'un aspect misérable ; de vieilles mendiantes indiennes sont particulièrement repoussantes de laideur.

D'élégantes voitures, des araignées à l'allure rapide parcourent les rues de la ville et forment un heureux contraste avec de grands omnibus, couleur jaune serin, d'un aspect aussi antique que peu solennel.

Les hôtels sont confortablement aménagés. La table y est généralement bonne et abondante. Le genre de vie anglo-américain fait un contraste complet avec la cuisine européenne ; on le trouve partout au Canada, même dans les hôtels français. Sous prétexte de prendre un léger réconfortant, on fait dès le matin un repas complet *(breakfast)*. A midi, on *lunche* d'une façon très substantielle, puis, à la fin de la journée, a lieu un dîner fort appétissant. Enfin, pour peu qu'il vous reste encore de l'appétit, vous pouvez, dans la soirée, vous faire servir un thé accompagné de viandes froides.

Les menus ont, en général, une liste de vingt à vingt-cinq plats, sans compter les entremets et desserts, fort abondants aussi. Les sauces anglaises ne manquent pas non plus et forment, au milieu de la table, un faisceau imposant. Tous les mets sont servis à la fois et sont accompagnés d'une kyrielle de petits baquets en porcelaine dans lesquels sont placés les *vegetables* (légumes) qui sont le complément indispensable et presque obligatoire des plats de viande. Les sauces ont un fumet tout particulier depuis la sauce au baume et à la menthe, jusqu'à la sauce au limon ou à la myrthe. Les gâteaux et les *pie* jouent un rôle très considérable dans l'alimentation et presque à tous les repas, on vous offre des tartes à la rhubarbe ou des *blueberrypie* (tartes de myrtiles). Les myrtiles ou *bluets*, que l'on trouve également en grand nombre dans les Alpes, forment au Canada un objet d'alimentation très répandu pendant la saison d'été. Malgré son prix dérisoire, ce petit fruit donne lieu à des transactions très suivies et s'exporte jusqu'aux États-Unis. Les glaces sentent tant soit peu la parfumerie et le goût de la brillantine y est fort répandu.

Sous le nom de *blé d'Inde* on mange un mets que l'on trouve également dans les pays slaves du Danube et en Russie sous l'appellation de *koukouroutz*. C'est tout simplement un épis de maïs bouilli dans l'eau sur lequel on met du sel recouvert de beurre ou des confitures, et que les gens du pays dévorent à belles dents.

On ne sert pas de vin, si ce n'est en extra, et alors c'est presque toujours le vin de France qui a la préférence. Comme boisson ordinaire on vous apporte un grand verre d'eau dans lequel surnage un gros morceau de glace ou bien du lait qui, généralement, est excellent. Les menus renferment parfois des mentions assez drôles. C'est ainsi que, sur l'un d'eux, entre le *claret* (vin) et le whisky, s'affiche sans pudeur, à côté de l'eau de Seltz et de l'Apollinaris, l'eau purgative d'*Hunyadi Janos !*

Il n'y a pas de café dans les hôtels, mais un bar où il se fait une grande consommation de liqueurs, et particulièrement de *cocktails*, ces boissons alcooliques que l'on trouve sur les points les plus reculés de l'Amérique du Nord et dont les variétés sont infinies. Les dames ont leur salon réservé et souvent même leur entrée particulière dans l'hôtel. Les hommes vont au fumoir qui leur tient lieu de salle de lecture et de correspondance. C'est là qu'on trouve en nombreux échantillons ce récipient évasé, indispensable à tout Américain à qui il sert de cible, le crachoir, et qui justifie malheureusement cette définition : « Le crachoir est un ustensile *autour duquel* on crache ».

Ce rapide aperçu de la vie intérieure ne saurait se terminer sans faire remarquer que le pourboire est absolument inconnu en Amérique ; chaque chose est estimée à sa valeur vraie, et jamais un homme de service, cocher ou employé, ne reçoit la moindre bonne main.

A Halifax, les délégués français se scindent en deux groupes. Les uns, se laissant séduire encore une fois par les promesses de la Compagnie de navigation, se rembarquent sur le *Damara* pour se rendre à Québec par le détroit de Canso et le Saint-Laurent, et surtout pour visiter la rivière si pittoresque du Saguenay ; les autres, et c'est la majorité, montent dans le train du chemin de fer Intercolonial qui, en vingt-cinq heures, doit les mener à Québec.

Le service des chemins de fer, en Amérique, est organisé avec beaucoup de confortable. Les wagons, dans lesquels on pénètre par une des extrémités, n'ont qu'un seul compartiment pouvant contenir quarante-huit personnes, et se trouvent en communication directe les uns avec les autres, ce qui permet d'aller et venir d'un bout du train à l'autre. Les *sleeping cars* ou wagons-lits, du système Pullmann, sont fort commodes. Le wagon entier forme un immense dortoir de vingt-quatre couchettes, superposées deux par deux et fermées par des rideaux. Un employé, qui est toujours un nègre, préside avec dignité à la transformation du wagon en chambre à coucher. Des banquettes et des placards dissimulés dans les parois du wagon sont extraits les draps, traversins et autres objets de literie indispensables. Aux extrémités du wagon se trouvent diverses petites pièces, notamment un cabinet de toilette toujours approvisionné d'eau glacée, un fumoir, etc. Des marchands ambulants parcourent les wagons en vendant des livres, des journaux, des fruits ou des friandises. On peut manger ces petites choses sur une tablette qu'il est facile de faire dresser entre deux banquettes. Dans quelques trains on trouve des wagons-restaurants *(dining cars)* et des wagons-salons luxueusement aménagés où des fauteuils tournants remplacent les banquettes traditionnelles. Il n'y a que deux classes de wagons, mais les 2es classes correspondent à nos 3es, et les wagons de 1re à nos 2es. Les wagons-lits sont les véritables 1res, tant au point de vue du confort que de la société. Un supplément de 2 ou 3 piastres par jour (la piastre ou dollar vaut 5 francs et quelques centimes) donne droit à une place de wagon-lit. Toutes les gares sont ouvertes ; monte en chemin de fer et en descend qui veut et comme il veut, à ses risques et périls. Nulle clôture ne protège la voie que le chasse-pierre, dont est munie chaque locomotive, doit seul déblayer en cas d'encombrement.

Le contrôle se fait en chemin de fer, et il en est ainsi, même pour la visite de la douane, quand on franchit la frontière des États-Unis. En nous rendant de Montréal à New-York, on nous invita tout simplement à passer dans le wagon aux bagages, pendant la marche du train, afin de régulariser, s'il y avait lieu, notre situation.

Grâce à tous ces avantages, les voyages en chemin de fer sont fort agréables ; sans ce confort, généralement inconnu en Europe, les traversées de plusieurs jours consécutifs seraient peu praticables et se changeraient en horribles corvées. Un jour viendra sans doute où le vieux continent, si routinier de sa nature, tiendra à honneur de se mettre au niveau des progrès réalisés dans le nouveau monde.

Le pays traversé par le chemin de fer Intercolonial est fort pittoresque. La baie d'Halifax et le bassin de Bedford se montrent sous tous leurs contours, aux lueurs vives d'un beau coucher de soleil ; puis, après des terrains fraîchement défrichés, apparaissent bientôt d'interminables forêts qui couvrent encore d'immences espaces dans les provinces de la Nouvelle-Écosse et du Nouveau-Brunswick. Le pin est l'essence dominante, mais au lieu de contempler ces aiguilles vertes variant selon les espèces, le regard ne s'étend trop souvent que sur des myriades de grands troncs noircis par le feu. Ce triste spectacle est le produit de la main de l'homme. L'abondance du bois est telle que sa valeur marchande est nulle, et comme le défrichement serait à la fois et fort difficile et fort coûteux, l'incendie est le moyen le plus usité pour frayer la voie à l'explorateur et au colon. Des forêts brûlent ainsi des journées entières, détruisant en un instant l'œuvre de tout un siècle. Ce mode d'exploitation commence déjà à avoir ses inconvénients et quelques esprits soucieux de l'avenir ont formé tout dernièrement une société de reboisement. En outre, on a inauguré, le 7 mai 1883, ce qu'on appelle la « fête des arbres », pendant laquelle chacun est tenu de planter en terre un jeune rejeton.

Le Nouveau-Brunswick et la Nouvelle-Écosse forment, avec l'île du Prince-Édouard, ce qu'on appelle les provinces maritimes. C'est dans ces trois provinces que sont dispersés les Acadiens, ces robustes et fiers descendants des premiers colons français débarqués en Amérique. Conquis bientôt par les Anglais, traqués par eux comme des bêtes fauves et déportés sans pitié, au mépris des traités et de toutes les lois de l'humanité, les Acadiens, abandonnés sur les côtes de la Virginie et de la Caroline, périrent presque tous de faim, de chagrin et de misère. Quelques rares survivants purent rentrer en Acadie, mais ils durent renoncer à tout espoir de redevenir Français après le traité de 1763.

Ils étaient alors environ 4,000, dispersés sur une telle étendue de territoire qu'aucune communication n'existait entre plusieurs de leurs groupes et que quelques-uns de ceux-ci ignoraient même l'existence de leurs proches voisins. Comme les Canadiens-Français, et même plus que ceux-ci, ils eurent besoin d'une dose incroyable d'énergie et de volonté pour rester eux-mêmes, c'est-à-dire pour conserver la langue, la religion et les traditions de leurs pères, et cela, malgré l'insuffisance notoire du nombre des prêtres français et l'hostilité non dissimulée du clergé irlandais contre la langue française. Lors du recensement de 1881 ils étaient 108,601, contre 870,696 Anglo-Saxons, donnant ainsi un exemple vraiment surprenant de la prodigieuse fécondité de leur race.

C'est un Américaiin, le poète Longfellow, qui a immortalisé les Acadiens, dont il a chanté les malheurs, tout en flétrissant leurs bourreaux. Ces infortunés n'auraient pas eu d'historien dans leur mère patrie, si, de nos jours, M. E. Rameau de Saint-Père n'avait reconstitué pièce à pièce tous les chaînons de leur histoire.

Les Acadiens sont inégalement répartis dans les trois provinces ; ils sont 41,211 dans la Nouvelle-Écosse sur 387,800 habitants; 56,631 dans le Nouveau-Brunswick sur une population de 321,233 âmes, et 10,751 dans l'île du Prince-Édouard dont le nombre total d'habitants est de 107,791.

C'est dans le Nouveau-Brunswick que les Acadiens sont le mieux groupés et le plus fortement organisés. Des trois provinces maritimes c'est la seule qui compte des représentants de race française au Parlement fédéral : un sénateur, M. Poirier, et un député, M. Landry (1). Mais les Acadiens possèdent des représentants au Parlement de chacune des trois provinces et ont même un ministre dans le cabinet du Nouveau-Brunswick.

Cette province possède deux journaux en langue française : le *Moniteur Acadien*, organe bi-hebdomadaire publié à Shediac, qui est contemporain de la création de la Confédération, et le *Courrier des Provinces maritimes*, organe hebdomadaire beaucoup plus récent, qui se publie à Bathurst (2).

A Memramcook, dans la même province, se trouve un collège catholique, fondé en 1865, où tous les cours sont faits en français.

Enfin dans un comté, celui de Kent (Nouveau-Brunswick), les Acadiens forment presque les deux tiers de la population.

Bien qu'ils soient moins favorisés que les Canadiens par leur législation provinciale, les Acadiens ont montré une vitalité qui leur assurera, à une époque qui n'est peut-être pas éloignée, la part d'influence à laquelle ils ont légitimement droit dans la direction des affaires publiques.

Le soleil se lève sur l'horizon, au moment où le train arrive sur les bords de la baie des Chaleurs. Cette vaste échancrure se présente sous un riant aspect avec ses sinueux contours, ses prairies verdoyantes et ses sombres forêts. C'est là qu'aborda pour la première fois Jacques Cartier au mois de juillet 1534 et qu'il prit possession de la terre du nouveau monde au nom du roi de France. La baie des Chaleurs est fort riche en produits maritimes : les huîtres y sont abondantes et très renommées, le homard s'y trouve en telle quantité que souvent, à

(1) M. Landry a été nommé depuis (avril 1890), juge au Nouveau-Brunswick. C'est le premier Acadien qui soit parvenu aux fonctions judiciaires.

(2) Un autre journal français, l'*Évangeline* (hebdomadaire), a été fondé en 1888 à Digby (Nouvelle-Écosse), et transporté ensuite à Weymouth, même province.

marée basse, on en fait une ample collecte en le pêchant à la main dans les flaques d'eau où il s'est réfugié. Si, dans ces petits réservoirs formés par la nature, la profondeur de l'eau semble le protéger, il suffit bien souvent, pour en faire la capture, de plonger un bâton que le homard saisit avec ses pinces et ne lâche qu'à grand'peine quand on le retire de l'eau. Telle est l'abondance de ce crustacé que, dans les marchés publics, on le donne facilement pour 2 ou 3 *centins* ou *cents*, ce qui équivaut à 10 ou 15 centimes de notre monnaie.

La baie des Chaleurs dépend tout à la fois du Nouveau-Brunswick et de la Gaspésie, extrême partie de la province de Québec. A peine a-t-on franchi la limite de ces provinces que la population change comme par enchantement. Jusqu'ici nous étions en pays foncièrement anglo-saxon et n'entendions guère parler que l'anglais. Tout d'un coup une métamorphose s'opère et la langue de notre patrie résonne agréablement à nos oreilles. A Sainte-Flavie, première station de la province de Québec, où nous ne faisons que passer, le drapeau tricolore flotte à toutes les fenêtres et nous saluons, aux acclamations de la population rangée sur le quai de la gare, le premier pavillon français arboré en notre honneur.

A partir de ce moment, une transformation va s'opérer dans notre façon de voyager. Jusqu'à ce jour, nous avions été reçus courtoisement partout, mais froidement; les autorités s'étaient, en général, tenues sur la plus grande réserve; la population, quand elle n'était pas indifférente, ne manifestait que des sentiments de curiosité déplacée. Nous étions en pays anglais. A peine avons-nous pénétré dans la région française que l'accueil le plus chaleureux nous attend. Les autorités viennent nous recevoir officiellement, les municipalités présentent des adresses de bienvenue, la population des campagnes, comme celle des villes, se précipite sur notre passage pour voir des « Français de France » pour écouter leur langage, pour échanger avec eux ne fût-ce que quelques paroles ou seulement même un serrement de main qui, dans sa muette éloquence, réveille profondément en eux le souvenir de leurs ancêtres et le culte de leur patrie d'origine.

Peut-être voudra-t-on voir dans le récit rapide des ovations faites à la délégation française une tendance à l'exagération et même à l'invention? C'est le contraire qui serait plutôt à supposer; l'auteur, qui n'est point né sur les bords de la Garonne, ne fait que raconter ses impressions et tous ceux qui ont été acteurs ou témoins dans ces réceptions enthousiastes et patriotiques pourront attester la véracité de ce récit. Tous ont été vivement émus des témoignages de sympathie et d'affection qui, passant par-dessus leur personnalité, s'adressaient à la France.

Depuis que le chemin de fer a quitté les bords de la baie des Chaleurs, les grandes forêts ont cessé de former la haie sur le passage du train. Le pays est assez cultivé et, de temps à autre on découvre une ferme ou un groupe d'habitations. Aux abords des tranchées se dresse souvent un rempart de planches ayant pour but de protéger la voie contre les rafales de neige. Dans les endroits les plus exposés, on a construit une galerie en bois qui recouvre entièrement la voie. Bientôt apparaît à l'horizon une immense nappe d'eau: c'est le Saint-Laurent, le plus beau fleuve de l'Amérique du Nord, dont la largeur est telle, à son embouchure, qu'il est impossible d'apercevoir la rive opposée.

Mais la contemplation de cette belle nature cesse presque aussitôt: nous arrivons à Rimouski, premier centre important de la province de Québec, et une foule énorme se presse aux abords de la gare pour nous saluer au passage. Le maire, le conseil de ville, les députés de la région, les représentants du clergé, de la magistrature, les notables de tout ordre, un groupe nombreux de dames sont là pour nous souhaiter la bienvenue. Ce n'est pas sans émotion que je reçois des mains de M. Asselin, maire et membre du Parlement de Québec, la première adresse, simple et touchante de cordialité et de patriotisme. A peine ai-je fini d'adresser, au nom de la délégation, quelques paroles de vive sympathie, qu'une salve d'applaudissements nourris part des rangs des Canadiens à l'adresse de « leurs compatriotes ».

C'est en vain qu'un essaim de jeunes et charmantes Canadiennes cherche à découvrir les dames françaises. Toutes, hélas! ont pris la voie de mer pour se rendre à Québec, et, en leur absence, ce sont les jeunes de la délégation qui reçoivent, avec accompagnement des plus gracieux sourires, les bouquets de fleurs que les Canadiennes destinaient aux dames françaises. Lorsque le train se remet en marche, tous les chapeaux se lèvent, les mouchoirs s'agitent, et, au milieu de l'émotion générale et même des larmes de joie de quelques-uns, une voix s'écrie : « Trois hourrahs pour nos amis les Français ! » C'est au retentissement de ces clameurs sympathiques que le train s'éloigne à toute vitesse, pour suivre, à quelque distance, les bords du Saint-Laurent qui apparaissent à intervalles assez éloignés.

La même réception attend la délégation dans tous les centres principaux, et M. Mac Donald, surintendant du chemin de fer Intercolonial qui dirige notre train, met la meilleure grâce du monde à prolonger les arrêts aux stations. Aux Trois-Pistoles, à la Rivière-du-Loup, même accueil enthousiaste qu'à Rimouski : les députés et autres notabilités en villégiature dans les stations balnéaires du Saint-Laurent viennent saluer la délégation au passage. A Lévis, en face de Québec, où le train n'arrive qu'à dix heures du soir, la réception est plus chaleureuse encore. La gare, les édifices publics, un grand nombre de maisons particulières sont pavoisées et illuminés, dans la ville haute comme dans la ville basse. Sur la falaise, les feux de joie qui ont été allumés produisent un très curieux effet. Au moment où le train entre en gare, un magnifique feu d'artifice est tiré et une salve de coups de canon se fait entendre. Une affluence considérable assiste à la réception faite par la municipalité de Lévis. La foule est telle que les délégués ont une peine infinie à se frayer un passage jusqu'au bateau traversier qui doit les transporter sur la rive gauche du Saint-Laurent. En abordant à Québec, un grand nombre d'habitants se pressent sur le quai pour acclamer les délégués qui ont hâte d'aller prendre quelque repos à la suite d'une aussi belle mais fatigante journée.

Ce n'est qu'après l'arrivée du *Damara*, que le maire de Québec, M. F. Langelier, entouré du conseil des échevins, de délégués des villes environnantes et d'un grand nombre de personnalités, remet au président de la délégation, M. de Molinari, l'adresse de bienvenue dans laquelle il rappelle les liens qui unissent la Canada à la France et exprime le vœu de voir les relations commerciales entre les deux pays prendre un essor plus considérable.

III

QUÉBEC

Québec. — Légende du Chien d'Or. — L'université Laval. — Le Parlement provincial. — La brigade du feu. — Les travaux du port. — Origine de la presse canadienne française. — *Tant pis, tant mieux.* — Les journaux français de Québec et leur histoire.

L'ancienne capitale du Canada est bâtie dans un site des plus pittoresques. Lorsque, remontant le Saint-Laurent, on dépasse l'extrémité sud de l'île d'Orléans, on voit se dresser tout à coup un rocher à pic qui s'avance dans le fleuve en forme de bec, dominant au loin la plaine et l'onde. C'est sur ce rocher que s'élèvent la ville haute de Québec et sa citadelle, longtemps considérée comme la plus forte de l'Amérique du Nord. Aujourd'hui ses remparts ne sont plus guère ornés que de pièces de canon destinées aux saluts. L'esprit guerrier a cessé d'habiter dans ces parages témoins de tant d'actes héroïques. Il n'y a plus à Québec, pour garnison, qu'un détachement et une école d'artillerie, la milice n'étant appelée sous les drapeaux qu'à de rares intervalles.

Quelques auteurs ont prétendu que l'origine du nom de Québec provenait de l'exclamation poussée par un matelot qui, découvrant le promontoire où s'élève aujourd'hui la capitale du Bas-Canada, se serait écrié : *Quel bec!* (dans le sens de quel cap!).

Mais la plupart des historiens, et notamment Ferland, donnent à ce mot une origine sauvage. En effet, dans les dialectes algonquins, *Kebec* signifie rétrécissement d'une rivière, passage étroit. Or telle est justement la situation du Saint-Laurent qui se trouve resserré, à la hauteur de Québec, entre deux côtes élevées. Cette dernière étymologie paraît être la plus vraisemblable.

Du haut de la citadelle et de la belle terrasse de Frontenac, laquelle s'élève à 150 pieds au-dessus du fleuve, se déroule un magnifique panorama sur la cité même, le port avec sa forêt de mâts, les hauteurs de Lévis, le Saint-Laurent, en amont et en aval de la ville, la chaîne des Laurentides, l'île d'Orléans et ses verdoyants ombrages si recherchés des Québecquois pendant la belle saison. C'est le rendez-vous général des promeneurs, le vrai *boulevard* de Québec, qui, pour n'avoir qu'un vaste plancher en bois, n'en est pas moins très fréquenté. C'est là que se dresse le monument élevé le 8 septembre 1828 à la double mémoire de Montcalm et de Wolfe, les deux héroïques adversaires que la mort a recouverts du même linceul dans les plaines d'Abraham. Les restes de Montcalm sont déposés dans l'église des Ursulines, à Québec. Quant à Wolfe, il est inhumé dans l'église paroissiale de Greenwich, en Angleterre, et non, comme on le croit généralement, dans l'abbaye de Westminster.

De la ville basse on accède à la partie haute de la cité au moyen d'un *élévateur* ou par des rampes très accentuées que de vigoureux petits chevaux montent et descendent d'une allure aussi rapide qu'assurée. La ville haute remonte à la fondation de Québec. C'est là surtout que se rencontrent, avec leurs trottoirs en bois, les rues tortueuses où l'on enfonce dans la boue à la mauvaise saison et où un étranger, et même un citadin, a peine à se reconnaître le soir, à la faible lueur des rares becs de gaz. C'est aussi le centre des vieux souvenirs, des monuments et des institutions publiques et politiques.

Au nombre de ces vieux souvenirs se trouve la légende du Chien d'Or. A deux pas de la terrasse de Frontenac, se dressait naguère une vieille maison dont le fronton portait une énorme plaque de marbre entourée d'un encadrement et d'une tablette. Sur la plaque, un chien assis, rongeant un os, avec cette inscription :

> Je suis un chien qui ronge l'os;
> En le rongeant je prends mon repos;
> Un temps viendra qui n'est pas venu
> Que je mordrai qui m'aura mordu.
> 1736

D'après une tradition populaire, M. Philibert, propriétaire de cette maison, aurait été assassiné par M. de Repentigny, et sa veuve aurait fait placer sur la porte ce bas-relief avec cette inscription pour exciter son fils à la vengeance. Le fils aurait assouvi cette vengeance en tuant en duel M. Repentigny. Mais cette légende est devenue fort énigmatique à la suite de recherches faites par M. Viger. Il résulte de ces recherches que Philibert fut bien tué en duel par M. de Repentigny, mais en 1748 seulement et, qu'avant de mourir, il aurait pardonné à son meurtrier. Quant à celui-ci, il servait à Sainte-Foye, sous le chevalier de Lévis, en 1760, et n'aurait jamais été tué en duel. Que signifie donc l'inscription?

Lors de la démolition de la maison, sur l'emplacement de laquelle s'élève aujourd'hui le bureau de la poste, la plaque de marbre seule a été conservée et replacée sur le nouveau bâtiment.

Cette inscription a donné naissance à une charmante légende qui est un hommage rendu aux ancêtres des Canadiens-Français, hommage d'autant plus sincère que son auteur, M. Kirby, était un ennemi de leur race et ne partageait nullement leurs croyances.

Tout près de la poste se dresse l'église cathédrale dont la plus grande curiosité est le trésor, qui est fort riche et qui, au temps de la domination française, a reçu à plusieurs reprises des dons royaux.

L'énorme bâtiment qui touche à la cathédrale est l'université Laval, qui tire son nom de Mgr de Montmorency-Laval, premier vicaire apostolique et évêque au Canada, fondateur du séminaire de Québec, un des prélats les plus éminents de l'Église canadienne. L'université, qui occupe une étendue de terrain de 15 arpents, a un aspect tout à fait monacal, par l'ensemble de sa construction, par ses cloîtres, ses salles vastes et profondes, et ses immenses couloirs qui semblent ne pas avoir de fin et dans lesquels il est loisible de s'égarer. Sa fondation remonte à 1852 et, depuis 1876, elle a une succursale à Montréal. Elle possède quatre facultés qui sont : les facultés de théologie, de droit, de médecine et des arts; cette dernière se subdivise en deux sections : lettres et sciences. Les études sont très fortes et l'université jouit dans tout le Canada d'une grande réputation. Elle compte, dans ses deux établissements, 78 professeurs, et la moyenne annuelle des étudiants suivant les cours est de 600. Parmi les collections se trouvent une galerie de peinture, encore modeste, des musées fort nombreux se rapportant à la minéralogie, la botanique, la zoologie, etc. Dans la section ethnologique, on remarque surtout une foule d'objets à l'usage des tribus sauvages, soit comme ustensiles d'intérieur, soit comme instruments de chasse et de guerre. Un grand nombre de ces souvenirs d'un autre âge ont été extraits des tombeaux des Hurons. La bibliothèque renferme 77,000 volumes et contient une collection considérable et fort appréciée d'ouvrages relatifs à l'histoire de l'Amérique et particulièrement du Canada.

L'instruction publique est fort répandue dans la province de Québec. On y compte en effet plus de 5,000 institutions d'enseignement, parmi lesquelles on remarque 4 universités, 3 écoles normales, 18 écoles spéciales et 4,400 écoles élémentaires. Le nombre des élèves était, en 1883, de 245,000, soit *un* élève par *cinq* habitants et demi. Dans les derniers temps de la domination française les bibliothèques comptaient environ 60,000 volumes, soit *un* volume par habitant.

A l'autre extrémité de la ville, en dehors de l'ancienne enceinte fortifiée et dans un quartier neuf orné d'élégantes habitations, s'élève le vaste édifice quadrangulaire du Parlement nouvellement reconstruit. Ce grand bâtiment, qui de loin ressemble à une forteresse, fut incendié en 1883. Les ministères de la province et les services publics sont groupés sous le même toit, à la portée du lieutenant gouverneur et des membres du Parlement provincial, lorsqu'ils sont en session. La bibliothèque du Parlement, qui était autrefois fort belle, a beaucoup souffert lors de l'incendie, et son distingué conservateur, M. P. Lemay, aura fort à faire pour la remettre sur son ancien pied.

Tout respire, dans ce palais, la nationalité française ; tout le monde, depuis le premier magistrat de la province jusqu'au dernier homme de peine, fait usage, d'une façon constante de la langue française, et si les publications officielles sont faites dans les deux langues, les débats du Parlement ont presque toujours lieu en français. Dans la grande salle des séances de l'Assemblée législative, sur les murs encore à peine séchés, on voit l'écusson aux fleurs de lys faire pendant au lion britannique. *Montjoye Saint-Denis* se trouve sur le même pied que *Dieu et mon droit*, remarquable exemple du loyalisme pratiqué vis-à-vis de l'Angleterre, en même temps que du profond attachement porté aux institutions de la vieille France !

La province de Québec est à la fois le berceau et la forteresse de la race française, car sur une population de 1,359,027 habitants, que donne le recensement de 1881 il n'y a pas moins de 1,073,820 Français, et le nombre total des Canadiens-Français ne s'élève dans toute la Puissance qu'à 1,298.929, chiffre aujourd'hui bien dépassé.

Le Parlement de la province de Québec comprend un conseil législatif de 24 membres nommés à vie par le gouverneur général en conseil et une assemblée législative de 65 membres élus tous les cinq ans (1). Dans tous les Parlements canadiens, les membres se divisent en Anglais et Français, si on considère seulement la question de race, et en conservateurs et libéraux si on se place au point de vue politique pur, le plus important de tous et presque toujours le seul à considérer depuis que les deux races exercent une espèce de condominium.

Le Conseil législatif renferme une majorité française très considérable. Il en est de même de l'Assemblée législative. Au point de vue de la représentation des races, un accord tacite est intervenu entre Français et Anglais, lors de la formation de la Confédération de 1867, pour répartir les sièges selon la prédominance de l'un ou de l'autre élément dans chaque comté. Bien que l'élément français ait sensiblement gagné en nombre depuis cette époque, cet accord tacite subsiste toujours et il s'ensuit que des députés de race anglaise représentent encore des comtés où la majorité de la population est devenue française. L'élément français pourrait facilement revendiquer ce qui lui revient en droit. et, s'il ne le fait pas, c'est sans doute pour qu'on use de réciprocité à son égard dans les provinces de l'ouest où la nationalité anglaise a pris le dessus à la suite d'une émigration aussi considérable que rapide.

Le palais du Parlement touche presque aux extrémités de la basse ville; mais pour se rendre dans cette dernière il faut descendre un grand escalier en fer de plus de 120 marches, ou suivre les rampes qui passent au pied des anciens remparts conservés entre la vieille ville et la cité agrandie. Si celle-là est aujourd'hui le quartier général des Anglais de Québec, qui sont du reste peu nombreux, car sur 62,446 habitants on ne compte que 14,344 Anglo-Saxons, dont 10,224 sont Irlandais celle-ci, au contraire, est le quartier français par excellence. Ce fut chose facile à constater lorsque les délégués français, conduits par le maire, les représentants du conseil de ville et les membres du comité

(1) Le nombre des membres de l'Assemblée a été élevé à 73 (1890).

de réception vinrent en corps visiter les principaux établissements industriels. Le faubourg Saint-Roch, la belle rue Saint-Joseph, les plus importantes artères commerciales étaient magnifiquement pavoisées de drapeaux, presque uniquement tricolores et une foule sympathique saluait les délégués à leur entrée et à leur sortie des magasins. Le grand établissement de fourrures de M. J.-B. Laliberté, le plus considérable de toute l'Amérique, attira tout particulièrement l'attention par la richesse de ses pelleteries dont il est fait un trafic considérable. On peut bien dire sans exagération que tous les animaux à fourrure y ont quelques-unes de leurs toisons à l'étalage, depuis le chat sauvage, dont on emploie 20,000 peaux par an, jusqu'à la marte d'Alaska, au buffle, au renard blanc, noir ou argenté qui sont si rares et si recherchés des amateurs. M. Laliberté emploie près de 300 personnes dans son établissement même, sans compter les ouvriers du dehors, qui, comme les Hurons, de Lorette, ont la spécialité de fabriquer les curiosités d'origine indienne : raquettes, traînes ou toboggans, pour les glissades sur la neige, bibelots de tout genre en écorce de bouleau cousus avec des poils d'orignal teints de diverses couleurs. Du belvédère de la maison, la plus haute de tout le quartier, on jouit d'un magnifique panorama sur la ville basse et le port.

Un autre établissement, dont la visite ne passa point inaperçue, fut la manufacture de chaussures de M. G. Bresse. Tous les employés, groupés pour la circonstance, portaient à la boutonnière une cocarde tricolore, et les grands ateliers étaient si bien décorés, qu'une bonne partie de l'édifice, au dedans comme au dehors, disparaissait pour ainsi dire sous les plis des couleurs de France. Québec est le centre d'une grande fabrication de chaussures et plusieurs milliers d'ouvriers de cette ville y sont constamment employés. Le Canada, sous ce rapport, a beaucoup à lutter contre la concurrence des États-Unis ; mais son industrie se développe sans cesse. La moitié des exportations de chaussures du Dominion est à destination de Terre-Neuve, qui ne fait point partie de la Confédération.

Entre deux visites d'ateliers avait eu lieu une sonnerie de la brigade du feu exécutée spécialement pour les délégués. Dans toutes les villes d'Amérique le service des pompiers est organisé d'une façon admirable ; les postes sont multipliés et, quelques instants après le signal donné, personnel et matériel sont rendus sur le théâtre du danger. Lorsque le signal avertisseur est mis en mouvement, un carillon retentit dans le poste de pompiers. Les hommes de service, étendus tout habillés sur leurs lits, sont réveillés par une bruyante sonnerie. Par un jeu automatique de ressorts, les portes des stalles, où sont enfermés les chevaux, s'ouvrent aussitôt et les chevaux, qui ont été dressés à cet exercice, viennent se placer d'eux-mêmes sous les harnais suspendus au plafond. En un tour de main les attelages sont prêts et dirigés vers le lieu du sinistre.

Sur l'invitation du maire de Québec, l'avertisseur est mis en mouvement. Au bout d'une minute, accourt, au triple galop et en sonnant de la cloche, un char portant une échelle de secours qui se dresse automatiquement. En une minute et demie, la première pompe est rendue sur les lieux du sinistre présumé, et, une demi-minute après, le tuyau, le *boyau*, pour employer l'expression locale, est déroulé et vissé à la bouche d'eau la plus voisine. Quelques secondes après, un puissant jet d'eau en sort et s'élève à une hauteur de 90 pieds. Une deuxième pompe arrive deux minutes après le signal donné et se place aussi rapidement. Enfin, au bout de quatre minutes, une puissante pompe à vapeur vient prendre place à son tour, et une demi-minute après, sa colonne d'eau, qui ne s'élève pas à moins de 120 pieds, presque la hauteur de la terrasse de Frontenac, inonde complètement le clocher de l'église Saint-Roch qui sert d'objectif. Pendant que les machines se mettent en position, un pompier gravit l'échelle roulante, qui atteint la hauteur d'un quatrième étage, et, muni d'un réservoir portatif, arrose avec sa lance tout ce qui se trouve à sa portée.

Dans un pays où beaucoup de maisons sont en bois, ainsi que la plupart des trottoirs, on comprend sans peine l'importance que les Américains attachent au service du feu.

Après les exercices de la brigade du feu, les délégués se rendent au nouveau port. La commission du havre a mis à leur disposition son vapeur de service afin de visiter tous les grands travaux destinés à transformer Québec en un port de premier ordre pourvu de tous les aménagements réclamés depuis longtemps par le commerce de cette ville. La vieille cité de Champlain assise, comme Anvers, sur les bords d'un fleuve magnifique accessible pour les navires du plus fort tonnage, ne possédait jusqu'ici que quelques quais situés au pied du rocher de la citadelle. Ces quais, privés pour l'avenir de tout développement possible par le fait même de leur situation, ne correspondaient plus aux besoins du trafic actuel. En outre, construits le long du fleuve même, sans bassin d'abri et de garage, ils laissaient les navires, qui venaient accoster, exposés aux courants violents qui accompagnent chaque jour le mouvement de hausse et de baisse de la marée. La différence d'étiage produite par la marée est, en moyenne, d'environ 7 mètres.

Afin de parer aux inconvénients de cette nature, on résolut de déplacer le centre maritime de Québec et de le reporter à l'embouchure de la rivière Saint-Charles, c'est-à-dire à proximité des établissements de commerce des grands faubourgs et dans une anse présentant, pour les navires, des avantages nautiques bien supérieurs à ceux de l'ancien port.

C'est dans cet estuaire que l'on construit le nouveau havre. L'un des bassins situé dans le port intérieur, aura 415 mètres du long. Ce premier bassin restera ouvert sur l'un de ses côtés et soumis à toutes les influences de la marée. Un autre bassin, attenant au précédent et beaucoup plus considérable, aura un développement de quais de 2,000 mètres et une superficie de 61,415 mètres. Ce sera un bassin à flot où 15 navires du plus fort tonnage pourront être amarrés en même temps le long des quais. La profondeur originelle, qui n'était, à marée basse, que de 4 à 5 mètres, va être portée à 8 et 9 mètres à l'aide de grandes dragues perfectionnées qui, en un seul tour, enlèvent un poids de terre de 2,500 kilos. Les travaux ne sont pas encore terminés que déjà les hangars, élévateurs, gares, commencent à apparaître de tous côtés. Il va sans dire que les lignes de chemin de fer ont leur débouché sur toutes les faces des nouveaux quais.

Les travaux, commencés en 1877, devaient être terminés en 1880; mais les entrepreneurs, qui ont rencontré, il est vrai, de grands obstacles d'exécution, n'ont pu remplir les conditions énoncées au cahier des charges. Néanmoins, on pensait, au moment de notre visite, que l'achèvement des travaux pourrait avoir lieu en 1886. La dépense totale s'élevait, au commencement de 1885 à 1,182,000 piastres, et les ingénieurs estimaient alors à 500,000 piastres le montant de la somme jugée nécessaire pour mener à bonne fin l'œuvre commencée.

Mais ces travaux n'eussent pas été complets sans la construction d'un bassin de radoub permettant de réparer les bateaux en toute circonstance. Cette création était d'autant plus indispensable qu'aucune installation de ce genre n'existe encore au Canada. C'est sur la rive droite du Saint-Laurent, à Saint-Joseph-de-Lévis, qu'on a entrepris de creuser dans le roc vif un bassin de 180 mètres de longueur sur 33 de largeur et 8^{m}, 75 c. de profondeur sur le seuil. Mais, à la suite d'infiltrations qui se sont produites aux cours des travaux et qui ont singulièrement dérangé les prévisions des ingénieurs de Londres, la longueur du bassin a dû être réduite à plusieurs reprises et ramenée, en fin de compte, à 165 mètres. Cette longueur est à peine suffisante, car les paquebots, les plus grands il est vrai, atteignent déjà une longueur de 155 à 160 mètres, et peut-être ces dimensions grandiront-elles encore. Les travaux commencés en 1878 auront demandé 8 années. Les sommes dépensées jusqu'au commencement de 1885 pour le bassin de radoub étaient de 634,000 piastres, et 50,000 autres étaient encore jugées nécessaires par les ingénieurs. C'est donc une somme de 2,366,000 piastres — près de 12 millions de francs — qui aura été dépensée pour l'amélioration du port de Québec. Grâce à ces magnifiques agrandissements coïncidant avec l'ouverture du chemin de fer du Pacifique, la vieille cité canadienne retrouvera sans doute un peu de cette animation commerciale qui faisait mine de vouloir l'abandonner au profit de concurrents mieux outillés.

La navigation du Saint-Laurent ne dure que sept mois, de la fin d'avril à la fin de novembre en général, car, pendant l'hiver, le fleuve est bloqué par les glaces.

Sous la conduite des membres de la commission du havre, les délégués français s'embarquent sur le *Pilote* pour visiter les travaux en cours. En entrant dans le bassin « Louise », ils se voient salués par les sifflets stridents de tous les chalands, dragues et grues à vapeur. C'est, pendant cinq minutes, une cacophonie épouvantable, laissant bien loin derrière elle toutes les symphonies les plus burlesques, où dominent les notes les plus aiguës et les plus rauques. Le *Pilote*, après avoir promené les délégués au milieu de tous les travaux, remonte le Saint-Laurent en amont de la ville jusqu'au cap Rouge, entre deux rives verdoyantes et boisées, redescend à Saint-

Joseph-de-Lévis, accoste au bassin de radoub ; puis, reprenant sa route, passe devant la magnifique cascade de Montmorency et débarque ses passagers à la pointe de l'île d'Orléans, dans un charmant cadre de verdure. Là, les délégués sont acclamés une fois de plus par la foule, et pénètrent dans le château de Bel-Air, tout pavoisé de drapeaux en leur honneur, et orné d'inscriptions : *Bienvenue — Jacques Cartier — Champlain — Carillon — France et Canada*, afin d'assister au banquet monstre qui leur est offert. Le menu ne compte pas moins de 32 plats de résistance, sans compter les assaisonnements et les sauces. Le *canard sauvage à la Huronne* alterne avec le *bœuf sauté à la Délégué* et le *filet sauce aux Sorciers* avec le *pudding Labelle à la Saint-Jérôme.*

Pendant tout le repas, la *bande* ou musique du 9e bataillon de voltigeurs fait entendre son répertoire, et des toasts, aussi chaleureux que multiples, enthousiasment un auditoire si bien préparé à les entendre. Un trait caractéristique : au moment de quitter la table, un Québecquois prend la parole: Un grand bonheur vient de lui arriver, il tient à en faire part aux assistants : sa femme vient de donner le jour à son seizième enfant... Ici l'orateur s'arrête profondément ému, il hésite, il s'embrouille, et tout le monde se demande comment il va finir, lorsqu'un des délégués le repêche en s'écriant vivement : « Buvons tous au dix-septième ! » La situation est sauvée et l'assemblée lève la séance au milieu des bravos.

C'est à la presse de Québec qu'il faut reporter l'honneur de cette manifestation; c'est elle qui a préparé le banquet, qui a provoqué les réceptions, qui s'est mise avec la plus grande bienveillance et la plus exquise courtoisie à la disposition, non seulement des représentants de la presse française, mais de tous les délégués. A elle donc, encore une fois, merci !

La presse est partout une puissance, et cela se voit surtout au Canada où, par suite du développement et du libre jeu de toutes les institutions parlementaires, la liberté de tout dire et de tout écrire existe au plus haut degré. C'est principalement à l'époque des luttes électorales que les esprits, ordinairement les plus calmes, sont en ébullition. Les candidats adverses remplissent leurs journaux d'attaques vives et mordantes sans oublier les épithètes les plus malsonnantes. Ils se défient, s'injurient à la manière des héros d'Homère et se précipitent avec une ardeur incroyable dans la mêlée où les journalistes les suivent sans hésitation. On est surpris au premier abord des torrents d'injures que les divers organes se déversent les uns sur les autres, mais l'on s'y fait bien vite; les gros mots se perdent dans la fumée de la bataille et jamais il n'y a de rencontre sur le terrain pour une polémique de ce genre. C'est tout au plus si, par hasard, les tribunaux ont à relever quelque diffamation d'un caractère excessif.

Les journaux canadiens-français sont d'un extrême bon marché. Pour un *cent* ou un sou (car on dit encore sou au Canada) on a, dans les grandes villes du Bas-Canada, un numéro d'un format aussi étendu que le *Temps*, de Paris, et d'un caractère typographique fin et serré. Parfois ce numéro est doublé d'un supplément littéraire du même format mis à la disposition de l'acheteur sans aucune augmentation de prix. Grâce à ce bon marché extraordinaire et au degré très avancé de culture intellectuelle chez l'habitant, la presse est fort répandue. Mais ce n'est pas sans de gros sacrifices qu'un journal peut vivre, et la fondation d'une feuille publique n'a jamais passé jusqu'ici, sur les rives du Saint-Laurent, pour être une source de revenus, — au contraire. Mais chaque journal a sa clientèle, clientèle électorale qu'il faut à tout prix ménager, dût l'abonnement en souffrir considérablement.

Comme disposition d'articles et comme rédaction, un journal canadien ne ressemble en rien à un journal français. Ce qui frappe à première vue, ce sont les annonces. On en trouve partout, et à toutes les pages. Souvent les réclames sont habilement intercalées entre des faits divers. Après les annonces, on remarque surtout le roman inséré, non en feuilleton, mais dans le corps du journal, la ligne d'impression ayant parfois la longueur de deux colonnes de journal. Cette disposition typographique est faite en vue de conserver la composition, qui de cette façon sert pour la réimpression du roman en volume. Beaucoup de journaux, en effet, procèdent de cette façon et mettent le volume à la disposition de leurs lecteurs. Généralement l'auteur ne réclame point contre ce mode de procéder. Il ne touche de cette façon aucun droit de propriété littéraire, mais la publicité est faite autour de son nom, il a l'espérance de gagner en renommée ce qu'il perd momentanément en numéraire, et d'attirer l'attention du public sur les ouvrages qu'il a déjà publiés ou qu'il publiera un jour. Grâce à la part importante faite au roman et aux nouvelles littéraires dans chaque journal, le Canadien préfère presque toujours, comme lecture, sa feuille quotidienne. qui le renseigne en même temps sur les événements du jour, et ne fait que bien peu de visites chez les libraires, assez rares d'ailleurs, qui pourraient mettre à sa disposition les publications à la mode.

Par suite de la bonne organisation de leur service télégraphique et de la facilité avec laquelle ils peuvent transmettre leurs dépêches dans toute l'étendue du Canada en ne payant que le quart du tarif ordinaire, les journaux sont fort bien et fort rapidement renseignés sur tous les événements du globe. La différence de méridien, qui établit un retard de 5 heures sur les horloges de Paris et de Londres, permet de donner le soir même les nouvelles de la journée de ces capitales.

Le style des journaux canadiens-français se ressent du contact constant de l'élément anglo-saxon. Des tournures de phrases sentent leur origine britannique, et des anglicismes s'y rencontrent de temps à autre à côté de vieilles expressions françaises, religieusement conservées depuis deux siècles. C'est ainsi qu'on trouve des expressions de ce genre : il est rumeur que; faire (pratiquer) sa religion; donner sa résignation (démission); céder le pas à la politique due; le temps marchande un peu, il se chagrine (devient mauvais); vaccination compulsoire (obligatoire); assault criminel. C'est surtout dans les petites feuilles de province que dominent ces expressions qui, si elles ne sont guère françaises, n'en ont pas moins leur cachet original.

Au temps de la domination française, il n'y avait pas une seule imprimerie. C'est à la fin de 1763 qu'un Écossais de Philadelphie, nommé William Brown, arriva au Canada avec l'intention d'établir « une belle imprimerie dans une place convenable à Québeck », suivant le baragouinage dont il se servait dans ses prospectus, et d'y fonder un journal. Soutenu par les autorités anglaises, Brown amena un « assortiment de nouvelles charactères », parvint à réunir « trois cents souscrivants » et, le 21 juin 1764, fit paraître le premier numéro de la *Gazette de Québec*, le plus ancien journal du Canada et de l'Amérique, rédigé moitié en français, moitié en anglais. Le français du journal de Brown était un véritable français de *pigeon*. Durant ces premières années cette feuille, fort inoffensive, ne parlait point de politique, empruntait toutes ses nouvelles aux journaux d'Angleterre et de Philadelphie et ne soufflait pas un mot de ce qui se passait au Canada. Jusqu'en 1778 la *Gazette de Québec* n'eut pas de concurrent. A cette époque parut, rédigée dans les deux langues, la *Gazette de Montréal*, fondée par Fleury Mesplet. Elle existe encore, mais est devenue un organe exclusivement anglais. La *Gazette de Québec*, après une longue existence, est morte d'anémie en 1873, à l'âge de 109 ans.

La première feuille entièrement française parut, en 1779, sous le titre de : *Tant pis, tant mieux*. Mesplet et un avocat de Montréal, Jotard, en furent les fondateurs. Mais son esprit anti-anglais la fit promptement, quoique malgré elle, passer de vie à trépas (1780), et le gouverneur britannique envoya Mesplet et Jotard peupler les cachots de Québec, qui, à cette époque, se garnissaient rapidement de suspects français. On comprend sans peine qu'un pareil traitement appliqué à la presse ne fut pas sans refroidir sensiblement l'ardeur des Canadiens-Français. Aussi vingt-six années s'écoulèrent avant qu'ils fissent une nouvelle tentative sérieuse. Mais l'accroissement continu de leur race, la mise en pratique assez régulière du régime parlementaire, demandaient autre chose que l'existence des « quêteux », colporteurs de nouvelles et de cancans, espèces de gazettes vivantes, de troubadours de la presse. L'élément français avait besoin d'un organe qui prît la défense de ses intérêts menacés et compromis ; le *Canadien* fut mis au monde le 22 novembre 1806. Sa devise : « Nos institutions, notre langue et nos lois », résume tout son programme.

Les fondateurs et les premiers directeurs du *Canadien* furent : Bédard, Blanchet, Planté, Bourdages, Taschereau et d'autres chefs du parti français, dont le *Canadien* était l'organe attitré. Peu après la création du journal, Papineau en devint le collaborateur, puis Étienne Parent qui passa ensuite directeur et y exerça longtemps son influence.

La « souscription » au nouveau journal eut beaucoup de succès, à l'inverse de ce qui eut lieu pour la *Gazette de Québec*, qui passait pour vendue aux Anglais et qui, même après quarante ans d'existence, était toujours ce qu'elle s'était vantée d'être autrefois « la plus innocente gazette de la domination britannique ». Le style du *Canadien* fut d'abord léger, plaisant, mais extrêmement mordant. Les nouvelles,

les chansons, les épigrammes formaient, à côté d'études historiques sérieuses, le fonds du journal. Ses rédacteurs et ceux du *Mercury*, organe anglais créé en 1805, se déchiraient à belles dents. Bientôt commencèrent les polémiques que vint alimenter le *Courrier de Québec*, organe français *chouayen*, fondé par le juge de Bonne. L'origine du nom de *Chouayen* remonte au combat de ce nom livré le 14 août 1756. Ce jour-là, plusieurs Canadiens, désespérant du salut de leur cause, inclinèrent du côté de l'armée anglaise, ce qui n'empêcha point la défaite de celle-ci. A partir de ce moment, l'épithète de Chouayens s'appliqua aux transfuges de la race française, à ceux qui, dans les élections, prenaient le parti du gouvernement anglais. Le *Courrier de Québec* n'eut point de succès ; on lui rendit la vie si dure qu'au bout de six mois il en mourut (2 juin 1807).

Retracer l'histoire du *Canadien* serait faire celle du Canada lui-même pendant toute la période d'oppression. Saisi à plusieurs reprises par ordre des autorités anglaises, le vaillant journal vit ses presses détruites, ses rédacteurs emprisonnés, mais il ressuscita toujours, reprenant des forces à chaque acte de violence et de persécution. Il put résister à la tourmente de 1837, sous la direction d'Étienne Parent, dont l'influence s'y fit sentir pendant de longues années après cette époque. Vinrent ensuite, comme directeur du journal, M. Hector Fabre; M. Éventuren, qui était libéral et qui, à ce moment, donna au *Canadien* une couleur politique de cette nuance; M. Mac Donald; M. L.-H. Huot, depuis greffier de la cour en chancellerie, et enfin M. Israël Tarte qui, depuis 1874, n'a pas cessé d'être rédacteur en chef du journal. Six mois après avoir pris la direction du *Canadien*, M. Tarte en achetait la propriété qu'il revendit, en 1876, à M. Desjardins, lequel la transmit à son tour, en 1879, à M. Demers.

M. Tarte, qui a été, de 1876 à 1882, député provincial pour le comté de Bonaventure, a su donner un grand développement et une grande influence au *Canadien* et au groupe de journaux qui gravitent dans sa sphère. Il a eu la bonne fortune de s'attacher comme collaborateurs les hommes politiques les plus en vue du parti conservateur de la province de Québec. Sir Adolphe Caron, ministre de la milice, et sir Hector Langevin, ministre des travaux publics, ont eu une part active dans la rédaction du *Canadien*, de 1875 à 1881. M. Desjardins, député provincial de Montmorency, y a collaboré également de 1877 à 1882. Actuellement le bras droit de M. Tarte est M. Faucher de Saint-Maurice, qui a fait la campagne du Mexique dans la légion étrangère et a reçu la croix de la Légion d'honneur comme capitaine. Député de Bellechasse au Parlement provincial depuis 1882, M. Faucher de Saint-Maurice est l'auteur de divers ouvrages sur le Canada, la campagne du Mexique et les questions de procédure parlementaire. D'une physionomie ouverte et toute militaire il porte un intérêt tout particulier à ce qui touche notre patrie et on peut bien dire de lui, sans froisser aucunement ses compatriotes, qu'il est le plus Français des Canadiens-Français.

Le *Canadien*, journal du matin, paraît tous les jours, sauf le dimanche — aucune feuille canadienne n'est publiée le dimanche, — au prix de un centin le numéro, ou de 3 piastres par an. Son tirage quotidien est de 4,000 exemplaires. Une autre édition, tri-hebdomadaire, tirée à 2,500 numéros en moyenne, est destinée spécialement aux campagnes ou aux lecteurs trop éloignés de Québec pour être régulièrement servis chaque jour. Enfin, une édition hebdomadaire, sous le titre de *Cultivateur* (une piastre par an), est tirée à 15,000 exemplaires, dont 4,000 sont répandus parmi les Canadiens-Français habitant les États-Unis. L'influence territoriale du *Canadien* s'exerce principalement dans la partie septentrionale de la province de Québec. Le journal représente l'opinion conservatrice libérale. Comme dans tous les journaux canadiens les articles ne sont généralement pas signés.

A côté du *Canadien* se trouve l'*Événement*, fondé en 1868 comme organe libéral par M. H. Fabre qui en fut à l'origine le directeur et le propriétaire. M. Fabre, qui avait débuté dans la presse comme rédacteur de l'*Ordre*, de Montréal, journal aujourd'hui disparu, est depuis 1881 commissaire général du Dominion à Paris, où il a fondé, en 1884, *Paris-Canada*, organe destiné à faire connaître davantage le Canada en France. Esprit fin, délié, écrivain correct et toujours courtois, même dans les plus ardentes polémiques, M. Fabre est une figure essentiellement parisienne. Lorsqu'il devint sénateur en 1875, il céda l'*Événement* à M. Demers qui en est aujourd'hui propriétaire. En 1883, M. Tarte, directeur actuel, lui succéda comme rédacteur en chef. L'*Événement*, qui n'a qu'une édition du soir, au prix de 1 centin, ou 3 piastres par an, tire à 7,000 exemplaires. Sa rédaction est à peu près la même que celle du *Canadien*. C'est un journal à nouvelles plutôt qu'une feuille politique, et il est répandu de préférence dans Québec et dans les villes avoisinantes.

Le *Journal de Québec* date de 1842 avec M. Augustin Côté et M. Cauchon comme fondateurs. M. Cauchon a joué un grand rôle dans la politique canadienne. Député du comté de Montmorency pendant trente années, il a été, sous le régime du Canada Uni, ministre des terres de la couronne et des travaux publics. Après l'acte de confédération de 1867, il devint le premier président du Sénat, puis ministre dans le cabinet libéral Mackenzie, de 1873 à 1878. A la chute de ce cabinet il fut nommé lieutenant-gouverneur du Manitoba, poste qu'il conserva presque jusqu'à sa mort arrivée en février 1885. Fort estimé de ses administrés il fut enterré aux frais de la province de Manitoba, dont il avait grandement encouragé le développement. Comme journaliste il était une des plumes les plus puissantes et les plus énergiques du Canada; ses adversaires eux-mêmes l'ont reconnu et ont rendu pleine justice à son talent. De 1842 à 1876 il a dirigé sans interruption le *Journal de Québec*, qui était alors très répandu, mais qui depuis a considérablement perdu et comme influence et comme tirage. M. A. Côté, un des doyens de la presse canadienne, en est encore le directeur actuel et, depuis 1877, le seul propriétaire.

Conservateur à l'époque de sa fondation, le *Journal de Québec* a suivi, comme M. Cauchon, les fluctuations de la politique, devenant tantôt libéral, tantôt conservateur. Aujourd'hui il représente la nuance intermédiaire entre ces deux opinions et passe pour l'organe officieux du clergé. Journal quotidien au prix de 2 centins, ou 6 piastres par an, il a une édition tri-hebdomadaire destinée plus particulièrement aux cultivateurs. Il n'est répandu qu'à Québec et aux environs.

Le *Courrier du Canada* vit le jour en 1857, par l'entremise d'un groupe de Canadiens réunis en société. Cette société prononça sa dissolution trois ans après, et l'un de ses membres, M. Léger Brousseau, acquit alors la propriété du journal qu'il n'a pas cessé de posséder depuis. Le premier rédacteur en chef fut un médecin, M. Joseph-Charles Taché, qui conserva jusqu'en 1859 la direction du *Courrier*. Député de Rimouski de 1857 à 1863 au Parlement de l'Union, il devint député-ministre de l'agriculture à Québec en 1864, puis à Ottawa, après la Confédération, poste qu'il accupe sans interruption depuis 1867.

Son successeur au *Courrier* fut M. Hector Langevin. Maire de Québec en 1860, il résigna ses fonctions, environ deux ans après, pour devenir député du comté de Dorchester qu'il représenta sous l'Union, puis sous la Confédération, à Ottawa, jusqu'en 1878. Depuis cette époque il est député fédéral des Trois-Rivières. Ministre depuis 1864, sauf sous le cabinet Mackenzie, il tient aujourd'hui le portefeuille des travaux publics.

M. Langevin ne fit que passer au *Courrier*. M. Aubry le remplaça. De nationalité française, il était professeur de droit romain à l'université Laval, lorsqu'il prit la direction du journal, direction qu'il conserva jusqu'en 1863. Rentré en France, il est aujourd'hui professeur à la faculté catholique d'Angers. A M. Aubry suécéda M. Eugène Renault, de 1863 à 1873, puis, de 1873 à 1875, M. Guillaume Amyot, député fédéral du comté de Bellechasse. Lieutenant-colonel du 9me bataillon de voltigeurs (Québec), il a fait, en 1885, la campagne du Nord-Ouest contre Riel, ce qui ne l'empêche pas d'être en même temps avocat à Québec. De 1875 à 1880, M. Vallée a dirigé le *Courrier*. Député au Parlement fédéral, de 1878 à 1882, pour le comté de Portneuf. il est, lui aussi, avocat à Québec. Aux avocats succède un médecin, M. Dionne; mais, en 1884, le barreau redevient tout-puissant au journal en la personne de M. Thomas Chapais, le directeur actuel, qui est le gendre de sir Hector Langevin.

Depuis le mois d'octobre 1885, le *Courrier* a deux éditions par jour. au prix de 2 centins ou 6 piastres par an. Son tirage est d'un millier d'exemplaires. Sous le titre de *Journal des campagnes*, il publie une édition hebdomadaire tirée de 4 à 5,000 numéros dont un tiers est destiné aux États-Unis. De même que le *Constitutionnel*, de Paris, le *Courrier* a une vieille clientèle qui n'a pas cessé de lui être fidèle depuis son origine. Comme couleur politique il représente l'opinion conservatrice accentuée, nuance très catholique. Son influence territoriale s'étend dans le nord de la province de Québec.

L'*Électeur* est l'organe du parti libéral du district de Québec. Il fut fondé le 15 juillet 1880 par une société dans laquelle se trouvaient : MM. Pelletier, sénateur; Wilfrid Laurier, membre du conseil privé; Joly, ancien premier ministre de la province, Ross, ancien procureur général; Langelier, maire de Québec. Depuis avril 1885, la propriété a passé entre les mains de M. Ulric Barthe et de M. Ernest Pacaud. Ce dernier, rédacteur en chef du journal depuis sa création, a eu pour collaborateurs, au début, MM. W. Laurier et Langelier. Avant d'entrer à l'*Électeur*, il avait fondé, en 1877, le *Journal d'Arthabaska*, et pris la direction, à la chute du cabinet Mackenzie, de la *Concorde*, journal libéral des Trois-Rivières.

Journal quotidien paraissant le soir, au prix de 1 centin le numéro, ou 3 piastres par an, l'*Électeur* a un tirage de 4,500 à 5,000 exemplaires. Il publie aussi une édition hebdomadaire tirée à environ 1,500 numéros. Son influence territoriale s'étend surtout dans le district de Québec.

Le *Courrier*, le *Journal de Québec* sont des feuilles de petit format.

A la suite de l'exécution de Riel, et de la scission qui se produisit à ce sujet parmi les conservateurs de la province de Québec, un nouveau journal, la *Justice*, a été créé à Québec, au début de 1886. Organe du nouveau parti qui a pris le nom de *national*, la *Justice* a eu pour fondateurs et principaux rédacteurs MM. Pelletier et le colonel Amyot.

Parmi les publications québecquoises, il faut encore citer la *Vérité* et le *Nouvelliste*, mais ce ne sont que des journaux non quotidiens.

La presse anglaise n'est représentée que par trois journaux : le *Mercury*, le plus ancien journal existant à Québec ; le *Morning Chronicle*, tous deux conservateurs, et le *Daily Telegraph*, organe libéral.

IV

MONTRÉAL

Les derniers des Hurons. — Le chemin de fer du lac Saint-Jean. — Chansons populaires canadiennes. — Le Saguenay. — La baie des Ha! Ha! — Les Trois-Rivières. — Ovations et réceptions. — Montréal et le Mont-Royal. — Lachine et le saut des rapides. — La presse française de Montréal. — *La Minerve*. — Un journal fondé en 24 heures. — Le parti des « castors ».

A quelques kilomètres de Québec se trouve le village de la Jeune Lorette, habité par les derniers descendants des Hurons. Le nom de Lorette, donné à cette bourgade, s'associe, paraît-il, au souvenir de l'un des premiers missionnaires français, le P. Chaumonot, qui arriva au Canada en 1639 et évangélisa les Hurons jusqu'à sa mort, arrivée en 1693. Le P. Chaumonot avait quitté sa famille pour courir le monde, lorsque passant à Lorette, en Italie, il se sentit saisi par la vocation religieuse, se convertit et se prépara, peu après, aux missions chez les Sauvages. En rapprochant le souvenir de cet événement de l'apostolat du P. Chaumonot chez les Hurons, on expliquerait l'origine du nom donné au village en question.

Aux premiers temps de la colonisation française, d'implacables rivalités surgirent entre les nations des Algonquins et des Iroquois ou Toudamans. L'Angleterre se fit l'alliée de ces derniers, tandis que la France prenait parti pour les premiers, auxquels vinrent se joindre, dès l'origine de la lutte, les Houendats ou Hurons, tribu de la nation iroquoise, dont le caractère pacifique se rapprochait davantage de celui des Algonquins. Selon l'historien Ferland, les Houendats furent appelés *Hurons* parce qu'ils se rasaient les cheveux de manière à ne laisser sur le sommet de la tête qu'une espèce de crête assez semblable à la hure d'un sanglier. De leur côté les Toudamans avaient été surnommés *Iroquois*, parce qu'ils terminaient leurs harangues par le mot *hiro* : j'ai dit, et l'exclamation : *koué!*

Après une lutte acharnée, les Hurons furent presque exterminés par les Iroquois, qui, de leur côté, furent considérablement affaiblis. Les descendants des Hurons épargnés sont groupés aujourd'hui autour de la Jeune Lorette. Il y a deux siècles ils étaient environ 40,000, actuellement ils ne sont pas 400. Et quel changement prodigieux s'est opéré chez eux !

Le voyageur qui n'a jamais parcouru que des pays civilisés et qui se rend à Lorette pour voir des *Sauvages* couverts de peaux de bêtes et ornés de plumes, s'expose à ressentir de bien cruelles désillusions. En effet, rien n'est moins sauvage qu'un habitant de Lorette. Depuis leur grand désastre, les Hurons ont subi une métamorphose absolue au contact des colons et des missionnaires. Convertis au catholicisme, civilisés de la façon la plus complète, ils ont contracté avec les blancs des alliances répétées qui ont singulièrement altéré chez eux le type originel qu'aucun n'a pu conserver intact. Beaucoup ont les yeux bleus et de la barbe au menton, ce qui, chez les Sauvages, est le signe indéniable d'une mésalliance. Leur costume est, sauf les jours de fête, le costume des blancs ; leur langue n'est plus parlée, par quelques-uns d'entre eux, que comme une langue morte ; leurs noms, dans la vie réelle, sont ceux qui sont répandus partout : Vincent, Bastien, etc. ; et ce n'est que dans les rares fêtes indiennes encore existantes qu'ils arborent leur nom de guerre ainsi que leur coiffure à plumes.

L'un des chefs de la tribu cumulait naguère ses fonctions de grand sachem avec celles de notaire! Le chef actuel fabrique des bibelots indiens pour les étrangers. Sa maison est meublée à l'européenne ; dans son salon se trouve un piano à l'usage de la fille de la maison, et sur ce piano, des sonates de Mozart et les partitions en vogue!

Vraiment, on a peine à se figurer un Huron dressant un acte de mariage ou recevant un testament, et une jeune Huronne s'asseyant à son piano pour chanter un air de la *Dame blanche* ou la légende de *Madame Angot*. Ce sont là les progrès de la civilisation.

Aux portes de Québec s'étend une région accidentée et boisée que traverse le chemin de fer, qui conduit au lac Saint-Jean. Ce chemin de fer est une véritable voie de pénétration qui a pour but d'amener directement à Québec tout le trafic des bois du bassin du lac Saint-Jean et du Saguenay, et d'ouvrir de nouveaux cantons à la colonisation. La Compagnie du chemin de fer a mis un train spécial à la disposition des délégués pour leur faire parcourir la section livrée à l'exploitation. La voie monte fréquemment, car il faut franchir la chaîne des Laurentides. Lorsqu'on a traversé la rivière Jacques-Cartier, au cours sinueux et aux bords pittoresques, on se trouve presque toujours au milieu de la forêt. Près de la station de Saint-Joseph se trouve le joli lac de ce nom, dans un cadre de verdure et de montagnes boisées qui rappelle les sites charmants de ces lacs d'Ecosse que le pinceau de Gustave Doré reproduisait avec tant de charme.

A Saint-Raymond, le pavoisement de la gare, les vivats des habitants et une adresse de bienvenue du conseil municipal nous font sortir de la période de contemplation et nous rappellent que nous sommes revenus à la vie civilisée. Mais le ciel, jusqu'ici couvert, ouvre sans ménagement ses réservoirs. Les habitants sont désolés de ne pouvoir montrer leur installation et leurs bois; mais, en revanche, ils nous font faire connaissance avec les chansons populaires du Canada, tantôt pleines de gaîté, d'originalité et d'entrain, tantôt graves, langoureuses ou monotones. C'est ainsi que défilent tour à tour la *Huronne*, au rythme sévère et magistral, la *Canadienne*, chanson nationale du pays, à la fois joyeuse et bizarre dans son style et d'une allure musicale alerte et entraînante. Le refrain donne une idée du tour d'esprit de la chanson :

Vive la Canadienne,
Vole, mon cœur, vole,
Vive la Canadienne
Et ses jolis yeux doux.
Et ses jolis yeux doux, doux, doux,
Et ses jolis yeux doux.

La séance se termine par l'audition de la *Claire Fontaine*, dont la mélodie a le défaut de manquer de variété, mais dont les paroles ont un véritable cachet d'originalité. « Depuis le petit enfant de sept ans jusqu'au vieillard aux cheveux blancs, dit M. Ernest Gagnon, dans son recueil de *Chansons populaires*, tout le monde, au Canada, sait et chante la *Claire Fontaine*. On n'est pas Canadien sans cela. »

Voici la *Claire Fontaine*, qui se chante encore en Normandie, mais avec quelques variantes et sur un air différent :

A la claire fontaine
M'en allant promener,

J'ai trouvé l'eau si belle
Que je m'y suis baigné.

Lui y a longtemps que je t'aime
Jamais je ne t'oublierai. (1) } *Refrain*

Sous les feuilles d'un chêne
Je me suis fait sécher;

Sur la plus haute branche
Le rossignol chantait.

Chante, rossignol, chante,
Toi qui as le cœur gai;

Tu as le cœur à rire
Moi je l'ai-t-à pleurer.

J'ai perdu ma maîtresse
Sans l'avoir mérité;

Pour un bouquet de roses
Que je lui refusai.

Je voudrais que la rose
Fût encore au rosier,

Et que le rosier même
Fût encore à planter.

Quelques habitants ont les larmes aux yeux en faisant entendre ces vieux airs qui leur rappellent la mère patrie, et, lorsque s'ébranle le train qui ramène les délégués à Québec, ceux-ci entendent encore retentir à leurs oreilles le refrain de la *Claire Fontaine* que les Canadiens adressent à la France :

Lui y a longtemps que je t'aime,
Jamais je ne t'oublierai.

Une des plus curieuses excursions que l'on puisse faire en partant de Québec est celle du Bas Saint-Laurent et du Saguenay. Un service

(1) Chaque couple de vers se reprend successivement et forme un nouveau quatrain en y ajoutant la couple suivante (2e et 3e, 3e et 4e, etc.), avec accompagnement du refrain.

régulier de bateaux à vapeur relie la capitale du Bas Canada à Chicoutimi, terminus de la navigation sur la rivière Saguenay. Ces bateaux à vapeur, à deux étages, comme ceux de la Compagnie Richelieu faisant le service du Haut Saint-Laurent, sont appelés souvent des palais flottants à cause du confort et du luxe qu'on rencontre à bord.

Au sortir du port, on descend le Saint-Laurent en longeant l'île d'Orléans, lieu de plaisance très fréquenté dans la belle saison par les Québecquois et les Québecquoises. Puis le grand fleuve canadien s'élargit tout à coup. Bientôt apparaissent sur la rive gauche l'île aux Coudres et la baie de Saint-Paul, dont les rives escarpées, avec la chaîne des Laurentides à l'arrière-plan, rappellent quelque peu le lac des Quatre-Cantons, puis la station balnéaire de la Malbaie, le Trouville canadien. La rive, tantôt basse, tantôt escarpée, laisse voir de jolies villas émergeant au milieu de gros blocs de rochers qu'entourent de tous côtés des sapins au sombre feuillage. Sur le débarcadère et sur la plage on aperçoit un public élégant, en grande partie féminin, venu de divers points du Canada et même des États-Unis. Les Américains, en effet, fuyant les fortes chaleurs de leur pays, commencent à apprécier de plus en plus les plages canadiennes.

De l'autre côté du Saint-Laurent se trouvent Kamouraska, la Rivière du Loup, Cacouna, et autres stations très fréquentées par les baigneurs. La Rivière du Loup surtout, se pose en rivale, et en rivale heureuse de la Malbaie. Le site est agréable et, comme variante, on y rencontre des Sauvages grandement civilisés qui vendent, à grand renfort de piastres, des bibelots de leur fabrication.

A Tadoussac, où on se livre à l'élevage du saumon, se trouve l'embouchure du Saguenay. Le Saint-Laurent a, en cet endroit, une largeur considérable. De la Rivière du Loup qui se trouve presque en face de Tadoussac, il faut plus d'une heure et demie pour traverser le fleuve. La houle se fait parfois sentir et les cœurs faibles ne sont point à l'abri du mal de mer. Bien plus resserré que le Saint-Laurent, le Saguenay est constamment bordé d'une double ceinture de rochers tantôt escarpés et même à pic, tantôt en pente douce. L'entrée dans ce large couloir est saisissante et le coup d'œil change fréquemment grâce aux sinuosités que décrit la rivière. Mais bientôt la nuit tombe et chacun rentre dans sa cabine.

Au lever du soleil notre vapeur, l'*Union*, se trouve au mouillage de Saint-Alphonse, dans la baie des Ha ! Ha ! formée par une dépression du Saguenay. En remontant cette rivière, si on s'engage dans un large chenal, qui a toutes les apparences d'un grand cours d'eau, on se trouve presque subitement arrêté dans une impasse, au grand étonnement de ceux qui y entrent pour la première fois. De là vient, sans doute, le nom original des Ha ! Ha ! répondant à l'exclamation que poussèrent les premiers explorateurs qui pénétrèrent dans ces parages.

Peu après on arrive à Chicoutimi, où touristes et passagers mettent pied à terre. Parmi ces derniers se trouve le lieutenant-gouverneur de la province de Québec, M. Masson, qui se rend au lac Saint-Jean pour visiter les travaux de défrichement. De ce côté on rencontre encore des Montagnais qui ont pu conserver leur langue et leur costume. Combien d'années encore en sera-t-il ainsi ?

Bien que ville encore nouvelle, car la colonisation du Saguenay ne date que d'une vingtaine d'années, Chicoutimi est déjà doté d'un évêché et d'établissements importants. Il s'y fait surtout un grand commerce de bois. Tout près de la ville se trouve une grande scierie à vapeur appartenant à M. Price. Cet établissement, qui emploie 250 ouvriers, est en activité nuit et jour, mais pendant sept mois seulement, car dans la saison d'hiver le Saguenay et le Saint-Laurent sont pris par les glaces.

Pour se rendre à la scierie, je fais usage d'une *planche*. C'est une voiture à quatre roues, sans ressorts, qui descend au grand trot les pentes les plus rapides. On est secoué d'importance sur les coussins rien moins que moelleux de ce véhicule. C'est le seul en usage dans le pays et la simplicité n'en fait pas le charme.

Situé dans un des replis du Saguenay, Chicoutimi est fort pittoresquement placé. C'est de ce point que, revenant sur nos pas, nous commençons la descente du Saguenay, descente qui ne dure pas moins de six heures. Le paysage est toujours sévère et le vapeur défile constamment entre deux murailles de rochers, tantôt revêtues d'un maigre lichen, tantôt couvertes de jeunes sapins. On ne voit pas de vieux arbres, car tous les bois ont été détruits il y a quelques années par un incendie terrible qui n'a pas duré moins de huit jours. Le spectacle était grandiose et des légions de touristes accouraient pour le contempler.

Près de Chicoutimi et jusqu'à la hauteur de la baie des Ha ! Ha ! les rives sont peu élevées, mais à partir de ce dernier point, les collines se transforment en montagnes. Il faudrait un volume pour arriver à décrire toutes les curiosités de cette navigation si pittoresque. Sur la rive gauche, une brèche faite dans les rochers porte le nom de Descente des Femmes, et rappelle un des épisodes des guerres terribles que se faisaient autrefois Hurons et Iroquois. C'est le chemin que suivirent les femmes huronnes à la recherche de leurs guerriers massacrés par leurs impitoyables ennemis. Presque en face, sur l'autre rive, on rase à quelques mètres, le Tableau, grande paroi de rocher lisse sur laquelle un jour ou l'autre on gravera le souvenir de quelque fait mémorable. Plus loin se dresse le cap Éternité qui n'a pas moins de 1,800 pieds d'altitude. Sur un de ses côtés il est complètement à pic et rappelle le rocher de Gibraltar dans sa partie la plus escarpée. Le bateau ralentit sa marche, fait entendre son sifflet dont l'écho se répercute avec une remarquable sonorité, et longe cette énorme paroi, qui. vue d'aussi près, n'en paraît que plus écrasante encore. Tout à côté s'élève le cap Trinité, de même aspect, et presque de même hauteur que son voisin, avec lequel il semble partager la garde du Saguenay. C'est le point le plus pittoresque du fleuve, et la vue de ces deux blocs à pic produit une impression difficilement oubliable.

On fait ensuite escale dans la jolie baie de Saint-Jean, où quelques bricks opèrent le chargement d'immenses piles de bois alignées sur le rivage et où *l'Union* embarque un stock de caisses de bleuets, nom que l'on donne aux myrtiles; puis on s'arrête à Saint-Barthélemi, à l'embouchure de la rivière au Canard, dans un site sauvage, que la vue d'un grand nombre d'arbres brûlés contribue à rendre effroyablement triste. Le jour est déjà sur son déclin lorsqu'en quittant Tadoussac on rentre dans le Saint-Laurent, et le lendemain au lever de l'aurore, ou pour mieux dire d'un épais brouillard, hôte trop fidèle de ces parages, *l'Union* se trouve amarrée dans le port de Québec.

Toute la région que nous venons de visiter porte des noms français, et ses habitants sont de race française; aussi est-on fort étonné, à bord des grands bateaux à vapeur, de n'entendre pour ainsi dire parler qu'anglais, de voir les principales inscriptions, les guides, les cartes, les menus, etc., en langue anglaise. Comme j'en manifestais quelque surprise : « C'est, me répondit-on, que la plupart des passagers sont Anglais et Américains et, de ce fait, fort peu au courant de la langue française. Et comme ce sont les meilleurs clients de la Compagnie, il est logique d'avoir à leur égard toutes sortes d'attentions. Les Canadiens-Français n'en souffrent point du reste, car presque tous parlent les deux langues. L'équipage est pourtant en grande partie français, et le nom du capitaine, M. Barras, indique suffisamment à quelle race il appartient. » Je n'en persistai pas moins à penser que dans une région toute française et dont les habitants se font gloire de leur origine, un peu plus de français à bord ne serait pas une mauvaise chose.

Cependant il faut quitter Québec. De tous côtés la délégation a reçu des invitations, mais à son grand regret elle ne pourra répondre à toutes les marques de sympathie dont on l'accable. C'est par un train spécial que nous partons de Québec, à destination de Montréal, en remontant la rive gauche du Saint-Laurent, à travers une magnifique plaine bien cultivée. Mais avant d'atteindre le but il faut faire halte aux Trois-Rivières. Là encore, une réception brillante nous a été ménagée.

Autorités, notabilités et habitants sont à la gare, et ne nous permettent point de passer outre avant d'avoir visité leur ville. Tous ceux qui ont voiture sont venus à la station, et réclament l'honneur d'avoir au moins un délégué pour lui montrer la ville et les environs. Et quel coup d'œil original que cet assemblage de voitures de toutes formes et de toutes grandeurs : on dirait un retour de courses. En ville, une foule énorme assiège les abords de la mairie ; dans la grande et belle salle de spectacle, plus de 4,000 personnes, parmi lesquelles un grand nombre de dames, acclament les délégués à leur entrée, et au moment de la présentation d'une adresse de bienvenue par M. Malhiot, maire de la localité.

La ville des Trois-Rivières tire son nom de sa position géographique. Située à l'embouchure de la rivière Saint-Maurice, qui se jette dans le Saint-Laurent par trois bouches principales, elle est la troisième ville du Canada, comme ancienneté, car sa fondation, par le sieur de la Violette, remonte à 1634. Sa population est d'une dizaine de mille âmes et, sur ce nombre, on ne compte guère que 700 habitants qui ne soient pas de race française. C'est une gentille petite ville, régulièrement bâtie, dont les habitants nous font si bien les honneurs que plusieurs de nos compagnons, séduits et charmés, oublient complètement le train qui les attend et manquent le départ.

Il commence à faire nuit lorsque les délégués arrivent à Montréal. Dès qu'ils sont descendus des « chars », sans même leur donner le temps de se retourner, le maire, M. Beaugrand, qui est venu les recevoir à la gare avec les échevins, les fait monter en voiture pour les emmener au carré (square) Viger. Le soir, la musique se fait entendre sur cette promenade, qui est le rendez-vous de tout Montréal. A l'arrivée des délégués, tous les assistants se lèvent et poussent trois hourrahs en l'honneur de la France, pendant que la musique, interrompant le concert, joue notre chant national, *la Marseillaise*, aux applaudissements répétés de la foule. Les hommes agitent leur chapeau, les femmes leur mouchoir, et c'est à grand'peine que les visiteurs peuvent se frayer un passage au milieu des 10 à 12,000 personnes qui les acclament. Le maire présente les délégués à la population et les hourrahs reprennent de plus belle. Tous les visages sont émus en présence d'une ovation aussi touchante et aussi spontanée, et c'est avec une bien douce satisfaction que nous constatons qu'il y a encore un pays où la France, malgré ses malheurs et son isolement, voit ses enfants accueillis avec une sympathie si pleine de cordialité.

Le lendemain de la réception populaire a lieu la réception offerte par la municipalité à l'hôtel de ville. Ce beau et grand bâtiment, qui a toutes les allures d'un palais, est éclairé à giorno. Les murs et les boiseries disparaissent sous les drapeaux et les enseignes de bienvenue. En haut des grands escaliers on lit : *Qui vive?... France!...* — *Tout homme a deux patries, la sienne et puis la France.* Accueillis à leur entrée par la « bande » du 65e bataillon, les délégués sont introduits dans la salle des séances, remplie par une assistance d'élite, dans laquelle les Canadiennes en grande toilette se trouvent en nombre. Les échevins prennent place sur leur siège et le maire, M. Beaugrand, monte à son fauteuil, revêtu de ses insignes d'apparat. D'une figure ouverte, énergique, mais n'excluant pas la bonne humeur, M. Beaugrand rehausse encore, par sa grande taille, le prestige de son manteau écarlate. D'une voix forte et brève, il déclare la séance ouverte et donne lecture de l'adresse de bienvenue, pleine de démonstrations d'amitié pour la France. Des applaudissements répétés saluent cette adresse ainsi que la réponse fort goûtée de M. de Molinari et l'allocution très fine du curé Labelle. L'un des échevins propose alors de consigner sur le registre des procès-verbaux du conseil municipal l'adresse qui vient d'être lue. « Pas d'opposition? — Adopté à l'unanimité. » Puis la séance est levée et l'assistance se répand dans les salles et les galeries de l'hôtel de ville.

Peu après cette cérémonie, arrive le général Middleton, escorté de son état-major, et le maire souhaite aussi la bienvenue, dans un des salons, au vainqueur de Riel, récemment arrivé du Nord-Ouest. Singulier contraste, pour ceux qui n'ont pas l'habitude de la coexistence d'une autre race, avec laquelle il faut vivre en bonne intelligence.

Fondé, le 17 mai 1642, par M. de Maisonneuve, sous le nom de Ville-Marie, Montréal est, après Port-Royal en Acadie, Québec et les Trois Rivières, la plus ancienne cité canadienne. Dans le Nord-Amérique, trois autres villes, Orange (Albany), New-York et Boston, ont seules la priorité sur Montréal. Cette dernière est aujourd'hui la plus importante cité du Canada.

Lors du recensement de 1881, elle possédait 140,747 habitants dont 78,684 Français et 57,933 Anglo-Saxons. On estime actuellement sa population à 180,000 âmes (1), résultant de l'accroissement normal et de l'annexion à la ville de quelques faubourgs. L'élément anglais, autrefois prépondérant dans les conseils de la cité, comme dans la population, décroît de jour en jour. Le maire est d'origine française, ainsi que la majorité du conseil de ville.

Mais, si la race anglaise est en minorité comme population, elle possède toujours l'influence que donnent la fortune et une situation acquise depuis un siècle. Les grandes maisons industrielles et commerciales, les principaux établissements de crédit, les compagnies de chemins de fer sont entre des mains anglaises. Et si la race française, c'est-à-dire la race vaincue et pauvre, a pu, au prix de mille efforts, se faire une place dans la société, dans le commerce et dans la finance, il s'en faut encore de beaucoup qu'elle soit arrivée à la part d'influence à laquelle son importance lui donne droit. Sans négliger la qualité,

(1) Plus de 200,000 aujourd'hui.

les Canadiens-Français recherchent surtout, et avec raison, la quantité ; le jour où ils pourront être le nombre, le reste leur viendra par surcroît, grâce aux qualités éminentes de leur race.

A l'inverse du vieux Québec entassé sur son rocher, Montréal n'a jamais eu la prétention d'être une ville forte; aussi l'espace ne lui a pas fait défaut. De belles et larges rues assez bien entretenues, mais point pavées, traversent la ville en tous sens. La place Jacques-Cartier qui possède, on se demande pourquoi, une colonne surmontée de la statue de Nelson, est un des points les plus fréquentés. Là se trouve notre quartier général, l'hôtel Richelieu, maison vraiment française, où la table est servie par de jeunes Hébés, coquettement habillées de blanc et de noir. Les rues Notre-Dame et Saint-Jacques, qui ont quelque chose comme 2 et 3,000 numéros, possèdent des maisons à façades monumentales. On y voit les plus beaux magasins de la ville, ainsi qu'une quantité prodigieuse d'enseignes d'avocat. On dirait que toute la basoche du Canada, et Dieu sait si elle est nombreuse, a élu domicile en ces parages.

Dans le quartier neuf de la rue de Sherbrooke, se dressent d'élégantes villas qui transforment agréablement un faubourg naguère presque inhabité, et en font le Monceau et le Passy de Montréal. C'est de ce côté que se trouvent : le monumental hôtel Windsor, le plus grand et le plus beau de tout le Canada; l'université Victoria, école française de médecine et de chirurgie; le collège Mac Gill, université protestante anglaise, ainsi appelée du nom de son fondateur, qui a légué de quoi construire le bâtiment, de style bizarre, qui rappelle sa mémoire; l'école normale Jacques Cartier, qui possède un escalier en fer d'une construction originale, et dont le directeur, l'abbé Verreau, est un bibliophile érudit.

Les églises sont nombreuses, car chaque culte veut avoir au moins un temple, et Montréal ne possède pas moins d'une vingtaine de sectes protestantes. La plupart des églises sont construites dans le style gothique, avec des flèches s'élevant gracieusement vers le ciel, mais elles ont plus de cachet à l'extérieur qu'à l'intérieur. La cathédrale catholique de Notre-Dame est un fort beau monument. Elle peut contenir 15,000 personnes, à l'aide de deux étages de larges tribunes occupant trois des côtés de l'édifice.

Pour avoir une idée d'ensemble de Montréal, il faut faire l'ascension du Mont-Royal, qui a donné son nom à la ville. Grâce au conseil municipal, qui a voté un crédit pour la réception des délégués, l'ascension se fait sans fatigue, car toute une file de voitures nous transporte à destination par un chemin pittoresque qui gravit en zigzags les flancs boisés de la montagne où l'on a dessiné un parc. De la terrasse du Mont-Royal se déroule un magnifique panorama. Au premier plan s'étend toute la ville de Montréal avec sa multitude de toits, les flèches de ses églises et les deux grandes tours de la cathédrale qui dominent toute la ville. Au delà, coule dans toute sa majesté le Saint-Laurent, aux larges bords, aux îles nombreuses, dont quelques-unes, comme l'île Sainte-Hélène, sont des lieux de piquenique fort à la mode. L'île Sainte-Hélène n'a aucun rapport avec Napoléon Ier comme on serait tenté de le croire au premier abord; elle tire son nom d'Hélène Boulé, femme de Champlain, de même que l'île Saint-Paul, sa voisine, est ainsi dénommée en l'honneur de M. P. de Maisonneuve. Le pont tubulaire qu'on aperçoit sur le fleuve est le pont Victoria, un des plus grands du monde, car sa longueur dépasse 2,000 mètres; le chemin de fer, pour lequel il a été construit, met quatre minutes à le traverser. Cette œuvre a demandé quatre années de travail et a coûté 30 millions de francs. Si sa longueur fait son mérite, par contre son élégance et l'harmonie de ses lignes laissent fort à désirer.

Le Mont-Royal possède encore son caractère demi-sauvage, mais la ville, qui en a acquis la propriété à grands frais, y multiplie les voies d'accès et le transforme en un vaste parc qui sera une des plus pittoresques promenades de la vallée du Saint-Laurent.

Sur l'un des flancs de la montagne s'étend le cimetière protestant, qui occupe une superficie considérable, et se présente sous un aspect qui n'a rien d'attristant. On n'y rencontre point cette sombre végétation, cet aspect morne et sévère qui, d'ordinaire, vous impressionnent et vous invitent au silence et au recueillement. Non, c'est un véritable jardin, traversé par de jolies allées, plantées d'arbres et bordées de côté et d'autre par des corbeilles de fleurs admirablement entretenues. De riches mausolées, un certain nombre de belles colonnes de granit, recouvrent des concessions. L'une des allées porte le nom de « Locuste ». Serait-elle réservée aux victimes du poison? Une partie du cimetière n'est point encore aménagée et, par un singulier contraste, a conservé sa végétation primitive; aussi n'est-on pas surpris de rencontrer des tombes en plein bois.

Non loin de là se trouve le cimetière catholique, très étendu lui aussi, mais moins riche en monuments. On sent tout de suite que ce n'est pas là que reposent les grands seigneurs et les princes de la finance. Un obélisque y a été élevé à la mémoire des victimes de l'insurrection de 1837.

A la sortie du cimetière, on lit ce singulier avis : « Les personnes revenant des funérailles et désirant passer par les avenues sont priées d'ôter leur crêpe. » Ceci rappelle une vieille coutume suivant laquelle la famille du défunt, à l'issue de la cérémonie funèbre, distribuait un voile de deuil à chacun des assistants. Cet usage, qui finissait par devenir fort dispendieux en certaines circonstances, est aujourd'hui tombé en désuétude.

Avant de rentrer en ville nous faisons halte devant un établissement qui, par ses proportions, sinon par sa forme, a tout l'air d'un petit Escurial; c'est le couvent de Ville-Marie, maison-mère des sœurs de Notre-Dame, congrégation fondée, dans les premiers temps de la colonisation, par la sœur Bourgeois, de Troyes. Ce gigantesque bâtiment est à la fois un noviciat et un pensionnat. Celui-ci renferme 250 à 300 jeunes filles et, chose digne de remarque, on compte dans ce nombre un quart de protestantes. Au point de vue des nationalités, plus de la moitié des jeunes filles provient des États-Unis ou de la province anglaise d'Ontario. Cette répartition des élèves dans un établissement foncièrement français, est le plus bel éloge que l'on puisse faire du système d'éducation qui y est suivi.

Situé dans une grande île formée par le Saint-Laurent et l'Outaouais, Montréal est la tête de ligne de la navigation maritime, comme du nouveau chemin de fer du Pacifique. qui réunit les deux océans par une ligne plus courte que celles des États-Unis. Assise, comme Anvers, sur les bords d'un fleuve magnifique, et bordée d'une longue file de quais accessibles aux navires du plus fort tonnage, cette ville se pose en rivale de New-York. Mais le blocus annuel du Saint-Laurent par les glaces doit lui enlever l'espoir de supplanter le premier port de commerce de l'Amérique.

Si la grande navigation s'arrête à Montréal, cela tient à ce qu'en amont de cette ville le Saint-Laurent est barré par des rapides. C'est le nom qu'on donne aux points où la présence de blocs de rochers au fond du lit du fleuve occasionne un remous et des tourbillons, qui entravent, et souvent empêchent complètement la navigation. S'il est relativement facile de descendre les rapides, il est presque impossible de les remonter, et, pour ne pas arrêter la navigation il a fallu créer des canaux latéraux au Saint-Laurent. Le premier canal que l'on rencontre est celui de Montréal à Lachine, petit village ainsi nommé parce que les premiers explorateurs qui s'arrêtèrent en cet endroit croyaient trouver par là la route de la Chine, de même que Christophe Colomb, abordant aux Antilles, croyait avoir découvert la route directe des Indes. En face de Lachine, sur la rive droite du Saint-Laurent, se trouve le village indien de Caughnawaga, où se trouvent les derniers Iroquois, presque aussi civilisés que les Hurons, mais plus nombreux que ceux-ci, car ils sont encore 1,400.

Sauter les rapides est une chose fort simple telle que nous allons la faire, c'est-à-dire en bateau à vapeur. Cette expression *sauter*, fort exacte pour un canot que le remous des eaux agite en tous sens, perd presque entièrement sa valeur lorsqu'il s'agit d'un gros bateau. Le rapide, à peine signalé par la blancheur de ses eaux formant raie sur le fleuve, tout le monde se précipite sur le pont. On regarde avec curiosité, mais sans anxiété, car le passage n'a rien d'effrayant. La modification subie par le niveau du fleuve ne se traduit que par une légère oscillation du bateau. Par contre, les vagues déferlent contre l'avant et parfois même éclaboussent les passagers. Quatre hommes tiennent constamment la barre, et le vapeur, qui a arrêté sa machine, se laisse un moment entraîner par le courant, mais ce n'est que l'affaire d'un instant. Le même effet se produit au Wildstrubel, sur le Danube, entre Linz et Vienne, dans un cadre plus sévère mais beaucoup moins étendu.

A Montréal, bien plus qu'à Québec, la presse française est puissante et répandue, et les organes politiques qui s'y publient donnent généralement la note dans tout le Dominion. Leur format est plus considérable, leur tirage plus élevé, leurs nouvelles plus fraîches, ce qui leur permet de paraître deux et trois fois par jour.

La doyenne des gazettes est la *Minerve*. Fondée le 8 septembre 1826 par Ludger Duvernay, le grand patriote canadien-français qui créa la Société nationale de Saint-Jean-Baptiste, elle eut pour premier rédacteur Morin, qui devint par la suite le chef du parti français au Parlement, et fut premier ministre. Morin eut pour principal collaborateur Léon Gosselin, qui lui succéda comme rédacteur en chef vers 1832. Les premières années de la *Minerve* furent consacrées à défendre la cause française et les droits populaires contre le parti anglais et bureaucrate. Cette lutte, qui durait au Parlement depuis un demi-siècle, aboutit à l'insurrection de 1837, qui fut noyée dans le sang. Le propriétaire de la *Minerve*, impliqué dans les troubles, fut alors exilé et son journal suspendu. La publication en fut reprise après l'acte d'union, en 1841.

Au moment de sa suppression, la *Minerve* avait parmi ses collaborateurs M. Aubin, qui depuis fonda le *Castor* à Québec, puis le *Fantasque*, qui eut son heure de succès. M. John Phelan, Irlandais dévoué à la cause française, faisait également partie de la rédaction à ce moment et revint au journal au moment de sa réapparition. De 1845 à 1847 la *Minerve* eut pour directeur Antoine Gérin-Lajoie, un des littérateurs les plus distingués et les plus populaires du Canada. Encore assis sur les bancs du collège il avait publié une tragédie, *le Jeune Latour* : il est aussi l'auteur de *Jean Rivard*, roman en faveur de la colonisation, qui fut populaire. De 1847 à 1855, M. R. Bellemare, écrivain et bibliophile distingué, fut à son tour rédacteur en chef. Il resta directeur du journal jusqu'en 1870, mais en n'y apportant plus qu'une collaboration moins assidue.

Vinrent ensuite M. Joseph Royal, depuis ministre au Manitoba, député du comté de Provencher, à la Chambre des communes, et chef reconnu du parti français et catholique dans le Nord-Ouest [1]; M. Provencher, depuis à la *Presse;* M. Arthur Dansereau, polémiste vigoureux, enfin M. Joseph Tassé.

Parmi les rédacteurs qui ont apporté dans ces dernières années leur concours à la *Minerve*, il faut citer M. Trudel, depuis directeur de l'*Étendard* ; M. Evariste Gélinas, aujourd'hui décédé, dont le pseudonyme était Carl Tom ; M. Elzéar Gérin, rédacteur au *Journal de Paris* à la fin du règne de Napoléon III, actuellement conseiller législatif;

(1) Actuellement lieutenant-gouverneur du Nord-Ouest.

5

M. Oscar Dunn, une plume correcte, qui mourut secrétaire de l'instruction publique à Québec; M. de Celles, aujourd'hui conservateur de la bibliothèque du Parlement, à Ottawa.

M. Joseph Tassé, le jeune directeur actuel, est un écrivain de mérite qui, sous ce titre : *les Canadiens de l'Ouest*, a écrit la biographie des Canadiens qui se sont distingués dans l'ouest américain. Elu à 29 ans député, en 1878, il a représenté Ottawa à la Chambre des communes. Autour de lui gravitent MM. Aimé Gélinas, Elie Tassé, Benjamin Sulte, etc. M. Sulte, aujourd'hui sous-député-ministre de la milice à Ottawa, n'aborde plus que les sujets littéraires et historiques. Il est l'auteur d'une foule de chroniques et de monographies, qu'il assaisonne toujours de sel gaulois, et qui ont pour but principal l'étude et la glorification de la race française en Amérique.

Après la mort de L. Duvernay, la propriété de la *Minerve* passa à ses fils qui la partagèrent ensuite avec M. Dansereau. Le journal appartient aujourd'hui à une Société par actions présidée par M. Tassé.

La *Minerve* est un journal du matin, du prix de 2 centins le numéro ou de 6 piastres par an, pour la ville et de 5 piastres seulement pour la campagne et les États-Unis. Le samedi de chaque semaine, le numéro étant double comme format, les questions littéraires, scientifiques et autres y trouvent une large place. Le tirage quotidien est de 6 à 7,000 exemplaires. Une autre édition hebdomadaire, s'adressant particulièrement aux cultivateurs, est tirée à un nombre à peu près égal. Comme opinion, la *Minerve* est l'organe attitré du parti conservateur et du parti canadien-français. Elle est regardée comme le journal officieux français du cabinet Macdonald. C'est elle qui pour ainsi dire, donne le mot d'ordre et de ralliement à tous les organes de son parti. La *Minerve* est une autorité pour le Canada et particulièrement pour le district de Montréal. C'est le seul journal français qui, au moment même de la mort de Riel, ait approuvé sans restriction l'exécution du chef métis.

Dans les mêmes eaux que la *Minerve* on rencontre le *Monde*. Il eut pour fondateur, le 15 août 1867, M. J. Royal, qui ne trouvait pas les intérêts catholiques suffisamment représentés et voulait leur donner un organe spécial. A cette époque il s'appelait le *Nouveau Monde;* ce n'est que neuf ans plus tard, quand d'ultra-catholique il devint conservateur modéré, qu'il prit le nom qu'il porte actuellement. M. Siméon Lesage, aujourd'hui sous-ministre des travaux publics à Québec, succéda à M. Royal comme rédacteur en chef. Vinrent ensuite M. Cléophas Beausoleil, passé depuis dans le camp libéral; M. Alphonse Desjardins, aujourd'hui président de la banque Jacques-Cartier et représentant d'Hochelaga aux Communes, où il jouit d'une grande influence parmi la députation française; M. Frédéric Houde, ancien député de Maskinongé à Québec, mort en 1883; M. F. X. Demers; MM. Provencher et Blumhart, que nous retrouverons à la *Presse*, et enfin M. Fabien Vanasse, député d'Yamaska aux Communes, entre les mains duquel se trouve la direction du *Monde* depuis 1884. Le journal appartient à la Compagnie d'imprimerie et de publication du Canada, refondue depuis 1884, et qui en a toujours eu la propriété.

Le *Monde* a trois éditions par jour : midi, 3 et 5 heures, au prix de 1 centin le numéro ou 3 piastres par an. Le samedi paraît un supplément littéraire. Le tirage moyen est de 14,000 exemplaires; le samedi il atteint 18,000. En outre le *Monde* a une édition hebdomadaire de huit pages, résumant tous les faits de la semaine, dont le tirage arrive à 15,000 exemplaires, destinés, pour les deux tiers, aux Canadiens des États-Unis. Le *Monde* est un journal de nouvelles et une feuille populaire. Il peut revendiquer l'honneur d'avoir créé, dans la presse française, le journal à bon marché, rempli de renseignements et de nouvelles, politiques aussi bien que variées. Il est fait sur le modèle des grands journaux anglais. Pour un sou il donne quatre grandes pages d'impression, à huit colonnes chacune avec des caractères très fins; aussi le lecteur ne peut-il se plaindre de ne pas en avoir pour son argent. Comme opinion politique le *Monde* soutient les intérêts conservateurs et reçoit les inspirations de sir Hector Langevin, ministre des travaux publics à Ottawa.

Tout autre est le journal la *Patrie*.

Le 23 février 1879, au lendemain de la disparition du *National*, organe libéral du district, mort d'anémie après avoir longtemps végété, un groupe de libéraux se trouvait réuni chez le sénateur Thibaudeau. Il s'agissait de trouver *tout de suite* un successeur au défunt. Pour cela il fallait une direction, un local et des fonds. La chose semblait impossible, car il était admis qu'un journal de langue française ne

pouvait vivre sans les subventions de ses amis politiques et les annonces et encouragements provenant du gouvernement, ce qui souvent ne l'empêchait pas d'être réduit à la mendicité ainsi qu'il était advenu au *National*. La discussion s'échauffait et le bouillant sénateur s'impatientait. « Bref, dit-il, combien faudrait-il pour fonder une publi-
» cation provisoire ?

» 2 ou 3,000 piastres, répondit, un peu en l'air, M. Beaugrand.

» Disons 2,500, reprit M. Thibaudeau, et je donne ma garantie per-
» sonnelle que cette somme sera payée dans le délai d'un an, à celui
» qui fondera le journal. »

Après quelques minutes de réflexion, M. Beaugrand accepta la direction de la nouvelle feuille. Le jour même, il louait des bureaux rue Saint-Gabriel, dans une vieille maison, aujourd'hui démolie, qui avait vu naître et mourir le *Moniteur canadien* et l'*Union nationale*. Le lendemain, 24 février, paraissait le premier numéro de la *Patrie*.

Les commencements furent difficiles. Le format était celui des petits journaux. Trois mois après il était agrandi et, le 1er janvier 1880, la *Patrie* adoptait le format des grandes feuilles tout en maintenant le prix du numéro à un sou. A l'anniversaire de sa fondation le journal tirait à 5,000 exemplaires. Ce chiffre est aujourd'hui de beaucoup dépassé, avec deux éditions par jour, à midi et à quatre heures. Le *Peuple* est l'édition hebdomadaire de la *Patrie* et son tirage est de 6 à 7,000 numéros.

La *Patrie* est l'organe attitré du parti libéral, le journal *rouge* comme l'appellent ses adversaires. Son directeur, M. Honorius Beaugrand-Champagne, a fait campagne au Mexique dans la fameuse contre-guérilla Dupin. Devenu journaliste (en 1869), il a fondé plusieurs feuilles aux États-Unis, à Fall-River (en français), à Saint-Louis (en anglais), puis à Boston (en français). Maire de Montréal en 1885, il a été fait chevalier de la Légion d'honneur la même année. A la même époque M. Marc Sauvalle a pris la rédaction en chef du journal. Sous-lieutenant de cuirassiers dans l'armée française jusqu'en 1880, M. Sauvalle fut ensuite rédacteur à l'*Abeille*, de la Nouvelle-Orléans, et rédacteur en chef du *Trait d'Union*, de Mexico, d'où il fut expulsé pour cause politique, sous la présidence du général Gonzalez.

Parmi les principaux collaborateurs de la *Patrie* se trouvent : M. H.

Mercier, député de Saint-Hyacinthe et, depuis 1883, chef de l'opposition libérale à l'Assemblée législative de Québec (1); M. Alphonse Lusignan, littérateur distingué, auteur de *Coups d'œil et coups de plume*; M. F.-G. Marchand, poète et dramaturge, député de Saint-Jean à l'Assemblée et ancien ministre à Québec ; M. Hector Berthelot, fondateur et rédacteur en chef du journal satirique le *Canard*, etc.

Il faut signaler aussi la collaboration de M. Charles Savary, l'ancien député de la Manche qui, après des mésaventures trop connues en France, trouva asile dans les bureaux de la *Patrie* et de la *Presse*. Enfin, l'organe des libéraux a eu pour rédacteur le poète national Louis Fréchette, qui, sous le « nom de plume » de Cyprien, fut l'auteur de chroniques à sensation. Né à Lévis, le 16 novembre 1839, d'une famille originaire de Saint-Martin, île de Ré, Louis Fréchette eut une existence assez agitée, comme cela arrive souvent en Amérique. Il fut tour à tour traducteur au Parlement, avocat, journaliste, fondateur du *Journal de Lévis*, en 1865, imprimeur, député aux Communes, en 1874, secrétaire, à Chicago, d'une grande société de colonisation. Tout cela ne l'empêcha pas de produire de nombreuses œuvres poétiques dont les principales sont : *Mes Loisirs, la Voix d'un exilé, Pêle-Mêle, les Fleurs boréales, les Oiseaux de Neige*. Ces deux derniers ouvrages furent couronnés par l'Académie française, en 1880, et le poète canadien fut, à cette époque, le lion du jour dans toute la France. Devenu rédacteur en chef de la *Patrie*, en 1884, il quitta ce poste de combat l'année suivante. « C'est, dit-il dans une de ses lettres, pour me retirer à Nicolet, une charmante campagne, où, Dieu aidant, je vais avoir assez de loisirs pour chanter les héroïques légendes de l'histoire française en Amérique » (2).

Après le journal rouge celui des *castors*.

En 1882, le parti ultra-catholique, qui n'avait plus de journal depuis la transformation du *Nouveau-Monde*, réussit à grouper 300 de ses membres qui se formèrent en Société et fournirent les fonds nécessaires à la publication d'une nouvelle feuille. L'*Étendard* parut le 27 janvier 1882, et devint l'organe reconnu des castors, nom sous lequel on désigne les ultramontains.

(1) Premier ministre, à Québec, depuis 1887.

(2) *La Légende d'un peuple*, publiée à Paris en 1888. Depuis 1889, M. Fréchette est greffier du Parlement de Québec.

La même année avait été publiée à Montréal, sous ce titre : *Le pays, le parti, le grand homme* une brochure qui dénonçait certains agissements du parti conservateur. Cette brochure, qui fit beaucoup de bruit, était signée : *Castor*. On donna ce nom à un groupe d'ultramontains que l'on supposait avoir écrit ou inspiré le pamphlet, et depuis le nom est resté au parti.

M. F.-X.-A. Trudel, avocat et conseil de la Reine, est, depuis sa fondation, directeur et rédacteur en chef de l'*Étendard*. Après avoir passé quelque temps à la *Minerve* en 1860, il collabora à plusieurs revues, et représenta le comté de Champlain à l'Assemblée de Québec, de 1871 à 1874. Créé sénateur, en 1873, à une époque où le double mandat existait encore, il n'a pas cessé, depuis ce moment, de faire partie de la haute Assemblée (1).

L'*Étendard* a deux éditions par jour, une le matin et une le soir, au prix de 1 centin le numéro ou de 3 piastres par an pour la ville, et 5 piastres pour la campagne et les États-Unis. En outre, une édition hebdomadaire à 1 piastre par an est destinée aux cultivateurs. Le tirage de cette édition est, comme celui du numéro quotidien, de 6 à 7,000 exemplaires. L'influence de l'*Étendard* s'étend de préférence dans les campagnes. Le journal des castors peut être considéré comme le chef de file des petites feuilles d'une nuance analogue comme le *Journal des Trois-Rivières*, le *Pionnier de Sherbrooke*, etc.

La Société de l'*Étendard* que dirigent MM. Trudel et J.-A. Prendergast a, depuis 1883, la propriété de la *Revue canadienne*, publication littéraire et scientifique mensuelle, dirigée par M. Lamothe. Cette revue, après avoir passé en bien des mains depuis 1863, est revenue dans le milieu où elle a vu le jour.

La *Presse* est le dernier venu des journaux français de Montréal.

Il a été fondé le 14 octobre 1884, lorsque MM. Blumhart et Provencher quittèrent le *Monde* à la suite des modifications survenues dans la propriété de ce journal. Son histoire est donc bien courte. Son directeur et propriétaire, M. Blumhart, fit ses débuts en 1874 au *Canadien* dont il acheta la propriété qu'il revendit ensuite à M. Tarte en 1876, après avoir fondé le *Cultivateur*, édition hebdomadaire du

(1) Décédé en janvier 1890, M. A. Trudel a été remplacé, dans la direction de l'*Étendard*, par M. Henri Trudel.

précédent. Quittant alors la presse, il fut attaché à l'exploitation des chemins de fer canadiens et devint secrétaire général de la ligne du Nord, fonctions qu'il remplit jusqu'en 1883. Au mois de janvier suivant, il prit la direction du *Monde* jusqu'au jour qui vit naître la *Presse*.

Parmi ses collaborateurs, il faut citer MM. Provencher et Achintre. Simple rédacteur, puis rédacteur en chef de la *Minerve*, M. Provencher fut ensuite agent du gouvernement canadien à Paris (1870-1871), puis commissaire des affaires indiennes du Manitoba et du Nord-Ouest à Winnipeg, de 1872 à 1880. A cette dernière date il rentra comme rédacteur à la *Minerve*, puis passa au *Monde* et à la *Presse* comme rédacteur en chef. Depuis près de trente ans dans le journalisme, M. Provencher, qui est un des écrivains les plus instruits du Dominion, a publié de nombreux articles dans des revues américaines et européennes. M. Achintre, originaire de Besançon, mais Canadien depuis vingt-cinq ans, a été directeur de l'*Opinion publique* et rédacteur à la *Revue canadienne*. Il est l'auteur d'une *Galerie des portraits politiques canadiens* et de nombreux récits de voyage (1).

Comme le *Monde*, la *Presse* est un grand journal d'informations à 1 centin le numéro ou 3 piastres par an, ayant trois éditions quotidiennes et une édition hebdomadaire. Au début parut aussi un supplément litéraire, le samedi de chaque semaine.

La *Presse* tire de 13 à 14,000 exemplaires (2). Comme ligne politique, le journal est conservateur indépendant sans affiliation à aucun parti.

Les journaux anglais, que je ne ferai que citer, sont au nombre de cinq. Ce sont : *The Gazette*, journal conservateur, organe de M. White, ministre de l'intérieur (l'ancienne *Gazette de Montréal*, créée en 1778) ; *The Herald*, gouvernemental, organe de la Compagnie du Pacifique canadien ; *The Post*, d'opinions variables, mais spécialement l'organe

(1) M. Blumhart, ayant quitté le journalisme en 1887, la *Presse* est devenue la propriété d'une Société présidée par M. Würtele, et la direction du journal a été confiée à M. Nantel, député de Terrebonne à l'Assemblée de Québec. M. Nantel était alors directeur du *Nord*, de Saint Jérôme.

(2) Ces chiffres, comme ceux des autres journaux cités, sont aujourd'hui quelque peu modifiés. En ce qui concerne la *Presse*, notamment, le tirage quotidien est de 17 à 18,000 exemplaires.

des Irlandais; *The Star*, indépendant; enfin *The Witness,* de nuance libérale, organe des Sociétés bibliques et célèbre dans tout le Canada par ses accès de francophobie aiguë analogues à ceux du *Globe*, de Toronto. C'est le seul journal qui ait salué d'un article malveillant l'arrivée de la délégation française.

V

OTTAWA

Le curé Labelle. — Saint-Jérôme un jour de fête. — Ottawa. — Les *blocs* du gouvernement. — Les partis politiques : conservateurs et libéraux. — Français et Anglais. — La marche sur l'Ontario. — La Chaudière et les glissoires. — Un dimanche à Ottawa. — Toronto. — Le comté d'Essex. — Détroit et le *Monde où l'on s'ennuie*. — Le Niagara. — Les Mille Iles. — Retour à Montréal. — Séparation. — La *picotte*. — Sherbrooke.

Aux portes de Montréal, sur un embranchement du chemin de fer du Pacifique, se trouve la paroisse de Saint-Jérôme, dont le pasteur. M. le curé Labelle, est un des hommes les plus remarquables en son genre et les plus populaires du Canada français. D'une haute stature et d'une carrure tout en proportion, d'une physionomie franche et sympathique, renfermant en lui tout ce qu'il faut pour faire un tribun, il possède encore, bien que déjà chargé d'une cinquantaine d'années, l'entrain et l'ardeur d'un jeune homme, auxquels il sait joindre la sûreté de conception et la sagesse d'exécution d'un homme d'expérience.

Ses traits, surtout vus de profil, lui donnent une grande ressemblance avec Napoléon Ier et particulièrement avec le prince Jérôme. Il est du nombre de ceux qui pensent qu'une honnête gaieté n'est pas bannie des choses de ce monde, et souvent sur sa bonne et large face s'épanouit un de ces gros rires malicieux qui, joint à un de ces traits d'esprit qui lui sont familiers, charme, s'il ne désarme pas toujours ses contradicteurs. En un mot, c'est un homme tout rond au moral comme au physique (1).

(1) Élevé à la dignité de protonotaire apostolique, Mgr Labelle est, depuis 1888, assistant-commissaire (sous-ministre) de l'agriculture et de la colonisation à Québec.

Le curé Labelle s'est fait l'apôtre de la colonisation française au nord du Saint-Laurent. Grâce à son influence et à ses efforts, des routes ont été percées, des chemins de fer créés, des villages fondés dans mainte région couverte de forêts. Que de fois ne l'a-t-on pas vu, à Ottawa comme à Québec, arpenter les couloirs du Parlement, encombrer de sa puissante personne les bureaux des ministères, afin d'obtenir les subsides nécessaires à ses pacifiques entreprises ! A peine a-t-il achevé de plaider sa cause, et gagné son procès, qu'il vole, en compagnie de son inséparable pipe, à la création de nouveaux centres de population, visitant et encourageant sans cesse ses colons qui lui apportent le concours le plus précieux pour le succès de ses entreprises en mettant si bien en pratique ce précepte de l'Évangile : Croissez et multipliez. Et comme le Canada semblait ne pas suffire à son ambition, il est venu en mission dans la vieille France en vue de diriger vers la France d'Amérique un fort courant d'émigration. Rien ne lui résiste et tout lui réussit ; aussi dans le pays l'a-t-on surnommé le *Roi du Nord*. Malgré ses multiples occupations, il n'oublie pas les devoirs de son ministère, et les habitants de Montréal se souviennent encore d'un hiver rigoureux pendant lequel le curé Labelle est arrivé, à la tête de ses paroissiens, apportant aux pauvres de la ville, qui en manquaient totalement, le bois de chauffage aussi indispensable pour eux que le pain de chaque jour.

Parti de France, sur le *Damara*, avec la délégation française, le curé Labelle n'a cessé d'être, depuis son retour au Canada, l'objet de démonstrations tout à la fois affectueuses et enthousiastes. Mais c'est à Saint-Jérôme que les paroissiens du curé lui préparaient, ainsi qu'à la délégation, une réception des plus chaleureuses. Déjà à Sainte-Thérèse les ovations avaient commencé ; les habitants, sous la conduite du maire, du clergé, des professeurs du collège, étaient rangés sur le quai de la gare pour acclamer les délégués et leur présenter une adresse de bienvenue à l'ombre d'un magnifique drapeau blanc fleurdelisé. Ce fut bien autre chose à Saint-Jérôme. La gare de cette petite ville disparaissait sous les drapeaux et les arceaux de verdure, et un arc de triomphe avait été dressé pour la circonstance. Les habitants de Saint-Jérôme, ainsi que ceux des paroisses voisines, tous de race française, se pressaient en flots tumultueux autour du débarcadère. A peine le train spécial, gracieusement mis à la disposition des délégués

Mgr Labelle

D'après une photographie de M. Joliot.

par la Compagnie du Pacifique, entre-t-il en gare que des acclamations et des hourras éclatent de toutes parts. La musique de la ville fait entendre ses plus vigoureux accents, au milieu du brouhaha causé par le sifflet de la locomotive et le son retentissant de sa cloche d'alarme, les détonations des pétards et des boîtes à mitraille. On ne s'entend plus, on est littéralement étourdi ; mais cela ne fait rien, la démonstration n'en est que plus imposante, l'enthousiasme est à son comble : Vive le Canada! Vive la France !

Tout le village est pavoisé de drapeaux uniquement tricolores, chacun voulant par cette démonstration témoigner de ses sentiments français, et les plus pauvres maisons ont tenu à prendre un air de fête. Les habitants ont bien conservé leur type d'origine. A voir ces figures ouvertes, respirant la bonne humeur et la curiosité, à entendre parler français avec cette accentuation particulière à nos paysans, on se croirait au cœur d'une bonne petite ville de Normandie. On se sent revivre à cette atmosphère et toutes les fatigues du voyage s'évanouissent comme un rêve au contact de ces braves habitants dont les cœurs battent à l'unisson des nôtres.

Saint-Jérôme rappelle tout à fait ces villes de la Puzta magyare aux larges rues poussiéreuses, aux maisons spacieuses et de peu d'élévation disséminées sur une grande étendue de terrain. Le chemin de fer, dont Saint-Jérôme est le terminus, doit se prolonger dans la direction du lac Témiscamingue, limite actuelle de la colonisation et centre futur d'une forte population de race française.

Après un *Te Deum* chanté par le curé Labelle, dont l'émotion gagne tous les assistants, nous visitons la fabrique de papier de M. Rolland et les scieries établies sur les bords pittoresques des cours d'eau, cascadant au milieu des rochers à l'ombre des grands bois. Tous les habitants ont mis chevaux et voitures à notre disposition et c'est à qui se montrera le plus obligeant et le plus empressé vis-à-vis de nous. De plus, pendant notre excursion, une cinquantaine de cavaliers, ornés de rubans tricolores et de la feuille d'érable, symbole du Canada, galopent à droite et à gauche de notre interminable file de voiture, en nous faisant escorte. Ces braves jeunes gens ont dû absorber une dose considérable de poussière, si l'on en juge d'après ce que nous avons récolté nous-mêmes, mais y en a-t-il eu un seul parmi eux qui y ait seulement fait attention? Cette magnifique journée se termina par le traditionnel banquet donné dans la grande et belle salle du marché couvert. Est-il besoin de dire que la plus franche cordialité ne cessa de régner parmi les 200 convives présents et que l'abondance des vins généreux ne fut pas un éteignoir pour la vieille gaieté gauloise? Les toasts furent innombrables et auraient peut-être duré jusqu'au lendemain si le train de Montréal n'avait donné le signal du retour. Par une délicate attention, la musique avait appris à la hâte le *Chant du Damara*. Aussi ce morceau, devenu pour ainsi dire l'enfant adoptif des passagers du *Damara*, fut-il salué à son apparition par des acclamations sans fin, succédant à un moment de silence causé par cette agréable surprise, dont il faut reporter le mérite au curé Labelle. Deux heures après nous étions à Montréal, préparant notre départ du lendemain pour Ottawa, Toronto et le Niagara.

Quatre heures de chemin de fer séparent Montréal d'Ottawa, et deux lignes différentes réunissent les deux cités. Capitale du Dominion du Canada, Ottawa, situé dans la province d'Ontario, est une ville toute nouvelle que l'on aperçoit, dès l'arrivée, dans un site pittoresque sur les bords de l'Outaouais. Au commencement du siècle, la vallée de l'Outaouais n'était encore qu'une immense forêt. En 1826, le colonel By, chargé de construire le canal reliant les eaux de l'Outaouais à celles du lac Ontario, jeta les premiers fondements d'une bourgade à laquelle il donna son nom, Bytown. Trente ans plus tard la cité naissante prit le nom d'Ottawa. Sa population compte 30,000 âmes environ, dont près d'un tiers est de race française. Bien que l'élément anglais domine dans la population et dans les conseils de la cité, nombre de maisons sont pavoisées et ornées d'inscriptions de bienvenue en français ou en anglais à l'adresse des membres de la délégation. La municipalité a même voté des crédits pour défrayer les visiteurs, que de superbes carrosses attendent à la gare. Comme dans les autres villes, un comité de réception s'est formé, et ses membres ont eu pour mission de servir de pilotes à leurs hôtes de passage. A la tête de ce comité se trouve M. Benjamin Sulte, sous-député-ministre de la milice, que nous connaissions déjà comme écrivain de mérite et qui se révèle ici comme causeur plein de charme.

La première visite faite par les délégués, au saut du train, est pour le gouverneur général, lord Lansdowne, qui accueille avec bienveillance tous ceux qui lui sont individuellement présentés. Successeur du marquis de Lorne et de lord Dufferin, deux hommes qui ont laissé les meilleurs souvenirs parmi les Canadiens-Français, le marquis de Lansdowne, bien que protestant, a dû à son tact et à sa profonde connaissance de la langue française, d'être tout de suite sympathique dans le Bas-Canada. Puis viennent les cérémonies habituelles : réception à l'hôtel de ville où le maire, M. Mac Dougal, revêtu de ses insignes d'apparat, donne lecture en français, d'une adresse conçue dans les termes de la plus sympathique courtoisie : réponse, toujours fine de M. de Molinari ; exercices de la brigade de feu, remarquables à tous les points de vue; lunch offert par la ville; toasts nombreux... oh! pardon, il n'y en eut qu'un, et très bref, suivi d'un remerciement.

Les bâtiments officiels sont le principal ornement d'Ottawa. Élevés autour d'une vaste place, ils sont remarquables par leur masse imposante, leur structure bizarre et un assemblage de pierres rocailleuses faisant beaucoup plus d'effet de loin que de près. Deux de ces *blocs* sont occupés par le gouverneur général et les services des ministères. Mais bien que ces édifices soient très grands, ils sont déjà notoirement insuffisants; ils ne passent pas, en outre, pour être très pratiquement aménagés. Le bâtiment principal, situé au sommet de la colline qui domine l'Outaouais, dont les bords ont été transformés en jardin anglais, est consacré tout entier au Parlement fédéral.

C'est là en effet que siègent Chambres et ministres, depuis 1866, un an avant l'acte qui a créé la Confédération canadienne. Bien des luttes parlementaires ont déjà eu lieu dans cette enceinte entre les deux partis politiques qui se disputent le pouvoir : le parti conservateur et le parti libéral ou *grit*, qu'on appelle aussi le parti *rouge*. A l'aile droite des conservateurs marchent les *castors* ou ultramontains, mais ce n'est qu'une avant-garde généralement confondue dans le gros des troupes conservatrices. Cette division des partis correspond assez à celle des torys et des whigs, mais, moins encore qu'en Angleterre, il n'y a de différence entre les programmes des conservateurs et des libéraux ; des nuances seules les séparent. Il n'y a point de radicaux ni de socialistes, et le nom de parti *rouge* ne saurait être pris un seul instant dans le sens qui lui est donné en France, car les rouges canadiens ne sont rien moins que révolutionnaires et professent à l'égard du clergé, tout comme les conservateurs, un sentiment de respect et de reconnaissance. Ce qui ressort le plus, c'est que l'un des partis tient le pouvoir et que l'autre le convoite. Depuis la formation de la Confédération les conservateurs ont toujours eu la direction des affaires, sauf de 1873 à 1878 où le parti libéral est arrivé au pouvoir avec le ministère Mackenzie-Dorion (1). Actuellement le cabinet Macdonald-Langevin, ayant à sa tête deux vétérans des luttes politiques, tient les rênes du gouvernement depuis le 17 octobre 1878 sans interruption. Combien de pays parlementaires, à commencer aujourd'hui par l'Angleterre, pourraient envier au Canada une longévité ministérielle qui est le meilleur gage de tranquillité et de progrès pour un peuple!

Les ministres fédéraux sont au nombre de quatorze ; l'élément français n'y est représenté que par trois membres : sir Hector Langevin, ministre des travaux publics; sir Adolphe Caron, ministre de la milice, et M. Chapleau, secrétaire d'État. C'est peu en proportion de la population française du Dominion. Six des ministres professent la religion catholique.

Les 80 membres du Sénat, nommés à vie par le gouverneur, en conseil, sont répartis entre les diverses provinces et sont censés représenter une division territoriale (2).

Les 215 membres de la Chambre des Communes sont nommés par les électeurs (3). Leur nombre varie suivant la population; mais c'est toujours la province de Québec, avec son chiffre immuable de 65 députés, qui sert de base à la répartition du nombre des sièges entre les autres provinces. Le recensement de la population a lieu tous les dix ans. La durée d'une législature est de cinq années; elle est souvent abrégée par la dissolution. Les députés ont droit à un traitement et à une indemnité de route; par contre, une retenue leur est faite en cas d'absence non justifiée, ce qui n'empêche pas le Parlement de

(1) Les ministères sont habituellement désignés par le nom du chef de parti de chacune des deux races.

(2) La province de Québec a droit à 24 sénateurs, Ontario à 24, la Nouvelle-Écosse à 10, le Nouveau-Brunswick à 10, l'île du Prince-Édouard à 4, le Manitoba à 3, et la Colombie à 3. Le Nord-Ouest a aussi 2 sénateurs depuis 1888.

(3) Ontario envoie 92 députés, Québec 65, la Nouvelle-Écosse 21, le Nouveau-Brunswick 16, l'île du Prince-Édouard 6, la Colombie 6, le Manitoba 5, le Nord-Ouest 4 (Alberta 1, Saskatchewan 1, Assiniboia 2).

ne compter comme assistant régulièrement aux séances qu'un nombre très restreint de membres. C'est là une imitation fâcheuse des mœurs politiques de l'Angleterre. Aussi la présence de 15 sénateurs et de 20 députés est-elle considérée comme suffisante pour assurer la validité des délibérations.

La majorité de la Chambre appartient pour les deux tiers à l'opinion conservatrice, et tous les efforts des chefs de l'opposition, MM. Blake et Laurier, n'ont pu l'entamer lors de la discussion des actes du couvernement concernant l'insurrection des Métis du Nord-Ouest. La minorité libérale recrute ses membres presque exclusivement dans Ontario et Québec. Les députés de la Colombie et du Manitoba sont tous conservateurs, et ceux des provinces maritimes presque tous.

Si l'on considère la Chambre au point de vue de la représentation des races, on remarque que l'élément français y est en assez forte minorité et compte à peine une soixantaine de membres, soit un peu plus du quart de l'Assemblée. L'Ontario en envoie 2 (1), le Nouveau-Brunswick et le Manitoba 1 (2); tout le reste est fourni par la province de Québec. La Nouvelle-Écosse, l'île du Prince-Édouard, la Colombie n'envoient que des députés anglais.

Si le nombre des représentants de race française n'est pas plus considérable, cela tient à ce que, au moment où s'élaborait le projet de confédération, il avait été convenu que chaque comté nommerait un représentant de la nationalité qui y était en majorité ou, en cas d'égalité, enverrait un député de chaque race à l'Assemblée fédérale ou à l'Assemblée provinciale. Cet accord subsiste encore, bien que la situation ne soit plus la même, en présence du recul constant de la population anglaise vers le Sud et l'Ouest. C'est ainsi que des treize divisions électorales de la province de Québec, où l'élément anglais avait naguère la prépondérance, sept possèdent aujourd'hui une population en majorité française (3) ; et tandis que la race française augmentait sans cesse dans ces comtés, la population anglaise restait à peu près stationnaire, et diminuait même. Dans les six autres comtés,

(1) Circonscriptions d'Ottawa et de Prescott.

(2) Circonscriptions de Kent (N. B.) et de Provencher (Man.).

(3) Ce sont les circonscriptions de Mégantic, Drummond et Arthabaska, Richmond et Wolfe, Sherbrooke, Shefford, Missisquoi, Ottawa.

la progression de nos compatriotes est constante (1). Un jour viendra bientôt où la nationalité anglaise n'aura plus la majorité dans aucun des comtés de la province de Québec.

Dans la province d'Ontario, la poussée de la colonisation française se fait déjà sentir, et, au fur et à mesure que l'élément français, débordant de la province de Québec, s'avance en remontant le Saint-Laurent et l'Outaouais, l'élément anglais, moins prolifique, et gêné par ce nouveau voisinage, s'efface peu à peu devant lui pour se diriger vers les terres neuves du Nord-Ouest. C'est ainsi que le comté de Prescott, qui fait saillie dans la province de Québec, est déjà passé avec armes et bagages dans le camp français; son voisin, le comté de Russell, est presque conquis d'une façon tout aussi pacifique, et les circonscriptions qui l'entourent, Glengarry, Cornwal et Stormont, Carleton, sont, à l'heure actuelle, fortement entamées, ainsi que le comté d'Essex, à l'extrémité opposée de la province d'Ontario. Le courant migrateur remonte ainsi les deux grands fleuves de la Puissance et prend pied sur leurs bords avant de pénétrer à l'intérieur. C'est surtout dans la vallée de l'Outaouais que ce fait est digne de remarque. L'installation dans ces parages d'une forte colonie française est d'autant plus précieuse qu'elle servira un jour de trait d'union entre les Français de Québec et ceux du Manitoba, entourés de toutes parts par les flots sans cesse grossissants de l'immigration anglaise.

En 1861, la population française d'Ontario n'était que de 33,211 habitants; en 1871, elle s'élevait à 75,383, pour atteindre 102,743 en 1881.

Tous ces faits démontrent d'une façon évidente que l'influence française ne fait que s'accroître dans le bassin du Saint-Laurent, tandis que l'influence anglaise, dans cette région, est bien près d'avoir atteint son maximum. Par la force des choses, les anciennes circonscriptions anglaises en viendront à nommer des députés français, et le nombre de ces derniers sera alors beaucoup plus en rapport avec la population de même race.

Mais il faut dire que la distinction ci-dessus n'a pas d'importance au point de vue de la direction des affaires et de la formation d'une

(1) Ce sont les circonscriptions d'Argenteuil, Brome, Compton, Huntingdon, Pontiac, Stanstead.

OTTAWA. — BIBLIOTHÈQUE DU PARLEMENT

majorité. Aux Communes il n'y a point, à proprement parler, de groupe français ou anglais, pas plus qu'il n'y a de groupe catholique ou orangiste. Il n'en était pas ainsi à l'époque où le grand Papineau faisait retentir la tribune des justes revendications de ses compatriotes. L'union du Haut et du Bas-Canada changea la face des choses, et avec des hommes d'État comme Lafontaine, Morin, Étienne Taché, George Cartier, dont la statue s'élève depuis peu sur la place du Parlement, les questions de races firent place aux questions purement politiques. Français et Anglais légifèrent aujourd'hui côte à côte sans se froisser, et, en fait, il n'y a plus que des conservateurs et des libéraux. La politique d'apaisement triomphe enfin; mais par quelles luttes n'a-t-il pas fallu passer pour y arriver et jusqu'à quand l'accord durera-t-il?

La salle des séances des Communes est carrée. Le président, que l'on appelle *orateur (speaker)*, a son fauteuil placé dans le bas, en face de la porte d'entrée. A droite et à gauche, la salle se relève en gradins sur lesquels sont les sièges des députés. Le public est placé en haut, tout autour de la salle.

Tout à côté du palais législatif, et communiquant avec ce dernier, se dresse une élégante rotonde qui sert de bibliothèque au Parlement. L'aspect extérieur de ce grand pavillon est aussi original que gracieux, et l'intérieur est non moins séduisant; tout y est reluisant et entretenu avec le plus grand soin. Outre des livres de tout genre, on y trouve des dessins, gravures, cartes géographiques, médailles, etc., et jusqu'à une collection complète de timbres-poste. Une salle spéciale est consacrée aux journaux du jour, qui arrivent de tous les points du Canada et de l'étranger. La bibliothèque du Parlement a subi bien des vicissitudes, suivant toujours le gouvernement lors des changements de capitale, et a été plus d'une fois victime d'incendies qui ont détruit une partie de ses collections. Malheureusement, ce joli bâtiment pèche par un vice d'architecture : sa forme même en empêche l'agrandissement, et l'on prévoit, un peu tard, le moment où l'installation actuelle sera insuffisante. Deux bibliothécaires sont à la tête des collections : un Anglais et un Français. Ce dernier est M. de Celles, homme aussi érudit qu'aimable.

Sous la conduite de nos hôtes, nous visitons toute la ville, le musée, la salle des armures, la basilique, dont l'intérieur est tout en bois et ressemble en plus petit à celui de la cathédrale de Montréal. Le maître-autel est finement sculpté; la voûte est peinte en bleu avec étoiles d'argent, mais les grands piliers de bois et les boiseries voisines sont couverts de peintures multicolores de mauvais goût. Le frêne est très employé dans ces constructions et tient la place du noyer auquel il ressemble beaucoup. C'est aussi en bois de frêne qu'est bâtie la bibliothèque du Parlement.

A l'autre extrémité de la ville se trouve la magnifique cascade de la Chaudière. Après une série de rapides, l'Outaouais se précipite, en forme de demi-cercle et par degrés, dans un entonnoir profond où l'eau bouillonne avec furie. Le coup d'œil est malheureusement un peu resserré et le pittoresque du lieu est fortement gâté par les billes de bois, que l'on aperçoit un peu partout sur les rives, et par les usines qui entourent la chute et lui dérobent, par des prises d'eau nombreuses, une partie de son élément. C'est là que s'élève la grande scierie de M. Eddy, qui fonctionne sans relâche, la nuit comme le jour, grâce à son éclairage électrique. Les billots de bois sont harponnés par un manœuvre qui les accroche à une chaîne sans fin. Celle-ci les dépose devant les appareils de sciage à vapeur, et le débitage du billot, sa transformation en planches, qui s'empilent d'elles-mêmes à un endroit désigné, s'opèrent automatiquement en un rien de temps. Avec les bouts de planches on fait des allumettes.

Afin de permettre aux trains de bois venant du nord d'arriver à Ottawa malgré la chute, on a construit d'étroits canaux en pente rapide qui permettent de tourner la Chaudière et dans lesquels l'eau se précipite à toute vitesse en formant des remous. C'est ce qu'on appelle les *glissoires*. Les radeaux de bois s'engagent dans les glissoires et sautent assez fortement dans les remous. L'eau jaillit et se déverse sur le radeau qu'elle couvre en grande partie, éclaboussant tous ceux qui, par nécessité ou par plaisir, exécutent cette descente tout à fait originale et sans danger. C'est là une des distractions les plus recherchées par les étrangers à Ottawa.

Du pont suspendu, qui se trouve près de la Chaudière et des glissoires, on jouit d'une vue des plus pittoresques sur la capitale et principalement sur les édifices officiels, juchés en haut d'une colline dont les flancs boisés ont été transformés en jardin anglais. Le point de vue ne laisserait rien à désirer si l'on n'apercevait en même temps à la surface de l'Outaouais, qui forme en cet endroit une large dépression, d'énormes taches formées par la sciure de bois. Au pied de la ville et surtout à Hull, faubourg d'Ottawa pour ainsi dire, se dressent à l'infini des piles de bois qui nuisent singulièrement au paysage.

Hull n'est séparé de la capitale que par l'Outaouais, mais se trouve, par suite de cette circonstance, dépendre de la province de Québec. Sa population forte de 7 à 8,000 âmes est presque entièrement de race française. Hull possède un journal français : la *Vallée d'Ottawa*, tout comme Ottawa où se publie : le *Canada*. Ce ne sont encore que des feuilles de petit format, qui, par la pénurie de leurs nouvelles, ont peine à lutter contre les trois ou quatre grands journaux anglais de la capitale.

A titre de ville nouvelle, Ottawa renferme tout un ensemble de rues tirées au cordeau ; elles sont larges, non pavées, bordées le plus souvent de trottoirs en bois, et d'une monotonie désespérante. Quand la bise souffle à travers ces grands couloirs, on éprouve un sentiment de tristesse indéfinissable. Je n'oublierai jamais certain dimanche passé à Ottawa, à notre retour du Nord-Ouest, au mois d'octobre 1885. Le temps était sombre, les boutiques fermées et les rues désertes. On ne sait vraiment pas ce que deviennent les habitants le dimanche, dans les villes protestantes. Les bars, lieux de réunion par excellence, ont porte close, — au moins sur le devant. Afin de laisser au personnel servant le temps d'aller aux offices, — si cela lui plaît — les repas sont réduits à deux; le lunch et le thé du soir sont supprimés. Malgré cela la salle à manger est à moitié vide. Tout ce qui est lieu de distraction est fermé, comme si, dans la Bible, le jour du repos devait être un jour d'ennui. La passion de la fermeture est à un tel point poussée que, dans une grande ville protestante anglaise du Manitoba — pourquoi ne pas la nommer? — à Winnipeg, il nous arriva, un après-midi, de trouver close la porte menant au washroom et à certain petit établissement de nécessité situé dans le voisinage. Était-ce à cause du dimanche?

A l'hôtel Russell, où nous étions descendus à Ottawa, le hall, ordinairement si fréquenté, était sans animation, les escaliers et les couloirs silencieux et déserts. Au salon se trouvaient un piano et deux dames anglaises. A peine l'harmonieux instrument eut-il fait entendre quelques accords, qui pour n'être pas bibliques, n'appartenaient cependant pas au répertoire d'Offenbach, que les deux puritaines filles d'Albion se levèrent d'un air shocking et se replièrent en bon ordre vers leurs appartements. Par une condescendance exagérée, le piano se tut. Nous n'étions que deux à ce moment; nous nous mîmes à la fenêtre du grand salon qui donne sur le pont du canal Rideau. C'était au beau milieu de la journée. Au bout d'un quart d'heure, nous n'avions vu passer que quelques chiens en rupture de laisse. Tout à coup une forme humaine apparaît à l'angle d'une rue. C'est un policeman qui s'avance à pas lents et d'un air morne. Il lève la tête vers l'hôtel, ouvre une large bouche, laisse échapper un formidable bâillement, qu'aucun obstacle n'eût pu retenir, et disparaît au tournant de la rue.

Pour se rendre d'Ottawa à Toronto il faut pénétrer au cœur de la province d'Ontario, le rempart de la nationalité anglaise au Canada, Le pays est assez peuplé, cultivé en beaucoup d'endroits, bien que l'on aperçoive encore des champs en friche, des forêts inexploitées et une infinité de petits étangs. Si l'on établit une comparaison entre les deux provinces de Québec et d'Ontario, on remarque que, toutes proportions gardées, la première est plus commerçante et la deuxième plus industrielle et plus agricole. Ontario exporte du grain non seulement à l'étranger, mais encore à Québec. Sa supériorité tient surtout aux procédés de culture et à l'outillage, car le sol des deux provinces est le même.

La province d'Ontario est la plus riche, la plus prospère et la plus peuplée de la Confédération. Elle possédait en effet, en 1881, 1,923,000 habitants, de race anglaise pour la plupart (1), sur un total de 4,324,000 que renferme le Canada. Aussi a-t-elle avec le nombre et la richesse, l'influence et la domination. Toronto, sa capitale, fondée en 1793, et dont la population dépasse aujourd'hui 100,000 âmes, est assise sur les bords du lac Ontario. Centre d'un commerce très important avec les États-Unis, elle est, après Montréal, la seconde ville du Dominion. Ses rues sont tracées en damier ; à l'inverse de celles d'Ottawa,

(1) La population française n'était que de 102,743 habitants

elles sont propres et bordées, dans la partie centrale, de magnifiques habitations, de riches magasins devant lesquels s'arrête une affluence de curieux. La rue la plus fréquentée est la Yonge street, qui part du lac Ontario et se prolonge à l'infini. Les grandes voies de communication, que sillonnent de nombreux tramways, sont garnies de pavés de bois; c'est la ville la mieux entretenue de tout le Dominion.

C'est à Toronto que la race noire commence à entrer en ligne. Au Queen's hotel, qui, soit dit en passant, est le meilleur que nous ayons trouvé au Canada au point de vue de la table, le service de bouche est fait exclusivement par des nègres. Ceux-ci ont la tête rasée ; aussi est-il facile d'observer la variété en même temps que la difformité de leurs boîtes osseuses qui semblent justifier la parenté de l'homme avec le singe. L'hôtel est rempli de serviteurs couleur chocolat, et l'un d'eux, assis sur une chaise, froisse avec gravité certains petits papiers destinés à rejoindre le sonnet d'Oronte.

Non loin de l'hôtel se trouve la Queen's street, qui pourrait bien s'appeler la rue aux Fruits, tant on en voit dans les boutiques. Un commerce assez bizarre est celui des cercueils. Des magasins en exposent dans leurs vitrines, de toute forme et de tout bois. Il y en a qui paraissent fort coquets et doivent sans doute tenter le passant. Sur les murs et les clôtures en planches s'étalent les gigantesques affiches de Barnum, dont le cirque est dans la ville. A côté, on lit cette enseigne énigmatique : *Politesse et propreté sur le Pacifique canadien.* Cela donne à croire qu'il n'en est pas de même sur les autres lignes. Enfin, dominant le tout, apparaît *Sozodont*, l'homme à la poudre dentifrice, dont le nom seul doit suffire à toute explication.

Le soir les principales rues sont éclairées à la lumière électrique. Les autres doivent se contenter de becs de gaz fortement espacés; aussi ces rues sont-elles passablement noires, d'autant plus que les boutiques sont fermées après le dîner. Beaucoup de magasins ne mettent pas de volets devant leurs vitrines, ayant confiance dans la sagesse de tous. Jusque vers 9 heures du soir on circule dans la Yonge street; mais, à ce moment, on dirait qu'une machine pneumatique a fait le vide.

Une longue avenue plantée conduit au Parc, vaste superficie gazonnée et couverte d'arbres par-ci par-là. A l'entrée, un carré entouré de grilles et couvert de fleurs (ce qu'il y a de mieux dans tout le Parc) sert de cadre à deux pièces de canon prises à Sébastopol et données par la reine Victoria à la ville de Toronto. Plus loin se dresse un beau monument élevé à la mémoire des volontaires tués lors de l'invasion féniane de 1866. A côté s'élève la statue peu artistique de George Brown; celui-ci a l'air d'être habillé avec des lamelles de zinc.

Le long du Parc se dressent l'Observatoire, grand bâtiment en briques rouges, sans cachet, et l'Université. Cette massive construction, qui date de 1857, semble n'avoir que deux côtés et être construite en forme d'angle. Sur la façade s'élève au centre une grosse tour carrée, dont les ailes sont inégalement construites. Les hauteurs sont différentes et aucune des fenêtres de l'aile droite n'est au niveau de celles de l'aile gauche. Bien plus, le côté qui touche à la bibliothèque semble fait de pièces et de morceaux. La bibliothèque a la forme d'une rotonde. La pierre de construction est grisâtre et jaunâtre. Tout cela est original, mais manque totalement d'harmonie (1). C'est un peu sur ce modèle qu'ont été construits les palais officiels d'Ottawa. Devant l'Université s'étend une belle pelouse verte sur laquelle les étudiants s'adonnent avec ardeur au jeu de la crosse.

Comme dans toutes les villes canadiennes anglaises, les églises sont fort nombreuses; il y en a bien une cinquantaine.

Le Parlement est un grand bâtiment sombre donnant sur un jardin. Quelques colonnades le distinguent seules du reste des habitations. La province d'Ontario est une des trois qui ne possèdent pas de Conseil législatif. Son assemblée unique se compose de quatre-vingt-douze membres, dont un seul est de race française.

Les environs de Toronto sont bien cultivés et affectés plus spécialement à la culture maraîchère. Cette région est très peuplée et les chemins de fer commencent à y abonder. La ligne du Grand-Tronc, que nous prenons à Toronto, va jusqu'à la ville américaine de Détroit, traversant l'Ontario dans toute sa longueur. A l'extrémité de cette province se trouve le comté d'Essex, où habite une colonie de plus de 30,000 Canadiens-Français, ayant la majorité, sinon dans le comté, du moins dans plusieurs centres importants. Un journal français, le

(1) Le feu s'est chargé de rétablir l'unité en détruisant totalement l'Université (1890).

Courrier de l'Ouest, qui se publie à Windsor chaque semaine, est le seul organe de cette colonie de plus en plus prospère. Le climat du comté d'Essex est fort doux, les fruits y abondent et la culture de la vigne y a pris une grande extension. C'est là que se trouve la Pointe Pelée, près de laquelle on récolte les bons petits vins blancs de Diana et Catawba avec lesquels nous avions fait connaissance à Toronto.

Détroit, dont la fondation remonte au chevalier de Cadillac, n'est séparé du Canada que par la rivière qui unit le lac Erié au lac Saint-Clair et au lac Huron. Après la conquête anglaise, Détroit et la région environnante ont été un foyer de résistance contre les conquérants. C'est sur ce sol que le célèbre chef sauvage Pontiac souleva les Indiens contre la domination anglaise et, soutenu par quelques Français, résista pendant plus de deux années aux forces supérieures que le gouvernement britannique lança contre lui.

Aujourd'hui encore les descendants des colons français ont su conserver parmi eux la langue de leurs pères et forment un sixième environ de la population de la ville. Afin de donner un point d'appui à la langue française, quarante dames de Détroit ont fondé tout récemment une académie dont les membres se réunissent toutes les semaines. Ces dames ont surnommé leur assemblée *le Monde où l'on s'ennuie*, et leur présidente, la baronne Salvador, a fait part à l'auteur de cette charmante comédie de la naissance de la Société. M. Edouard Pailleron, dans une lettre fort spirituelle, a accepté avec empressement le parrainage d'une académie dont il ne soupçonnait guère l'heureuse arrivée en ce monde.

C'est entre Toronto et Détroit que l'on prend, non loin de la ville déjà importante d'Hamilton, la bifurcation qui conduit à Niagara Suspension-Bridge (Pont-Suspendu). Je n'ai pas l'intention de décrire ici cette incomparable merveille que tout le monde connaît, même sans l'avoir vue, et que les Sauvages, dans leur langage imagé, appellent le « Tonnerre des eaux. » Qu'il suffise de dire que, pour avoir une idée de la puissance de la chute, dont la hauteur égale celle des tours Notre-Dame et dont le volume d'eau est douze fois supérieur à celui de la Seine, il faut descendre couvert d'un vêtement spécial, peu poétique mais fort commode, dans le lit escarpé du fleuve et pénétrer, jusqu'en dessous de la cataracte. Là seulement, au milieu d'une pluie de poussière d'eau et d'un vacarme infernal, on peut avoir une idée complète de la réalité.

Le Niagara sert de frontière entre le Canada et les États-Unis. Les deux rives sont réunies par un magnifique pont suspendu dont les touristes sont invités à assurer l'entretien par une petite souscription tout involontaire. Mais, chose bizarre, tandis que l'on ne paie que 20 cents sur la rive canadienne, il faut en débourser 25 sur la rive américaine. Le gouvernement des États-Unis a racheté dernièrement les droits de passage perçus le long du fleuve, mais le gouvernement canadien n'a pas encore suivi ce bon exemple.

Après sa chute, le Niagara s'écoule majestueusement entre deux parois de rochers à pic sur lesquels se dressent de temps à autre de grandes usines aux affreuses murailles et des annonces-réclames d'un format gigantesque. Plus bas, au Whirlpool (tourbillon), au point où le fleuve tourne brusquement à angle droit, un petit chemin de fer *à ficelle* conduit jusqu'au bord des rapides, où le capitaine Webbs a perdu la vie à la suite d'un pari imprudent. C'est au même endroit que tout dernièrement un tonnelier, nommé Graham, a par deux fois franchi ce dangereux passage dans un tonneau construit par lui pour la circonstance.

Le Niagara étant un obstacle insurmontable à toute navigation, on a creusé, pour le tourner, le canal Welland, qui met en communication les lacs Érié et Ontario. C'est par là que passent les navires qui vont s'amarrer aux quais de Chicago pour y charger les grains qu'ils transportent en Europe sans transbordement.

De l'embouchure du Niagara nous nous rendons en bateau à vapeur à Toronto où nous prenons le steamer à deux étages *Corinthian*, de la Compagnie Richelieu et Ontario, qui doit nous ramener à Montréal. Il ne faut pas moins de quinze heures pour traverser le lac Ontario de Toronto à Kingston, et presque autant de temps pour descendre de cette dernière ville à Montréal. Près de Kingston, bâti sur l'emplacement du fort Frontenac, et où se trouve une école militaire, prend naissance le Saint-Laurent, qui forme à partir de ce point une multitude d'îles, petites et grandes, qu'on appelle à juste titre les Mille Iles. Pendant près de trois heures le steamer navigue capricieusement au milieu de bouquets de verdure ou de rochers arides émergeant du fond des eaux. Tantôt c'est une jolie villa qui se dresse, avec sa ceinture de fleurs, sur une de ces îles, tantôt c'est une simple cabane en bois, entourée de frais pâturages, tantôt enfin c'est un campement de Sauvages dont on aperçoit les tentes faites d'écorces ou de peaux. Ces Indiens, bien qu'ayant conservé leur teint cuivré, sont à demi civilisés; ils s'adonnent principalement à la pêche dans leurs frêles canots d'écorce. Un rayon de soleil levant éclaire ce riant paysage, captivant surtout dans les parages d'Alexandria.

A peine a-t-on dépassé les Mille Iles qu'on rencontre les premiers rapides. Nous connaissons déjà celui de Lachine. Il en reste sept autres à franchir, fort inégalement espacés, depuis Prescott jusqu'à Montréal, sur une navigation de huit heures. Deux de ces rapides, le *Long-Sault* et le rapide des *Cèdres*, sont dignes d'attention. Les autres, il faut bien le dire, n'offrent qu'un médiocre intérêt.

A notre arrivée à Montréal, la délégation se désagrège. Quelques-uns de nos compagnons, qui ont conservé par trop mauvais souvenir de leur précédente traversée, s'en vont à New-York, avec l'intention d'y prendre le premier transatlantique en partance pour le Havre. La majeure partie se rend à Québec, pour remonter à bord du *Damara*, qui doit lever l'ancre le 4 septembre. Le même jour, dix d'entre nous se mettent en route pour le Nord-Ouest et la Colombie.

Lors de notre retour du Niagara,

> Un mal qui répand la terreur

la *picotte* (petite vérole), puisqu'il faut l'appeler par son nom, faisait aux Montréalais la guerre.

> Ils ne mouraient pas tous,
> Mais tous étaient frappés

d'une de ces terreurs bleues qu'on ne saurait trop comparer qu'à celle inspirée par le choléra dans nos pays d'Europe. L'épidémie, bénigne lors de notre premier passage, avait fait des progrès sensibles à notre retour. Cinq semaines plus tard, en revenant du Nord-Ouest, c'était pis encore. Certains quartiers étaient peu fréquentés et avaient un air lugubre. Plus d'une habitation était fermée et sur bien des portes pendait un petit écriteau avec la mention « Small pox » indiquant que la maison était contaminée. En présence de cette recrudescence de maladie, la vaccination « compulsoire » avait été ordonnée à tous les habitants. Ce fut une cause de troubles, un certain nombre d'habitants, excités par les adversaires de la vaccination, refusant d'obéir à l'arrêté du maire. Pendant deux jours des bandes parcoururent les rues, en réclamant le retrait de l'arrêté. Il y eut des vitres cassées, des personnes blessées et l'on fut obligé, pour calmer l'effervescence et rétablir l'ordre, de mettre la milice sur pied.

Tous ceux qui quittaient Montréal étaient quelque peu suspects aux yeux des populations environnantes. La frayeur était poussée à un tel point qu'un cas de picotte s'étant déclaré dans la demeure du chef de gare d'un petit village, la Compagnie du chemin de fer décida que les trains ne s'arrêteraient plus à cette station jusqu'à ce que le mal eût disparu. Sur la frontière des États-Unis et sur la limite d'Ontario, nul ne pouvait passer s'ils n'exhibait un certificat de médecin constatant qu'il avait été fraîchement vacciné. Faute de ce certificat, on procédait aussitôt à l'opération, et si le patient refusait de s'y soumettre, on le réembarquait illico.

C'est dans ces circonstances que je quittai Montréal pour me rendre à l'exposition agricole de Sherbrooke. Je n'avais point le certificat que l'on disait réglementaire, mais je savais que dans la province de Québec on était moins rigoureux, et de plus je comptais sur ma bonne mine pour ne pas être considéré comme un picotteux. Dans la grande gare de Bonaventure, brillamment éclairée, on ne voit guère que quelques policemen et des employés oisifs. Le voyageur fait défaut, et l'on en est à regretter amèrement celui que les Compagnies considèrent comme « le plus désagréable des colis ». Montréal, en effet, étant regardé comme lieu infecté, on y vient peu et on en sort peu. Je m'installe dans un de ces grands wagons à quarante huit places où nous ne sommes pas plus de six. A chaque instant je m'attends à voir apparaître le médecin chargé de me vacciner ou de me déposer à la première station venue. Mais rien ne vient et j'arrive sans encombre au but de mon voyage.

La cité de Sherbrooke est bâtie à flancs de coteau sur les deux rives escarpées et pittoresques du Magog, au confluent de cette rivière avec le Saint-François. De la ville haute où se trouvent l'évêché, la cathédrale, le séminaire, on jouit d'un joli coup d'œil sur la contrée environnante. Le sol est accidenté et les collines sont boisées. C'est un pays gras et fertile, plus favorable au pâturage qu'à la culture. Lors du recensement de 1881, Sherbrooke possédait plus de 7,000 habitants dont 4,000 de race française. A l'inverse de ce qui existe dans quelques villes d'Ontario, les deux races vivent sur le pied de la plus parfaite harmonie, se regardant comme indispensables l'une à l'autre. Sherbrooke est au cœur de ces cantons de l'Est qui furent peuplés, après la guerre d'indépendance des États-Unis, par une population exclusivement anglaise. On voit donc quel chemin a été fait depuis cette époque par la race française.

Arrivé à Sherbrooke à une heure trop matinale pour me présenter chez les hôtes qui m'attendent, je pérégrine à travers la ville. Il a gelé pendant la nuit, mais le soleil brille à l'horizon et tout en m'appuyant sur une balustrade pour admirer le paysage, je prends soin de bien m'exposer aux rayons de l'astre réchauffant. C'est alors que deux messieurs m'abordent en me demandant si je suis étranger. J'hésite d'abord à répondre, car je me crois en présence de médecins flairant un Montréalais en rupture de picotte, et déjà je me vois réexpédié en chemin de fer, *manu militari*. Heureusement c'étaient deux notables de la ville, MM. Chicoyne et Nouel, qui battaient la ville à ma recherche. La glace fut bientôt rompue et mes alarmes disparurent.

Sherbrooke présente un air de fête, provoqué par l'exposition régionale agricole. Cette exposition est installée hors de la ville sur un monticule que l'on atteint en passant sur le grand pont couvert jeté sur le Saint-François. Parmi les animaux, les races bovine et chevaline sont au premier rang par le nombre (chacune d'elles ayant 150 à 200 têtes), mais la race porcine tient la corde comme qualité. Les légumes, les fruits sont aussi nombreux que variés. La pomme y est abondante et cette région du Canada est la seule où l'on boive couramment du cidre. Les machines agricoles sont rares, mais il y a plusieurs appareils destinés à la fabrication du sucre et du sirop d'érable, fort goûtés dans ces parages. Il y aussi des phosphates, des engrais, car la terre n'est pas assez riche pour se passer de leur secours. Enfin un pavillon, beaucoup trop étroit, abrite l'exposition industrielle.

M. Chicoyne, qui toute la journée m'a servi de bienveillant et très érudit cicérone, est un des hommes les plus distingués de Sherbrooke.

Président de la Société de colonisation française du comté, il s'est voué avec ardeur à l'extension de la race française dans les cantons de l'Est, payant toujours de sa personne et ayant la bonne fortune de voir ses efforts couronnés de succès.

De tels hommes ne peuvent qu'honorer le pays où ils se produisent et qu'ils servent avec un si intelligent patriotisme.

VI

LE CHEMIN DE FER DU PACIFIQUE ET LE MANITOBA

L'Ouest canadien il y a quinze ans. — Le chemin de fer du Pacifique canadien. — Le tour du monde en 60 jours. — Départ pour la Colombie. — Une noce en chemin de fer. — D'Owen-Sound à Port-Arthur par les lacs Huron et Supérieur. — Sault-Sainte-Marie. — De Port-Arthur à Winnipeg. — Un arrêt forcé dans la forêt. — La Compagnie de la baie d'Hudson. — Un *krach* à Winnipeg. — Le Parlement provincial. — Un élévateur à grains. — Saint-Boniface et Mgr Taché. — Le régime scolaire. — Les écoles professionnelles et la liberté d'enseignement.

Il y a quinze ans, la région un peu connue du Dominion du Canada ne s'étendait guère au delà du bassin du Saint-Laurent. Pour se rendre au Manitoba et au Nord-Ouest il n'y avait ni chemins de fer ni routes. Il fallait traverser les grands lacs, naviguer en canot d'écorce de bouleau sur les innombrables rivières et lacs qui couvrent cette région avant d'atteindre le grand lac Winnipeg, ou bien il était nécessaire d'emprunter la voie ferrée américaine de Détroit-Chicago-St-Paul pour gagner les bords de la rivière Rouge et pénétrer ainsi au cœur du Manitoba. De Fort-Garry (aujourd'hui Winnipeg), il fallait plusieurs mois d'étapes, à travers une prairie aussi vaste qu'inhabitée, pour atteindre les territoires éloignés des montagnes Rocheuses et de l'Athabasca. Pour parvenir jusqu'à la Colombie il ne fallait rien moins que traverser les États-Unis d'un océan à l'autre et, une fois à San-Francisco, la route de mer était l'unique voie qui, en quelques jours, pût conduire à Vancouver, le seul point de la province un peu exploré. Quant à l'intérieur de la Colombie, hérissé de montagnes escarpées et couvert de forêts à travers lesquelles on ne pouvait s'ouvrir un passage que la hache ou la torche à la main, seuls les trappeurs et les chercheurs d'or en connaissaient quelques-uns des secrets.

Aujourd'hui une révolution complète a été opérée sur cet immense territoire. Le chemin de fer du Pacifique canadien traverse le Dominion dans toute sa largeur et met en communication directe Montréal, terminus de la navigation sur l'Atlantique, avec Port-Moody, et plus tard Vancouver-City, situé à 14 milles plus loin, point de départ de la navigation sur l'océan Pacifique.

C'est au mois d'avril 1875 que le gouvernement fédéral a commencé la construction de la ligne du Pacifique; mais les travaux n'avançant qu'avec lenteur, l'État résolut de se substituer une société privée, et la Compagnie du chemin de fer du Pacifique canadien fut créée en 1881. La Compagnie avait un délai de 10 ans pour achever les travaux. Un acte du Parlement canadien, du 17 février 1881, lui accordait une subvention de 25 millions de piastres et lui concédait, en pleine propriété, 25 millions d'acres de terre, le long de la voie avec exemption d'impôt pendant 20 ans. Pour la voie ferrée, les stations et le matériel roulant, l'exemption était perpétuelle. Par un acte de 1884, le gouvernement, afin d'activer encore la construction de la voie, avançait à la Compagnie une somme de 22,500,000 piastres, portant intérêt à 5 0/0 et remboursable en 1891 ; mais la Compagnie n'attendit pas l'échéance et éteignit cette dette en juin 1886. Quelques modifications furent apportées par la suite à ces conventions (1).

Sur 2,893 milles (4,657 kilomètres) séparant Montréal de Port-Moody, 641 seulement avaient été construits par l'État. La Compagnie se mit à l'œuvre au mois de février 1881 et, sous l'impulsion de ses directeurs, sir G. Stephen, sir Donald Smith et M. Van Horne, les travaux furent poussés avec une telle activité que, le 7 novembre 1885, les derniers rails étaient posés. Les 1,909 milles que devait construire la Compagnie avaient été terminés dans une période de 4 ans et 9 mois, c'est-à-dire en un espace de temps de moitié moindre que celui qui avait été primitivement fixé. L'exécution de la voie avait rencontré de grands obstacles en Colombie, où, à cause des difficultés du terrain,

(1) Le capital de la Société consiste en 75 millions de piastres d'actions et 35 millions de bons hypothécaires (mortgage bonds), plus des obligations s'élevant à une somme de 26,884,000 piastres, provenant de l'achat de lignes d'intérêt local.

les ouvrages d'art et de protection furent très nombreux, et au nord du lac Supérieur, où, chose surprenante, les travaux furent d'une exécution plus difficile et d'un coût — par mille — beaucoup plus élevé que dans les montagnes Rocheuses; mais, par contre, des montagnes Rocheuses au lac Supérieur, sur une étendue de plus de 2,000 kilomètres, les travaux d'art et d'infrastructure furent insignifiants. A travers l'immense prairie du Nord-Ouest, il n'y avait guère qu'à poser les rails, mais un remblai fut construit presque partout pour éviter les amoncellements de neige. Néanmoins la facilité de construction de la voie fut telle dans cette région, que l'on put poser jusqu'à 6 1/3 milles (10 kilom.) en un seul jour.

La tête de ligne du Transcontinental canadien, sur l'Atlantique, est Montréal. De ce point, le chemin de fer se dirige sur Ottawa, passe au nord des lacs Huron et Supérieur et arrive à Port-Arthur. Puis il s'avance, en ligne presque toujours droite, sur Winnipeg, Regina, Calgary, franchit les montagnes Rocheuses à la passe du « Cheval qui rue », à une hauteur de 5,300 pieds, et, après avoir décrit de nombreux méandres, débouche sur l'océan Pacifique, à Port-Moody en face l'île de Vancouver. L'ouverture de la section d'Ottawa à Port-Arthur ne date que du mois de novembre 1885. Auparavant, le trajet se faisait d'Ottawa à Toronto et Owen-Sound en chemin de fer, et, de ce point à Port-Arthur, en bateau à vapeur. La section de Donald à Savona, en Colombie, a été achevée la dernière (7 novembre 1885), mais elle n'a été livrée à l'exploitation qu'au mois de juin 1886, lors de l'inauguration solennelle de la ligne.

Le Pacifique canadien est le plus court de tous les chemins de fer transcontinentaux du Nord-Amérique. Il a 342 milles de moins que la ligne de New-York à Portland, par le Nord-Pacifique, et 378 milles de moins que la grande ligne de New-York à San-Francisco. Sur cette dernière, le trajet s'effectue en 156 heures, tandis qu'il n'en faut que 120 sur le Pacifique canadien, et cet espace de temps sera réduit à 90 heures par l'emploi de trains rapides, soit une différence de près de trois jours en faveur de la ligne de Montréal à Vancouver [1].

(1) Les États-Unis sont traversés d'un océan à l'autre, par les grandes lignes suivantes :
De New-York à Portland, par Chicago, Saint-Paul, Livingston *(Northern Pacific)* : 3,235 milles ;

Afin de faire paraître plus court encore ce trajet exécuté d'une seule traite, les trains directs se composent de wagons-lits, ayant chacun leur fumoir et leur salle de bains, de wagons-restaurants et de wagons-salons d'un luxe et d'un confortable dont il est difficile de se faire une idée et qui sont absolument inconnus dans notre vieille et routinière Europe.

Il ne manque plus au Pacifique canadien que d'avoir un débouché sur l'Atlantique plus rapproché que la ligne actuelle d'Halifax, pour obvier, pendant la saison d'hiver, à la prise du Saint-Laurent par les glaces. Une ligne courte est actuellement en voie de construction et permettra de franchir les 3,590 milles séparant Halifax du Pacifique, en 116 heures (1).

L'inauguration du Pacifique canadien a eu pour conséquence d'ouvrir une nouvelle et rapide voie de communication entre l'Europe et l'Extrême Orient. Désormais, l'Angleterre ne craindra plus autant de voir obstruée la route du canal de Suez et devra moins se préoccuper de ce qui se passe en Égypte, car elle pourra, par la voie canadienne, expédier sa malle et ses troupes presque aussi rapidement dans les Indes et plus rapidement encore dans les mers de Chine et du Japon. De Liverpool au Pacifique par Montréal-Vancouver, le trajet ne sera plus que de 10 à 11 jours, tandis qu'il en faudrait 14 à 15 par New-York et San-Francisco. Et, lorsqu'un service rapide aura été créé de Vancouver au Japon et en Chine, on pourra facilement se rendre de Liverpool à Yokohama et à Hong-Kong en 24 et 30 jours, tandis qu'il en faudrait 30 et 36 environ par la voie de San-Francisco. Par Brindisi

De New-York à San-Francisco, par Chicago, Omaha, Ogden *(Union and Central Pacific)* : 3,271 milles;

De New-York à Portland, par Chicago, Omaha, Granger, Huntington *(Compagnies diverses)* : 3,224 milles;

De New-York à San-Francisco, par Saint-Louis, Kansas-City, Albuquerque, The Needles *(Atlantic and Pacific)* : 3,499 milles;

De New-York à San-Francisco, par Richmond, la Nouvelle-Orléans, Deming, Los Angeles *(Southern Pacific)* : 3,884 milles.

Ces deux dernières lignes sont peu suivies.

(1) Cette ligne partant de Montréal, franchira le Saint-Laurent sur le nouveau pont de Lachine, se dirigeant sur Sherbrooke et l'État du Maine qu'elle traverse en ligne droite pour rejoindre à Mattawamkeag les lignes du Nouveau-Brunswick. La distance de Montréal à Halifax sera de 100 milles plus courte que par le chemin de fer Intercolonial et, grâce à une meilleure construction de la voie, le trajet pourra se faire en 18 heures au lieu de 30.

et le canal de Suez, le voyage entre l'Angleterre et Yokohama ne demanderait pas moins de 40 à 44 jours. Avec un peu plus de vitesse de la part des paquebots de l'océan Indien, on pourrait facilement faire le tour du monde en 60 jours, et, dans 25 ou 30 ans d'ici, qui sait si ce délai ne sera pas réduit à 6 semaines ? Ah ! voilà Jules Verne bien distancé !

Pour les passagers la nouvelle ligne sera en outre bien plus agréable à suivre, car elle leur permettra d'éviter la traversée si pénible de la mer Rouge. Il est facile d'apprécier par là quels services le Pacifique canadien est appelé à rendre, tant au point de vue politique qu'au point de vue commercial.

Mais si l'ouverture du Transcontinental canadien est un fait d'une haute importance pour l'Europe occidentale, il ne l'est pas moins pour le Canada lui-même. Désormais, les provinces les plus éloignées de la Confédération se trouvent soudées les unes aux autres et n'ont plus besoin d'emprunter le territoire étranger pour l'échange de leurs produits. Mais la conséquence la plus frappante de la création de la nouvelle ligne a été de transformer complètement les riches territoires du Manitoba et du Nord-Ouest, de donner une valeur considérables à des terres qui naguère en étaient dépourvues et de faire affluer, dans ces pays si fertiles et si peu peuplés, des convois d'émigrants venus de tous les points du monde. Des villes comme Winnipeg ont pris subitement un essor considérable, semblant sortir de terre comme frappées d'un coup de baguette magique. De jeunes cités, comme Brandon, Regina Calgary, dont l'existence ne remonte pas au delà de trois ou quatre ans, possèdent déjà 2 à 3,000 habitants, et dans ces villes improvisées on trouve tout de suite des églises, des maisons de banque ou de change, ainsi qu'un journal politique. A en juger par l'œuvre de quelques années, on pressent déja quelle révolution économique et politique se sera opérée dans un demi et même dans un quart de siècle.

Ce sont ces pays nouvellement explorés que nous allons visiter sur l'invitation de la Compagnie du Pacifique. Nous ne sommes plus que onze, parmi lesquels M. le curé Labelle, qui tient à nous faire jusqu'au bout les honneurs de son pays, M. de Molinari, M. le conseiller Perrotin, et deux dames.

Nous quittons Montréal le 4 septembre à 8 heures du soir, nous dirigeant sur Ottawa et Toronto où le chemin de fer, faisant un angle droit, remonte vers le nord pour aboutir à Owen-Sound, point de départ de la ligne des grands lacs. De Toronto à Owen-Sound le trajet est peu intéressant, sauf aux environs de Cataract et d'Orangeville où le pays est accidenté et boisé. La région voisine d'Owen-Sound est la plus sauvage; le sol est aride et fort peu habité. A Owen-Sound la même plate-forme sert de débarcadère au chemin de fer et d'embarcadère aux bateaux à vapeur, ce qui facilite singulièrement le transbordement.

Pendant qu'on se livre à cette opération, nous assistons à un départ de jeunes mariés. Les gens de la noce les accompagnent à la gare et au moment où le jeune couple monte en wagon chacun lui lance des poignées de riz à la tête comme souhaits de prospérité. Puis quand le train se met en marche, toute la noce, rangée en bataille sur le quai, fait pleuvoir à nouveau sur les jeunes époux des poignées de riz accompagnées d'une avalanche de vieux souliers. En même temps des pétards font explosion et des hourrahs éclatent au milieu de ce groupe composé de villageois endimanchés et joyeux, de femmes aux toilettes d'un autre âge, d'hommes graves portant cravate blanche et redingote à la propriétaire et, pour que tous les bonheurs y soient, entre un grand jeune homme maigre qui souffle dans une clarinette et un gros court qui racle sans élégance un morceau de bois sur une corde à violon, on voit un bossu qui n'a pas l'air d'être plus triste que les autres. Avant le départ, tout ce monde-là avait fait irruption dans le char pour serrer une dernière fois les mains du jeune couple et, suivant la méthode américaine, avait, sans crier gare, bousculé les voyageurs sur son passage.

En une demi-heure l'embarquement a été effectué et le 5, à 4 heures du soir, nous levons l'ancre. L'*Athabasca*, sur lequel nous devons franchir les 570 milles qui séparent Owen-Sound de Port-Arthur, est un fort beau vapeur de 96 mètres de long très confortablement aménagé et éclairé à la lumière électrique. Les cabines sont relativement spacieuses et cette fois nous ne sommes que deux dans la même, mon ami Georges Tiret-Bognet et moi. Une galerie couverte permet de faire, sur le pont, le tour complet du bâtiment. Bon marcheur en outre, l'*Athabasca* fait de 14 à 15 milles à l'heure. Comme tout cela nous change du *Damara!*

La sortie d'Owen-Sound est assez difficile à cause de l'étroitesse du chenal; mais bientôt nous nous élançons à toute vapeur dans la baie Géorgienne, fraction importante du lac Huron, dont les rives verdoyantes et relevées disparaissent peu à peu à l'horizon.

Au lever du jour nous nous engageons dans le détroit qui relie le lac Huron au lac Supérieur. Près de Round-Island, l'*Athabasca* est obligé de ralentir sa vitesse en raison des sinuosités décrites par le chenal qu'il faut suivre presque jusqu'à Sault-Sainte-Marie. La largeur du passage entre chaque ligne de balisage (marquée par des bâtons rouges à tribord et noirs à bâbord) n'est que de 20 mètres, et la profondeur en certains endroits ne dépasse pas 5 à 6 mètres. Rien n'est pittoresque comme de décrire avec le bateau de nombreux méandres à travers une multitude d'îles boisées au feuillage si harmonieusement nuancé. Quelques-unes de ces îles sont habitées et, au milieu de la verdure, on voit percer de ci de là quelques modestes cabanes; sur d'autres se dressent des tentes de Sauvages dont les frêles canots d'écorce sont amarrés dans de petites criques, au-dessus desquelles une luxuriante végétation forme une voûte protectrice.

Après cet étroit et ravissant passage, qui ne le cède rien aux Mille Iles du Saint-Laurent, l'*Athabasca* entre dans le Mud Lake (lac de Boue); puis, après avoir défilé au milieu de paysages aussi variés que pittoresques, arrive en droite ligne au pied de montagnes couvertes de pâturages et de forêts. C'est en vain que le regard cherche à découvrir une issue, quand tout à coup le bateau fait un brusque virement à bâbord et s'élance à toute vapeur dans une passe moins étroite qui mène à Sault-Sainte-Marie.

Sault-Sainte-Marie, où nous stoppons quelques instants, est une petite ville assez importante située sur la rive des États-Unis. Son homonyme qui se trouve en face, sur la rive canadienne, lui est de beaucoup inférieure. Cette première et unique escale est surtout motivée par la nécessité de franchir l'écluse et le canal construits en vue d'éviter de nombreux et larges rapides qui forment comme un rideau d'écume au milieu duquel émergent quelques îlots de verdure. C'est en cet endroit, point médiane de la traversée, que nous croisons l'*Algoma*.

le pendant et l'égal de l'*Athabasca*. Pauvre *Algôma!* Deux mois plus tard, enveloppé dans une tempête de neige, ballotté de tous côtés par les flots du lac Supérieur, aussi redoutables que ceux de l'océan en furie, il devait s'entr'ouvrir sur les rochers de l'île Royale, engloutissant avec lui dans l'abîme la plus grande partie de ses passagers.

Le canal passé, nous entrons dans la baie de Waiska, aux bords escarpés, et, lorsque le soleil descend dans les flots du lac Supérieur, nous n'avons plus, depuis longtemps, pour horizon que le ciel et l'onde.

Après avoir doublé le cap du Tonnerre, qui se présente sous la forme d'un lion au repos et replié sur lui-même, nous entrons, le 7 septembre au matin, dans la baie du Tonnerre (Thunder bay), au fond de laquelle est bâti Port-Arthur. La côte est bizarrement découpée et sur divers points se dressent des montagnes escarpées ayant la forme d'un cône tronqué. L'édifice le plus en vue de Port-Arthur est une grosse tour carrée en bois, de couleur rouge brique, qui s'élève à l'entrée du port et sert d'élévateur à grains. On aborde à quai après 40 heures de navigation rapide, à côté du chemin de fer du Pacifique qui, à cette époque, avait à Port-Arthur sa tête de ligne vers le Nord-Ouest.

Le transbordement se fait aussi rapidement à Port-Arthur qu'à Owen-Sound. Il est 9 heures du matin lorsque le train s'ébranle dans la direction de Winnipeg, en suivant, pour traverser Port-Arthur, la rue qui borde le quai. Il n'y a de clôture nulle part, pas même en ville, et la cloche de la locomotive, qui sonne constamment, sert seule d'avertisseur. Les voyageurs qui n'étaient pas à la station profitent de l'allure modérée du train pour escalader ce dernier au passage sans plus de façon. Grâce à la facilité qu'ils ont de pouvoir circuler d'un bout à l'autre du train, ils se casent où il leur plaît, le contrôle ne se faisant qu'en route. Les wagons-lits sont fort recherchés, car nous entrons dans la série des longs trajets, mais aussi le supplément de prix s'élève de 2 piastres à 3, par place. Il y a aussi un *emigrant sleeping-car*; c'est un wagon de 2e classe (il n'y a que deux classes après les wagons-lits) dont les sièges en bois s'allongent à volonté pour former une large surface plane servant de sommier peu moelleux. Au-dessus s'abaissent des couchettes qui, elles aussi, n'offrent que leur bois au dormeur. A celui-ci d'y installer, à sa guise, matelas, couvertures ou autres objets adoucissants. C'est dans des wagons de ce genre que les émigrants sont ordinairement embarqués à leur descente de bateau et conduits sans transbordement à destination.

Le trajet de Port-Arthur à Winnipeg s'effectue actuellement en une vingtaine d'heures. Il y a quarante ans, lorsque Mgr Taché, alors simple missionnaire, se rendait sur les bords de la rivière Rouge, le voyage ne demandait pas moins de 25 jours, en canot d'écorce, avec un Indien pour seul guide. Lorsque les rapides étaient infranchissables le voyageur portait sur ses épaules son léger esquif et cheminait ainsi jusqu'à la rencontre d'un point navigable. En 1870, lors du premier soulèvement de Riel et des Métis, il fallut onze semaines pour transporter les troupes de Québec à la rivière Rouge, par la voie des grands lacs, et 95 jours de Toronto. Un semblable trajet ne demanderait actuellement que 3 jours.

Au sortir de Port-Arthur le chemin de fer reste dans le voisinage du lac Supérieur jusqu'à Fort-William, petite ville en bois située au pied d'une colline en forme de table, puis s'enfonce dans l'intérieur des terres. Entre Finmark et Buda on traverse un petit tunnel creusé dans le roc. Saluons-le au passage, car le tunnel a été jusqu'ici une rareté pour nous. A Savane, où l'on s'arrête dix minutes pour luncher, se trouve un campement de Sauvages. Ce sont les premiers sujets de race pure que nous examinons de près, mais il nous paraissent médiocrement intéressants et les vêtements européens que nous leur voyons porter à notre grand désappointement ne sont sans doute pas sans influencer notre jugement.

Après Savane apparaissent les premiers lacs dont cette contrée est couverte. La région que nous allons traverser durant toute la journée est tantôt boisée ou couverte de broussailles, tantôt dénudée et recouverte de blocs de rochers, parfois même sablonneuse. Souvent le feu a exercé ses ravages dans les bois et les sapins, qui sont encore debout, ne présentent plus qu'une longue tige noircie. Le sol est peu fertile et semble impropre à la culture. Le pays est pour ainsi dire inhabité, et les maigres villages que l'on aperçoit n'apparaissent que de loin en loin. Les stations où s'arrête le chemin de fer ne comprennent généralement que la gare, et cet établissement n'est qu'une misérable cabane en bois dotée d'une porte et de trois ou quatre petites fenêtres. Point n'est besoin d'ajouter que le confortable n'habite pas cette demeure et que ce n'est pas une existence couleur de rose que mènent les employés, ou même l'unique préposé à la station, qui remplit tout à la fois les fonctions de chef de gare, aiguilleur, buraliste, facteur et bien d'autres encore.

A quelque distance de la station de Bonheur, le train s'arrête tout à coup en pleine forêt. Tout le monde descend et l'on constate que les rails, par suite de la dilatation de la chaleur, ont devié à tel point de la ligne droite qu'ils forment un angle assez prononcé. Quelques mètres de plus et nous étions précipités dans un torrent.

Tout le personnel du train, les émigrants, des voyageurs même s'arment de grandes perches ou de troncs d'arbres pendant le long du remblai, pour redresser les rails et les traverses qui ne sont que posées sur un terrain sablonneux. Après une grande heure d'efforts ininterrompus la voie reprend à peu près une position rectiligne. Le train se met alors en mouvement et passe heureusement l'endroit critique tandis que les voyageurs, qui s'étaient dispersés pour cueillir des bluets (myrtiles) ou de l'écorce de bouleau se précipitent en toute hâte pour escalader les marches des wagons. Pendant ce temps-là le train file toujours. Nous nous comptons : personne de nous n'est resté dans la savane.

En Amérique on procède toujours avec ce même égoïsme. Aux stations on n'avertit presque jamais les voyageurs du départ du train. Il n'y a pas de cloche dans les gares. Seule, la locomotive en est munie, mais ne s'en sert que comme signal d'alarme. Le chef de gare ne donne point son coup de sifflet et il n'y a pas d'employés pour fermer les portières par la bonne raison qu'il n'y a pas de portières aux wagons. Le conducteur du train dit bien quelquefois : *All abord* (tout le monde en voiture), mais d'une voix si modérée qu'il n'y a guère que dans son voisinage qu'on puisse l'entendre. Le train part sans bruit; tant pis pour ceux qui ont commis l'imprudence de s'éloigner, si peu que ce soit. Ils en sont quittes pour attendre le train suivant, c'est-à-dire un jour ou deux, sur les lignes peu fréquentées.

Nous passons de très grand matin à Rat Portage, petite ville déjà célèbre par ses minoteries, qu'alimentent des *pouvoirs d'eau* considérables et qui vise à jouer le rôle et à prendre l'importance de Minneapolis, la métropole des moulins aux États-Unis. Lorsque le jour paraît, le paysage a complétement changé. Nous sommes dans la prairie et le regard s'étend presque à l'infini; le sol est fertile et cultivé, quoique les fermes et les villages soient encore rares. Bientôt apparaissent des groupes de constructions; nous passons la rivière Rouge sur un pont de fer, qui sert en même temps aux voitures, et nous sommes à Winnipeg, capitale du Manitoba.

La Compagnie de la baie d'Hudson dont la domination s'étendait au centre et à l'ouest du Canada sur une surface de 7 millions de kilomètres carrés, dont la moitié ne se composait que de terres glacées, ayant transféré, en 1869, ses droits de souveraineté au gouvernement fédéral, la province de Manitoba fut alors découpée dans cet immense domaine, ainsi que les territoires du Nord-Ouest, et réunie à la confédération canadienne.

La nouvelle province a tiré son nom du lac Manitoba, dont l'appellation indienne, *Manitowapan*, qui aurait dû être conservée dans un intérêt scientifique, signifie détroit surnaturel. Ce lac a, en effet. un détroit, où l'agitation, qui se fait sentir sur les eaux, est attribuée par les Sauvages à leur divinité, le Manitou.

Depuis près de deux cents ans la Compagnie de la baie d'Hudson avait le privilège de la traite des fourrures, qui lui avait été octroyé en 1670 par le roi d'Angleterre Charles II. Une concurrente, la Compagnie du Nord-Ouest, avait bien pris naissance en 1783, à Montréal, mais elle avait fusionné en 1821 avec sa rivale. La puissance territoriale de celle-ci, d'abord limitée aux alentours de la baie d'Hudson, s'était étendue peu à peu dans la direction du sud et de l'ouest. De ce côté la voie avait été ouverte par le chevalier de Varennes de la Vérandrye qui, dans un voyage d'exploration qui ne dura pas moins de quatorze années, de 1731 à 1745, avait le premier parcouru les territoires compris entre les grands lacs et les montagnes Rocheuses d'un côté, la Saskatchewan du Nord et le Missouri de l'autre. De la Vérandrye, dont le nom beaucoup moins connu en France que celui de Cavelier de la Salle, a cependant droit à une célébrité au moins égale, possèdera bientôt sa statue à Winnipeg, en attendant le jour où sa ville natale (les Trois-Rivières) lui en érigera une.

Le centre des établissements de la Compagnie était placé à Fort-Garry, qui ne comptait pas plus de 250 habitants, presque tous de race métisse, et renfermait plus de tentes et de cabanes que de maisons. Ces Métis, descendants des *Coureurs de bois* ou *Bois-Brûlés* canadiens qui avaient contracté union avec des femmes sauvages, se soulevèrent, sous la conduite de Riel, contre le nouveau régime qu'ils supposaient devoir porter atteinte à leurs droits, Il ne fallut rien moins que l'influence de Mgr Taché et l'intervention des agents de la Compagnie pour les apaiser et arriver à un compromis.

Fort-Garry prit alors le nom de Winnipeg et se transforma complètement en devenant chef-lieu de la nouvelle province. En 1881 il s'y trouvait déjà 7,000 habitants, et la ville, qui était reliée aux États-Unis par un chemin de fer, progressait avec rapidité et sagesse, lorsque la spéculation sur les terres engendra un *boom*, bientôt suivi d'un *krach*, qui jetèrent le bouleversement dans le pays. Dans son remarquable ouvrage, sur le *Canada et l'émigration française* M. Fr. Gerbié a indiqué les causes de cet agiotage effréné dont on ne trouve d'exemple que sur le sol d'Amérique.

« Dès que le gouvernement canadien eut largement subventionné une compagnie puissante et sérieuse afin de parachever le chemin de fer canadien du Pacifique, les émigrants de tous les pays se portèrent en foule dans le Nord-Ouest. Chaque semaine ils arrivaient par milliers dans les rues de Winnipeg. Ce fut alors que la spéculation s'établit sur une échelle gigantesque. Des compagnies canadiennes, américaines, européennes achetaient du gouvernement canadien et de la Compagnie du chemin de fer du Pacifique d'immenses étendues de terrain, dans l'espoir de les revendre bien vite et de réaliser ainsi de gros bénéfices. Le gouvernement fédéral et la Compagnie du chemin de fer du Pacifique ne vendaient en effet leurs terres qu'à raison de 1 piastre, 1 1/2 piastre l'acre, et les divers spéculateurs les revendaient quelquefois 4 et 5,000 piastres l'acre. Les terrains acquirent une valeur fabuleuse. De 1881 à 1882 la valeur de la propriété foncière s'éleva de 9 à 30 millions de piastres. Des fortunes furent faites en un jour. Tel émigrant qui était arrivé dans le pays quelques mois auparavant avec quelques centaines de dollars, quelquefois même avec rien du tout, se trouvait riche de plusieurs centaines de mille francs.

On vit alors tous les commerçants de Winnipeg confier à leurs commis la direction de leurs maisons de commerce et établir des agences pour la vente des terrains. Dans *Main street*, la principale rue de Winnipeg, on ne compta pas moins de 300 agences ainsi établies par eux. Le bruit fait par ces fortunes rapides et répercuté par les échos des grands lacs ne tarda pas à se répandre à travers les provinces orientales du Canada et, dès le commencement de l'année 1882, des sommes considérables furent envoyées de toutes les provinces à Winnipeg pour être placées en achat de terrains. Un jour la banque des Marchands reçut en dépôt au-dessus de 2 millions de dollars.

M. Gerbié décrit ensuite l'état d'effervescence causé par le dieu Dollar et le spectacle étrange auquel il fut donné d'assister :

La fièvre de la spéculation atteignit alors son état aigu. Les hôtels furent envahis, les gares encombrées ; des tentes provisoires abritèrent des milliers de personnes. Ce furent autant de bourses où la spéculation continua après la fermeture des bureaux. L'or et l'argent n'eurent plus aucune valeur. Toute transaction était incomplète si les parties contractantes n'avaient vidé deux ou trois bouteilles de champagne. Cambrinus dédaigné, détrôné, dut faire d'amères réflexions sur l'inconstance de la faveur populaire. A sa place la veuve Clicquot régnait en souveraine et expédiait par milliers à ses nouveaux sujets ses marques d'exportation. La bouteille de champagne ne se vendait pas moins de 50 francs.

Un jour nous fûmes présentés à un spéculateur qui nous invita naturellement à sabler le champagne. Il venait d'arriver à Winnipeg, et, n'ayant pu trouver de chambre à l'hôtel, il avait pris le parti de camper dans la prairie. Ce fut sous sa tente qu'il nous reçut, au milieu d'instruments aratoires de toutes sortes, car c'était un cultivateur venu dans le Nord-Ouest pour se livrer à l'agriculture. Quelques spéculations heureuses, à son arrivée à Winnipeg, le détournèrent du but utile qu'il s'était proposé dans son propre intérêt et dans celui du pays. Le fouillis inextricable de mille objets entassés les uns sur les autres ne pouvait que frapper notre curiosité. Sur l'essieu d'une roue renversée se trouvait une jolie statuette en terre cuite ; sur un matelas se trouvait une toile de valeur ; sur le siège d'une charrue se dressait un bronze de..... Barbedienne ! payé 8,000 francs quelques jours auparavant aux magasins de la Compagnie de la baie d'Hudson. »

Mais cet âge d'or ne devait pas durer toujours. Au printemps de 1882, une inondation de la rivière Rouge détruisit les voies de communication autour de Winnipeg. Il s'ensuivit, parmi cette population qui avait plus que doublé en moins d'une année, un malaise subit, accompagné d'un commencement de crise qui amena quelques faillites. Ce fut le signal de la débâcle, qui arriva avec une rapidité effrayante, et fit crouler en un rien de temps le château de cartes de la spéculation. La réaction fut d'autant plus vive que l'engouement avait été plus excessif. Les ruines accumulées par ce krach ont laissé des traces pendant plusieurs années, mais les affaires ont à peu près repris leur cours normal.

Winnipeg est aujourd'hui une belle ville d'environ 35,000 âmes. Ses larges rues sont tracées à angle droit. La rue Principale (Main street) d'une largeur qui n'est pas moindre de 40 mètres, est bien la la plus belle de tout le Dominion, avec son pavage en bois, qui laisse bien en arrière celui de Toronto (le seul qu'on puisse citer dans le Canada), son éclairage à la lumière électrique, ses gigantesques poteaux télégraphiques et ses magasins luxueux, qui ne font cependant pas tous fortune, s'il faut en croire de grandes affiches jaunes, où s'étalent en gros caractères, ces mots : *Dry goods demoralised — Desesperate price*, qui indiquent le degré de désespoir du commerçant et sa démoralisation en même temps que celle de sa marchandise. On voit bien encore de misérables masures et de grandes baraques en bois à côté de superbes façades, ornées de bas-reliefs, mais leur contraste saisissant est la marque caractéristique des progrès accomplis à pas de géant par la cité. Le quartier de Winnipeg, situé du côté de l'Assiniboine, près du confluent de ce cours d'eau avec la rivière Rouge, est surtout un quartier de plaisance. C'est là que s'élèvent de petites églises gothiques, aux formes gracieuses et un essaim de villas fort coquettes, malgré leur style fantaisiste et leurs peintures aux couleurs tendres. Ce quartier, qui est desservi par des tramways, est tracé uniformément en damier et plus d'un des carrés du damier ne contient souvent qu'une maison à chaque angle, les propriétaires des autres parcelles y laissant croître l'herbe, en attendant le moment favorable pour vendre leur terrain à bon prix. Il va sans dire que les rues esquissées dans ces parages sont dotées des plus belles ornières et sans les trottoirs en bois qui forment comme des passerelles en temps de pluie et sont la planche de salut du piéton, la circulation serait souvent impraticable.

C'est au fin fond de ce quartier que s'élèvent les édifices gouvernementaux, au milieu du calme et de la solitude qui entourent les délibérations des représentants de la province et des membres du corps judiciaire.

Le Manitoba, qui jouit du régime parlementaire, a 3 représentants au Sénat, dont 1 français, M. Girard, et 5 à la Chambre des Communes, dont 1 français, M. Joseph Royal, qui est reconnu comme le chef du parti français au Manitoba et au Nord-Ouest [1].

Au point de vue provincial, le Manitoba élit une assemblée législative de 31 membres [2]; mais, comme l'Ontario et la Colombie, il n'a pas de Chambre haute. Parmi ces 31 membres, 4 sont français et forment, avec 3 autres députés d'origine américaine, irlandaise et wurtembergeoise, mais catholiques, ce qu'on appelle le groupe français. Tous les autres députés sont protestants. Le Parlement est nommé pour quatre ans.

Le ministère provincial se compose de 5 membres, dont 1 français

(1) Depuis sa nomination de gouverneur du Nord-Ouest (1888), M. Royal a été remplacé aux Communes par M. La Rivière (1889).

(2) 38 membres actuellement.

(M. La Rivière). Le chef de cabinet, M. Norquay, est métis-anglais. Il n'y a pas d'autre député métis dans le Parlement (1).

Le palais de justice touche au siège du gouvernement. Nous nous trouvâmes à Winnipeg au moment de l'appel interjeté par Riel contre la décision du tribunal de Regina, qui l'avait condamné à être pendu. Au milieu d'une affluence considérable, mais en l'absence du chef métis, les trois magistrats anglais qui siégeaient à la Cour du Banc de la Reine, déclarèrent qu'il n'y avait pas lieu d'admettre l'appel, et nous en fûmes pour nos frais de curiosité.

La Compagnie de la baie d'Hudson possède à l'extrémité de la Main street, un établissement qui est son entrepôt central. De magnifiques magasins renferment des marchandises du genre le plus varié : étoffes, fourrures, bibelots de toute espèce, chaussures, conserves alimentaires, etc., s'y trouvent à foison. Les fourrures sont généralement envoyées en Europe, où on les prépare ; de là on les renvoie au Canada. Les couvertures et vêtements de laine à raies multicolores, qu'affectionnent les Sauvages, viennent également d'Europe. Autrefois sans rivale dans ces parages dont elle cherchait le plus possible à éloigner les indiscrets, la Compagnie a souffert de la perte de son monopole, mais est encore, malgré cela, une Société puissante.

Près de la gare de Winnipeg s'élève un des nombreux élévateurs à grains appartenant à M. Ogilvie. C'est un magnifique édifice en pierre, à sept étages renfermant tout ce qu'il faut pour conserver le grain et le transformer en farine. Le blé amené en wagon est déchargé par une ouverture spéciale où il suffit de le faire glisser. Une chaîne sans fin, munie de godets, monte alors le grain jusqu'au haut de l'édifice, d'où il redescend au premier étage transformé en farine après avoir subi six moutures différentes passant de l'état de grosse farine à celui de farine fine ou superfine selon les moutures. Un rayon spécial est réservé à la mise en sac. Chaque sac, qui porte la marque *Hungarian*, est pesé automatiquement et cousu en un rien de temps ; puis il est placé sur une trappe qui s'entr'ouvre pour le laisser glisser jusque dans le wagon qui doit l'emmener. Le meunier chef gagne 7,500 francs et ce salaire atteint jusqu'à 20,000 francs pour les élévateurs plus considérables.

(1) Le cabinet libéral Greenway, actuellement au pouvoir, ne compte plus de membre français depuis 1889, époque où il a entrepris une croisade contre la langue française.

Centre d'un pays extrêmement riche en céréales, Winnipeg est destiné à devenir le grand entrepôt de grains du Nord-Ouest. Grâce à sa situation topographique qui en fait le point de passage obligé entre les deux océans, la jeune cité sert de trait d'union entre les deux extrémités de la confédération dont elle est presque à égale distance. Desservie par plusieurs lignes de chemins de fer qui portent ses produits dans toutes les directions, elle voit s'ouvrir devant elle le plus bel avenir et sera bientôt le Chicago du Canada. Ses larges chaussées demandent à grands cris des habitants et leur tracé actuel suffirait à contenir 100,000 âmes. Winnipeg les aura sûrement en l'an de grâce 1900 et sans doute même avant cette époque.

Winnipeg est essentiellement et presque exclusivement une ville anglaise. C'est en face de Winnipeg, sur la rive droite de la rivière Rouge, que se trouve la population canadienne-française groupée dans la petite ville de Saint-Boniface. Ah ! la différence d'aspect est grande quand on passe de Winnipeg à Saint-Boniface, c'est-à-dire de l'opulence à une honnête aisance. Ici, plus de palais, de magasins somptueux, de lumière électrique, tout ce qui en un mot décèle à première vue la présence d'une cité fortunée. Les chaussées sont cependant presque aussi larges qu'à Winnipeg et le plan d'agrandissement de la ville est tout tracé. La race canadienne-française est assez tenace et assez laborieuse pour grandir et prospérer à l'ombre de Winnipeg, mais quelques renforts d'émigrants lui seront nécessaires pour empêcher la balance de trop pencher au détriment de Saint-Boniface.

La population métisse, qui sur les bords de la rivière Rouge est en grande majorité métisse-française, est assez nombreuse à Saint-Boniface et aux environs. Le demi-sang (half breed) comme l'appellent les Anglais, est facilement reconnaissable à son teint bronzé et à sa physionomie plus indienne que blanche lorsqu'il est au premier degré d'alliance. Il participe des qualités et des vices des deux races, mais, comme chez tous les peuples mêlés, semble avoir eu surtout en partage les défauts de celles-ci. Au point de vue de la colonisation il ne peut être qu'un appoint, car s'il est brave, intelligent et observateur, il a trop dans le sang l'indolence et le peu de goût au travail du sauvage ainsi que son penchant très accusé pour les boissons alcooliques. Dans les rues de Saint-Boniface il n'est pas rare de rencontrer des femmes mé-

FEMME MÉTISSE ET SON ENFANT

tisses portant leurs enfants renfermés et ficelés dans une grande poche qui leur sert de berceau, et qui est attachée à un support en bois. Cet appareil primitif se porte dans le dos comme une hotte.

Saint-Boniface est le siège d'un archevêché catholique. Fondé en 1847, l'évêché de Saint-Boniface fut d'abord occupé par Mgr Provencher dont Mgr Taché, le titulaire actuel, est le successeur immédiat, puis érigé en archevêché en 1871. Mgr Taché est un peu le père de tout ce qui existe au Manitoba. Lorsqu'il y vint pour la première fois, il y a plus de quarante ans, le pays était entièrement sauvage et à peu près inhabité. Ce fut lui qui le premier construisit des routes, créa des villages, bâtit des écoles tout en répandant les lumières de la religion parmi les Métis et les Sauvages. Aussi jouit-il dans le pays d'une influence et d'une autorité considérables que justifient amplement son expérience, ses hautes qualités, et l'affabilité de son caractère. Lors du premier soulèvement des Métis, le gouvernement canadien n'hésita pas à recourir à l'intervention de l'éminent prélat. Ce dernier se trouvait alors au concile œcuménique, à Rome; il revint en toute hâte apporter des paroles de paix et eut le bonheur de les voir entendues. En 1885, lors du second soulèvement des Métis, il fut moins heureux auprès du gouvernement d'Ottawa. Si celui-ci avait suivi ses conseils dictés par une profonde connaissance du pays et des hommes, peut-être l'insurrection aurait-elle pu être prévenue. On eût évité ainsi l'effusion du sang, sans parler des dépenses considérables et de l'agitation qui en ont été la conséquence.

Non loin de la cathédrale, qui n'est encore qu'une modeste et pauvre église, mais qui, aux yeux des Canadiens-Français, a le mérite d'être la première église construite au Manitoba, s'élève le grand pensionnat de jeunes filles dirigé par les Sœurs grises qui ont des missions jusqu'au fin fond du Nord-Ouest. C'est un bel édifice admirablement tenu que nous visitons de fond en comble — l'expression n'est pas de trop, car, du toit à terrasse où nous montons se déroule un panorama des plus étendus. Avant de quitter l'établissement nous avons la surprise de trouver une centaine d'enfants massés dans le parloir où ils font entendre quelques couplets des chansons nationales. Rien de charmant et de touchant tout à la fois comme d'entendre ce chœur de voix fraîches et pures chantant avec une justesse et un entrain remarquables.

Saint-Boniface possède aussi un collège fondé par Mgr Taché et dirigé depuis trois ans par les jésuites. C'est le seul établissement catholique d'enseignement supérieur du Manitoba et on y suit à la la fois des cours classiques et commerciaux. Comme à l'école supérieure des filles, presque tous les élèves sont Canadiens-Français; il y a aussi quelques Métis et un jeune Sauvage de la tribu des Pieds-Noirs, dont la physionomie reflète l'intelligence en même temps que l'espièglerie. Sur notre proposition, le recteur demande aux élèves s'ils feraient opposition à un jour de congé. Personne ne répond, mais une salve d'applaudissements éclate sur tous les bancs.

Le système adopté pour l'enseignement public dans la confédération canadienne est celui de la liberté absolue sur la base des écoles séparées selon les cultes. L'instruction est ainsi une affaire exclusivement provinciale, ce qui explique l'absence d'un département de l'instruction publique dans le cabinet fédéral. Au Manitoba, l'enseignement public n'a pas de ministre dans le cabinet de la province, mais relève du secrétaire provincial. Au-dessous de lui se trouve le bureau d'éducation formé de deux sections, une catholique et une protestante, au prorata de la population par culte. Ce bureau, qui est le conseil supérieur de chaque province, est souverain pour les affaires d'instruction publique. Quand il s'agit d'affaires confessionnelles, ce n'est pas le conseil lui-même, mais la section du culte intéressé qui examine et tranche les questions qui lui sont soumises. Il y a en outre deux surintendants (un catholique et un protestant) indépendants l'un de l'autre comme les sections. Ce sont les agents exécutifs du bureau d'éducation. La province est divisée en arrondissements scolaires et chaque arrondissement a ses affaires d'instruction régies par trois commissaires élus par les contribuables assujettis à la taxe scolaire.

Les sommes nécessaires aux frais de l'instruction publique proviennent du budget provincial, du budget local et de la taxe scolaire. Ce système est assez ingénieux. Les crédits votés par l'Assemblée législative sont répartis par le gouvernement provincial entre les deux sections proportionnellement au nombre d'enfants en âge de fréquenter l'école, c'est-à-dire de 5 à 15 ans. Ces crédits sont distribués en deux fois. Chaque école fonctionnant depuis six mois au moins, reçoit une somme fixe de

10 piastres (50 francs) par mois, plus un tant pour cent basé sur la moyenne de l'assistance des enfants à l'école.

La municipalité participe également à l'entretien des écoles au moyen d'impositions prélevées sur l'ensemble des contribuables par religion. Une somme fixe de 20 piastres (100 francs) doit être affectée à chaque école. Au Manitoba la taxe scolaire est basée sur l'évaluation annuelle des propriétés. Le maximum de cette taxe foncière est actuellement de 2 0/0. Les habitants ne sont pas tenus de payer la taxe scolaire pour les écoles confessionnelles autres que celles de leur religion. Cette exemption n'existe point dans la province de Québec où un catholique, par exemple, est tenu au contraire de payer la taxe pour l'école protestante, et réciproquement, jusqu'au jour où une école dissidente est créée dans sa commune.

Si l'arrondissement scolaire n'est pas assez riche pour subvenir aux dépenses d'éducation, le bureau des trois commissaires peut établir une contribution supplémentaire locale à un taux illimité. Presque toutes les communes du Manitoba ont une contribution supplémentaire, mais peu élevée. Cette contribution varie de 50 à 100 piastres.

Les instituteurs doivent être munis d'un diplôme délivré après examen subi devant l'une des deux sections (catholique ou protestante. Ce diplôme n'est valable que pour trois ans, et l'instituteur qui veut continuer à exercer doit se présenter à nouveau devant la commission d'examen. C'est là un moyen pratique, bien qu'un peu trop répété, de tenir l'instituteur en haleine et de maintenir le niveau de l'enseignement à un degré suffisant.

Ce sont les commissaires d'arrondissement qui font choix des instituteurs, mais ils ne peuvent engager que ceux qui sont diplômés par la province. Les instituteurs sont laïques ou ecclésiastiques selon le choix des commissaires et par conséquent selon le vœu de la population qui élit ces derniers. Cela n'a du reste pas une très grande importance avec le régime des écoles confessionnelles et dans un pays aussi religieux que le Canada.

Le traitement des instituteurs varie entre 250 et 400 piastres. Les congréganistes, comme en France du reste, sont moins rétribués que les laïques. C'est ainsi qu'au pensionnat de Saint-Boniface, le traitement spécial de 7 Sœurs n'est que 1,000 piastres par an, ce qui fait un peu plus de 700 francs par tête. C'est une faible rémunération si l'on tient compte du prix élevé de toutes choses en Amérique.

On voit par cet exposé combien le régime scolaire canadien est plus équitable et plus conforme aux vœux des pères de familles qu'en France, où, sous le nom fallacieux de liberté de l'enseignement, fleurit trop souvent le despotisme intolérant des majorités (1).

Le surintendant catholique de l'instruction publique au Manitoba est actuellement M. T. Alfred Bernier, dont l'esprit si français et les hautes capacités, lui ont acquis l'estime et les sympathies de ses compatriotes.

Saint-Boniface nous ménageait une réception chaleureuse dans la grande salle du collège où se trouvaient réunies les notabilités du parti français au Manitoba : MM. La Rivière, ministre provincial de l'agriculture ; J. Royal, député fédéral ; Girard sénateur ; J. Prendergast et Cyr, députés provinciaux ; Bernier, etc. Des adresses de cordiale bienvenue nous firent oublier que nous étions à plus de 8,000 kilomètres des côtes de France.

(1) En vertu d'un bill du Parlement provincial voté par une majorité anglaise devenue hostile à la langue française et à la religion catholique, le régime des écoles séparées a, depuis le 1er mai 1890, cessé d'exister — au moins provisoirement — au Manitoba.

VII

LE MANITOBA ET LE NORD-OUEST

Un chef sauvage au pénitencier. — Poundmaker. — La famille de Riel à St-Vital. — La Rivière au Rat. — Une maison d'*habitant*. — La secte des Mennonites. — Les terres à colonisation. — Townships et homesteads. — Les colons étrangers. — Encore la question des races. — Les feux de prairie. — La ferme Bell. — Le Bœuf Assis. — Regina.

Aux environs de Winnipeg s'élève le pénitencier de la province de Manitoba, auquel un chemin de fer local conduit en un quart d'heure. Le pénitencier est près de la station, en haut d'un petit mamelon rocailleux — le seul du pays — auquel on donne le nom pompeux de « Montagne de Pierre » *(Stony Mountain)*. La prison, dont le directeur, M. Bedson, fait les honneurs avec beaucoup de complaisance, est une maison centrale recevant les comdamnés à plus d'un an d'emprisonnement. Ceux-ci étaient, au moment de notre visite, au nombre de 97, parmi lesquels 15 détenus provenant de la dernière insurrection du Nord-Ouest. Les condamnés sont soumis au régime cellulaire. Au centre d'une grande pièce bien aérée se dressent les cellules qui, placées de la sorte, ne touchent nullement aux murailles. Vingt cellules sont ainsi adossées les unes aux autres et surmontées de deux étages disposés de la même façon. La cellule est très étroite et ne reçoit de jour que par la porte consistant en une grille en fer qui fait face aux fenêtres. Chaque rangée est de dix cellules qu'un ressort fait ouvrir ou fermer en même temps. Les gardiens sont au nombre de 20 et chacun d'eux reçoit comme salaire 50 piastres par mois, au minimum.

Parmi les prisonniers du Nord-Ouest se trouvent Maxime Lépine, métis qui fut lieutenant de Riel, et Poundmaker, chef de la tribu des Cris. Le nom sauvage de ce dernier est *Pi to ka ha na pi wi yen*, c'est-à-dire l'Homme qui garde l'enclos *(the man keeping the pound)*. Les Indiens, dans leurs grandes chasses, avaient coutume de construire un enclos vers lequel ils poussaient les buffles afin de pouvoir les entourer et les tuer plus facilement. Lorsque l'enclos était rompu par les buffles, c'est qu'il était mal fait. Dans le cas contraire les honneurs de la chasse revenaient à celui qui l'avait établi. Poundmaker s'était acquis une réputation dans la construction et la garde de ces enclos, d'où son nom de « Faiseur d'enclos ».

Le chef sauvage jouit d'une liberté relative, car nous le trouvons se promenant dans le jardin. Il ne travaille que quand il le veut — c'est-à-dire point du tout — passe la plus grande partie de son temps à fumer et reste souvent plongé dans d'interminables méditations. Sa défense au procès de Regina a été aussi noble qu'éloquente, ce qui ne l'a pas empêché de s'entendre condamner, à sa grande surprise, à trois ans de prison. C'est un bel homme, dans toute l'acception du mot, de haute stature au teint basané, ayant le type de la race mongole, d'où descendraient les Indiens d'Amérique. Sa belle et rêveuse physionomie, qui devient même agréable lorsqu'il daigne sourire, porte l'empreinte d'une profonde intelligence et en même temps d'un calme imperturbable. Sa démarche est élégante et il a les pieds et les mains d'une duchesse — couleur à part. Il est vêtu du costume du pénitencier, c'est-à-dire d'une veste grisâtre et d'un pantalon dont les jambes sont de couleur différente (grise et jaune) ; par derrière sont marquées les lettres M. P. (Manitoba penitenciary) avec un numéro d'ordre. Il a les pieds chaussés de mocassins et porte sur la tête un chapeau mou. Les prisonniers ont les cheveux rasés ce qui, pour les Sauvages, est un déshonneur, tout comme au temps de l'époque mérovingienne. Par une faveur exceptionnelle, Poundmaker a été autorisé à conserver sa chevelure, qui tombe jusqu'à la ceinture, tressée en plusieurs nattes. Deux petites tresses pendent par devant, le long de sa figure, et sont en partie renfermées dans des étuis et anneaux en cuivre. Sur le milieu du front une de ses mèches est retroussée en forme de crête de coq. Il ne parle que le cri, mais l'un des gardiens lui sert d'interprète. Il

POUNDMAKER AU PÉNITENCIER

D'après une photographie de M. Joliot

se donne 44 ans, mais on lui en ajouterait bien 10 de plus, tant sa figure est hâlée et ridée. Pendant que nous causons avec lui, mon ami Tiret-Bognet le couche sur son album pendant qu'un autre de nos compagnons, M. Joliot, dresse devant lui, mais sans son assentiment, son appareil photographique. Nous lui offrons des cigares et du tabac qu'il accepte avec plaisir, puis le major Bedson le congédie et il s'en va du pas d'un homme qui se dit : Ce n'est pas trop tôt.

Depuis cette époque, Poundmaker, baptisé par Mgr Taché avec plusieurs de ses compagnons, a été gracié et rendu à sa tribu ; mais il n'a pas joui longtemps de sa liberté et est mort peu après son élargissement (5 juillet 1886).

Le jardin du pénitencier contient un modeste observatoire et des animaux sauvages enfermés ou attachés, tels que des aigles, des vautours, des ours bruns, des renards de prairie d'une pétulance extraordinaire. On y voit aussi une vingtaine de buffles jouissant d'une demi-liberté. Ce sont peut-être les seuls survivants, au Canada, d'une race qui, il y a dix ans à peine, couvrait encore d'immenses territoires.

Du côté opposé de Winnipeg nous allons rendre visite à la famille de Riel qui habite Saint-Vital, petit village de Métis français. C'est là que Riel a résidé pendant quelque temps dans une maison fort simple où vit encore toute sa famille. Sa mère est absente lors de notre visite, mais nous y trouvons sa femme et ses enfants, ses frère, beau-frère et de nombreux enfants. Sa jeune femme, d'origine française, ainsi que l'indique son nom, Marguerite Monette Bellehumeur, est une vraie métisse d'une physionomie régulière, respirant la douceur et une grande timidité. Elle était avec son mari pendant l'insurrection du Nord-Ouest et a couru de grands dangers avec tous les siens lors du combat de Batoche. Deux enfants sont issus de son union avec Riel, un fils et une fille. Le garçon, qui est l'aîné, répond au nom de Jean et est venu au monde en 1881 ; il a une mine éveillée, un front large, de beaux yeux et une physionomie qui dénote une grande intelligence. Il héritera sans doute de quelques-unes des brillantes qualités de son père. Au physique les deux enfants ne ressemblent point à leur père ; ils tiennent plutôt de la mère.

Dans la pièce principale se trouvent trois grands lits ; près de l'un d'eux un petit berceau est suspendu au plafond par deux courroies qu'une troisième rattache au lit de sa mère. Celle-ci peut, de cette façon bercer son enfant sans être obligée de se lever et apaiser ainsi ses pleurs et ses cris. Un peu plus loin se trouve une balançoire d'enfant fort primitive, car le siège en est formé avec un rondin. La pièce est très simplement meublée ; aux murs sont accrochées des images de piété. Dans un cadre entourant un coussin de velours rouge est déposé un clou qui au dire de Riel, lui aurait été envoyé de Rome par le Pape comme provenant de la vraie Croix. Cette version, qui est accréditée à Saint-Vital, ne repose, à vrai dire, sur rien d'authentique. Un beau portrait de Riel complète l'ornementation. Ce portrait est, dit-on, le plus ressemblant de tous ceux qui aient été faits et remonte à plusieurs années, car Riel n'a jamais voulu, dans ces derniers temps, laisser prendre sa photographie, ne voulant pas que son image servît d'objet de spéculation.

A côté de la demeure de Riel se trouve un petit bois aux sentiers sans nombre dans lequel le prophète métis aimait à se retirer. Là il était introuvable, même pour les siens.

L'infortunée femme de Riel n'était pas encore veuve à l'époque de notre visite à Saint-Vital, mais elle ne semblait que trop prévoir le malheur qui allait l'atteindre, et un indéfinissable sentiment de tristesse emplissait tout son être. Le coup fut trop rude pour cette femme dévouée et, quelques mois plus tard, ses deux enfants étaient complètement orphelins.

Saint-Vital n'est qu'un hameau où l'on voit encore les cabanes primitives des Métis, grossièrement construites avec des troncs de sapin et de la terre. Quelques rares ouvertures éclairent seules ces sombres demeures. Les Métis autrefois presque seuls habitants des bords de la rivière Rouge, ont quelque peu déserté ces parages, reculant devant l'immigration anglaise, pour aller s'établir au Nord-Ouest, sur les rives plus solitaires de la Saskatchewan. Leur place a été aussitôt prise, notamment par les Mennonites, dont les nombreuses colonies peuplent la frontière des États-Unis.

C'est dans le but de parcourir cette région que nous prenons, en compagnie de l'élite de la société canadienne-française de Winnipeg, un train spécial, gracieusement offert par la Compagnie du Pacifique, pour descendre à Otterburn, près de la rivière au Rat, ainsi nommée sans doute en raison de la couleur et du parfum peu agréable de ses eaux.

Là nous trouvons M. le curé Joly, dont le nom a été donné à sa paroisse, qui est venu à notre rencontre avec un assortiment varié de carrioles que les habitants ont tenu à honneur d'amener et de conduire eux-mêmes. Ces voitures ont une supériorité énorme sur les fameuses *planches* du Saguenay : elles ont des ressorts, ce qui n'est pas à dédaigner dans la course à toute vitesse que nous faisons dans la poussière, à travers une plaine ondulée et presque sans arbres, course qui rappelle à s'y méprendre la vitesse des attelages madgyars et les grandes plaines de Slavonie. Le conducteur de ma voiture, un cultivateur de la paroisse de Joly, s'appelle Turenne et, sans prétendre à une parenté quelconque avec le grand capitaine, descend d'un des soldats du régiment de Turenne qui avait pris le nom de son corps, ainsi que cela se faisait souvent autrefois.

En route nous nous arrêtons pour visiter une maison d'*habitant* (paysan). Nous nous trouvons être chez Mme Ladouceur, dont la fille, par une singulière coïncidence est devenue Mme Labonté. La seule pièce de l'habitation est planchéiée et très proprement meublée. Elle est assez élevée, pourvue de six fenêtres et d'une porte vitrée qui y répandent une grande clarté. Dans un berceau un enfant dort du sommeil du juste; à côté se trouve un grand fauteuil mobile, en canne. Au milieu de la pièce, est placé un beau fourneau économique, de la valeur de 30 piastres, servant tout à la fois à chauffer la maison, à faire le pain et à cuire tous les aliments. Au premier se trouve le grenier qui sert de pièce de débarras et de réserve. Tout cela est plus propre, plus confortable, plus luxueux surtout que chez n'importe quel paysan de France et de Navarre. Il en est de même dans la plupart des *habitations*, l'habitant dépensant largement pour s'assurer toutes les commodités de l'existence.

Arrivés à Joly, nous faisons une courte halte au presbytère. La paroisse compte environ 850 habitants, blancs ou métis, tous catholiques. Il y a quelques Irlandais; tout le reste est de race française. Le nombre des familles est de 99; et, en un an, il y a eu 44 naissances, c'est-à-dire une par deux familles. Ici encore, la race canadienne-française donne un merveilleux exemple de sa proverbiale fécondité qui, tôt ou tard, lui assurera la suprématie.

Après une nouvelle course à travers champs, dans une région cultivée et parsemée d'habitations, nous arrivons à Landerfeld, un des nombreux villages des Mennonites. Nous entrons dans une des maisons, qui toutes sont bâties sur un modèle analogue. D'un côté se trouve la demeure des colons, comprenant une grande pièce, planchéiée et proprement tenue, qui sert de salle commune, la chambre à coucher et une petite pièce sombre où se fait la cuisine et où se trouve le poêle qui chauffe l'habitation. De l'autre côté est l'étable renfermant tous les animaux et le bâtiment contenant les provisions, grains, fourrages, etc. Il n'y a partout qu'un rez-de-chaussée assez bas de plafond. L'installation est médiocrement confortable et manque un peu d'air, de lumière et d'espace. Ces choses-là ne font cependant pas défaut au Canada, mais, ici, on se trouve en présence de colons depuis peu de temps dans le pays, et qui n'ont de canadien que le nom.

Les Mennonites forment une secte d'anabaptistes et sont originaires de Prusse. Ce fut à l'époque de Frédéric II qu'ils quittèrent leur pays, pour se soustraire aux charges militaires qui pesaient sur eux, et se réfugièrent en Russie. Il y a une dizaine d'années, ils étaient encore établis sur les bords de la mer Noire, dans le voisinage d'Odessa. Mais apprenant que le gouvernement du tsar se proposait de les soumettre à la loi du recrutement, ils vinrent en grand nombre se réfugier aux États-Unis et au Canada, dans la province de Manitoba principalement. Il y en a ainsi 8 à 10,000, dispersés en de nombreux villages situés dans le voisinage de la frontière des États-Unis. Vivant entre eux seuls, ils ont conservé, avec leurs mœurs et leurs coutumes anciennes, leur langue d'origine : les vieillards parlent assez correctement l'allemand, mais les jeunes gens ont un langage plus altéré. Malgré un siècle de séjour en Russie, les Mennonites n'ont point appris le russe, et c'est à peine si, aujourd'hui, ils savent quelques mots d'anglais. Par leur genre de vie, ils sont aussi étrangers que possible à ce qui se passe autour d'eux.

Leur organisation administrative est restée celle d'autrefois, et ils désignent un des leurs comme leur chef. Lorsque des terres leur ont été concédées au Manitoba, ils les ont réparties par lots égaux entre chacun d'eux, sans distinction hiérarchique aucune. Les plus travailleurs peuvent, bien entendu, augmenter leur patrimoine, mais le fonds commun ne doit rien à leurs enfants. C'est au chef de famille qu'il appartient d'acheter un lot de terre par tête d'enfant.

Les Mennonites se disent fort contents de leur sort. Ils sont, du reste, installés sur des terres d'une grande fertilité, comme on en trouve tant, et à si bon prix encore, au Manitoba et au Nord-Ouest.

Cette région du Canada, qui forme l'immense « Prairie » du Nord-Ouest, est recouverte en maint endroit d'une terre noire très favorable à la culture des céréales. La couche d'humus, qui repose sur un fond de glaise, atteint facilement deux mètres de profondeur. Aucun engrais n'est nécessaire sur un tel terrain, et l'on espère pouvoir s'en passer pendant une période de 25 à 30 années au moins. La partie orientale du Manitoba, la vallée de la Qu'Appelle et celle de la Saskatchewan du Nord sont les parties les plus propres à la culture des céréales, de tout le territoire compris entre la rivière Rouge et les Montagnes Rocheuses.

Dans le but de faciliter la colonisation de cette région qui peut recevoir facilement 40 à 50 millions d'habitants, le gouvernement canadien a fait procéder à l'arpentage des terres dans presque toute la partie colonisable. 70 millions d'acres ont été ainsi mesurées sous la direction de M. Deville, à qui cette mission avait été confiée. L'arpentage est aujourd'hui suspendu, car la superficie concédée ou vendue n'excède pas le quart de celle qui est mesurée. Voici comment s'est opérée la division des terres.

Dans chaque province les terres sont divisées en blocs de 12 milles carrés. Chaque bloc renferme quatre *townships* ou cantons, dont chaque côté a 6 milles de long, formant ainsi une superficie de 36 milles carrés. Chaque mille carré (640 acres) représente une section et porte un numéro d'ordre. De ces 36 sections 2 sont destinées aux établissements scolaires; 2 autres appartiennent à la Compagnie de la baie d'Hudson, qui se les est réservées lors de la cession, au gouvernement fédéral, de ses possessions territoriales; les 32 autres attendent des colons.

Chaque section est divisée en 4 carrés de 160 acres, ou 64 hectares, et renferme 2 *homesteads* et 2 préemptions. Le homestead est le lot que reçoit le colon qui a formé une demande de concession. Cette concession est gratuite et il n'y a à payer qu'un droit de 10 piastres (50 fr.) pour entrer en possession. Le colon, qui a obtenu un homestead, a en outre un droit de préemption, de préférence à tout autre, sur les 160 acres qui touchent à son homestead, moyennant un prix de 10 à 15 fr. l'acre. Le concessionnaire d'un homestead est obligé d'en mettre en culture une partie déterminée; il est tenu en outre d'y résider six mois de l'année et d'y construire dans le délai de trois ans une maison habitable. Ces conditions remplies, il devient propriétaire incontesté et incontestable du sol, sans avoir eu à payer autre chose à l'origine qu'un droit de 50 francs.

Ces dispositions ne sont applicables qu'aux terres appartenant au Dominion, car la Compagnie du chemin de fer du Pacifique a obtenu la concession, de chaque côté de la voie, d'une zône de terrain ayant une profondeur de 24 milles, et elle ne délivre pas de concession à titre gratuit.

Lorsqu'il a été procédé à cet immense arpentage, on a pris pour base le 49e parallèle qui sert de frontière entre les États-Unis et le Canada, et le méridien le plus rapproché à l'ouest d'Emerson. Et si on jette les yeux sur une carte un peu détaillée du Manitoba et du Nord-Ouest, toute la région cultivable se trouve être découpée en une infinité de petits carrés reproduits sur la carte et transforment celle-ci en un véritable damier.

Dans chaque township, les limites des sections et de leurs subdivisions sont marquées par des poteaux; mais l'émigrant a parfois quelque peine à trouver sur le sol l'étendue de son homestead, ou de son carré de préemption. En effet, le premier concessionnaire dans un township recule parfois le poteau de délimitation un peu plus qu'il ne le devrait, en procédant au contre-arpentage de son terrain. Son voisin, qui ne veut pas avoir une étendue moindre de celle à laquelle il a droit, recule à son tour les poteaux en question, quand il ne les supprime pas. Il en résulte que, par suite des empiètements successifs qui se sont produits, ou des erreurs commises par les arpenteurs ou les intermédiaires vendeurs, les derniers acquéreurs ne se trouvent plus en présence que d'une bande de terrain d'une étendue dérisoire, et parfois, même, ne parviennent pas à découvrir sur le terrain le lot qui figure d'une façon très distincte sur le papier. Alors, ce ne sont que réclamations et procès sans fin. Dans certaines régions, les arpentages ont été faits si rapidement, que le contrôle n'a guère été possible. C'est ainsi, paraît-il, que, les petits lacs entrant en compte spécial pour l'arpentage, quelques arpenteurs, fort peu scrupuleux, en ont parsemé un peu partout dans l'étendue de leurs townships, à la grande surprise des émigrants, qui ne parvenaient pas à les découvrir. Mais ce sont là des déboires dont on ne se plaint pas trop en Amérique, car chacun prend vite l'habitude de se faire sa place.

Grâce aux encouragements prodigués aux colons par le gouvernement canadien, des milliers d'émigrants viennent chaque année s'établir au Manitoba et au Nord-Ouest. L'appoint principal est incontestablement fourni par la race anglo-saxonne, soit d'Europe, soit de la province d'Ontario. Viennent ensuite, mais à grande distance, les Canadiens-Français de la province de Québec et ceux qui, des États-Unis, rentrent dans leur patrie pour y reprendre la charrue, qu'ils avaient délaissée à tort. Quant aux Français de France, leur nombre est infime.

Mais, à côté des représentants des deux races rivales, on rencontre, depuis l'extension de la colonisation au Far-West, des colons de toutes nationalités : des Allemands (sans parler des Mennonites), des Islandais, des Hollandais, dont le groupe le plus important est près de Portage-la-Prairie, des Scandinaves, des Hongrois, dont la principale colonie a été établie par le comte Esterhazy, sur les bords de la rivière Qu'Appelle; des Italiens, près de Broadwiew, etc.

Que deviennent ces diverses populations, destinées fatalement à être absorbées, et de quel côté cherchent-elles un appui?

Lorsque la question de langue n'est pas en jeu, c'est la question de culte qui opère les rapprochements entre races. Ainsi les Hongrois et les Italiens, essentiellement catholiques font marcher leurs intérêts sous la bannière des Canadiens-Français vers lesquels ils se sentent attirés également par une sympathie instinctive. Mais les autres immigrants, presque exclusivement de religion protestante, font, généralement du moins, cause commune avec les Anglo-Saxons. Les Belges se rangent tout naturellement du côté français. Quant aux Irlandais, la question est complexe. Par leur langue ils sont portés à se fondre dans l'élément anglais; mais par leur religion et par haine de l'orangisme, ils se rapprochent parfois de l'élément français avec lequel ils marchent en bien des comtés. C'est une question d'influence et de milieu. Mettez un Irlandais dans un milieu français où il puisse apprendre notre langue et constater par lui-même que nous lui sommes sympathiques, il s'identifiera avec nous. Mettez-le au contraire dans un milieu anglais, vous le trouverez souvent contre nous, subissant, et très facilement, une influence hostile à notre race.

A l'époque où la Compagnie de la baie d'Hudson fit l'abandon au gouvernement canadien de ses droits suzerains, l'élément français, y compris les Métis, formait plus d'un tiers de la population totale du Manitoba. Douze ans après, en 1881, cette proportion n'atteignait pas un sixième, car on ne comptait que 9,949 Français sur un total de 65,954 habitants. Depuis le dernier recensement ce dernier chiffre a plus que doublé, mais l'élément français a plutôt perdu que gagné.

A quoi cela tient-il? Est-ce à l'affaiblissement de la natalité? Non certes, car la fécondité de la race canadienne ne s'est pas démentie un seul instant; mais tandis que les émigrants anglais arrivaient par milliers, les émigrants français n'arrivaient que par centaines. Aussi l'élément français se trouve-t-il dans une situation délicate et a-t-il besoin de toute son énergie pour maintenir ses droits. Lors de la formation de la province, le parti français fit entrer deux de ses membres dans le ministère provincial. Aujourd'hui il n'en possède plus qu'un (1), mais il a conservé un juge à la cour du Banc de la Reine à Winnipeg, un sénateur et un député fédéral.

Il est à craindre que cet état de choses ne dure tant que l'émigration sera aussi forte. Mais lorsque les meilleures terres seront occupées, que les colons devront faire plus de sacrifices pour fonder des établissements, il y aura un temps d'arrêt, puis l'accroissement de la population se fera surtout par la natalité et c'est alors que l'élément français regagnera peu à peu le terrain perdu. Et le jour où il aura pu conquérir la majorité au Manitoba, la situation géographique de cette province lui assurera une influence immense sur tout le Dominion.

Au Nord-Ouest, les mêmes phénomènes se sont produits d'une façon plus accentuée encore, à cause de la dissémination de la population française, de l'affluence des émigrants et de l'étendue du territoire colonisable. En 1880, sur une population de 56,446 habitants (dont 49,000 Sauvages) on comptait 2,896 Français, en majeure partie métis, 2,862

(1) Il n'en possède plus actuellement.

Anglo-Saxons et 1,206 habitants d'origines diverses. La race française, si elle ne formait pas la majorité absolue, tenait au moins la tête, si on laisse de côté les Sauvages. Depuis cette époque la population est descendue à 48,362 habitants, par ce fait que le recensement de 1885 ne mentionne plus que 20,170 Sauvages. Par contre, la population blanche ou métisse a plus que quadruplé, car elle s'est élevée, en cinq années, de 6,974 à 28,192 habitants. Mais c'est ici que se font sentir les effets de l'immigration anglaise : l'élément français ne compte que 4,907 représentants, tandis que l'élément anglais, qui ne venait qu'au second rang, passe d'un bond au premier avec 21,874 membres.

Ce qui se passe au Nord-Ouest est donc une répétition de ce qui a lieu au Manitoba; mais ici la lutte sera plus difficile encore, et la race française aura besoin de toute son énergie pour ne pas se laisser absorber. Son salut viendra de sa situation géographique. En effet, tandis que le gros de la colonisation anglaise se porte le long de la voie ferrée du Pacifique et au pied des Montagnes Rocheuses, l'élément français cantonné dans la partie septentrionale des Territoires, encore peu facilement accessible, se trouve momentanément à l'abri de l'invasion. Installé sur les meilleures terres et occupant les points stratégiques les plus importants de la vallée de la Saskatchewan-Nord, il a pour lui tous les avantages de la position. Il domine haut la main dans le sous-district d'Edmonton, possède la majorité dans celui de Battleford et lutte avec chances de succès dans ceux de Prince-Albert et de la rivière Carrotte. Que pendant quelques années encore les rives de la Saskatchewan soient délaissées par le flot des nouveaux arrivants et la race française aura transformé cette vallée en une forteresse nationale dont Edmonton sera l'imprenable donjon.

Nous partons de Winnipeg, par le train de l'Ouest, du matin. Partout, aux environs, le sol est cultivé et les propriétés entourées de clôtures. Ces clôtures, qui, dans d'autres provinces, étaient simplement formées avec des troncs d'arbres entre-croisés, sont formées ici avec des poteaux et des fils de fer. Cela tient à ce que le bois est rare et par conséquent assez cher et que ce genre de clôture résiste mieux aux feux de prairie; la flamme glisse si rapidement que les poteaux ne sont qu'un peu noircis.

Nous passons successivement à Portage-la-Prairie, qui est une petite ville, à Brandon, Virden, gros bourgs nés d'hier qui croissent rapidement et possèdent des succursales de banque et un journal. Au Lac-aux-Chênes (Oak Lake) nous prenons au passage un habitant de cette localité qui nous apprend que là se trouve un centre canadien-français comprenant 70 familles. Depuis peu de temps 10 familles sont venues de France s'adjoindre à ce groupe. Ces familles sont toutes originaires de la Haute-Loire et elles attendent un nouveau convoi de compatriotes. L'élément français est peu répandu de ce côté et, une fois sorti du Manitoba, nous ne rencontrerons plus sur notre route directe que des Canadiens-Français isolés.

Aux limites du Manitoba, les habitations se font rares et les stations sont de plus en plus éloignées. L'horizon s'étend à perte de vue et pas un arbre ne le coupe. Là où il n'y a point de culture, une herbe courte et sèche recouvre le sol. De temps à autre on traverse une *coulée*. C'est une dépression, à qui les Espagnols donnent le nom de *barranco*, et les Hispano-Américains celui de *quebrada*, qui cache ordinairement un cours d'eau abrité sous le feuillage. La végétation, qui y est assez abondante, cesse brusquemment au sortir de la coulée, et l'on attribue cette nudité de la plaine à l'action dévastatrice des feux de prairie, qui ne s'arrêtent qu'au bord des ravins ou des rivières.

C'est à l'automne que les feux de prairie courent comme le vent à travers les herbes sèches. Qu'il tombe une étincelle le long de la voie ou que le feu soit mis exprès ou par mégarde dans la prairie, l'incendie se communique de proche en proche et atteint des étendues considérables. Le jour, les feux sont déjà fort curieux à observer, mais la nuit le spectacle est grandiose, surtout quand le train marche entre deux rangées de flammes. Rien ne résiste à ces incendies et lorsqu'un obstacle naturel ne les arrête pas, le colon qui a des récoltes à préserver, doit prendre soin de retourner la terre tout autour sur une assez large étendue, afin d'enlever au feu son aliment et de briser son action. Lorsque le vent est violent et l'herbe haute, le feu gagne avec une rapidité incroyable. Les buffles, au temps où il y en avait encore au Canada, étaient souvent enveloppés par les flammes et la vitesse de leur course ne les préservait point toujours du trépas. Le chasseur qui se trouve alors dans la prairie, n'a qu'un moyen d'échapper à la tourmente : c'est de mettre lui-même le feu aux herbes, afin de faire le vide autour de lui.

C'est au moment où nous allions tirer le rideau du *sleeping* que le premier feu de prairie est signalé. Nous nous précipitons sur la passerelle du wagon pour admirer ce spectacle qui a pour nous tout l'attrait de la nouveauté. L'absence de vent ne propage que lentement l'incendie, mais la flamme dessine sur le sol de curieuses arabesques de feu et éclaire le ciel noir de lueurs fantastiques et sinistres tout à la fois.

C'est au beau milieu de la nuit que nous arrivons à Indian-Head (Tête d'Indien), station qui dessert la belle ferme modèle du major Bell. Bien que des chambres nous aient été réservées dans le modeste hôtel de ce petit trou, nous ne trouvons pas notre compte. L'hôtelier, assez embarrassé, nous explique que, par suite de la venue du gouverneur général, en tournée sur la ligne nouvelle du Pacifique, il a eu quelques rares visiteurs, et cela a suffi pour emplir ses appartements. On se case comme on peut ; le garçon, pour nous fournir les éléments d'une literie, pénètre dans les chambres déjà occupées et en rapporte, tantôt une couverture prise sur le lit d'un client, tantôt un oreiller que nous lui voyons enlever sans plus de façon de dessous l'oreille d'un dormeur qui n'a pas le temps d'ouvrir l'œil et de s'ébahir d'un tel procédé. Grâce à ce sans-gêne bien américain, qui semble tout naturel parce qu'il est essentiellement pratique, les moins bien partagés d'entre nous peuvent s'organiser un campement dans le salon. Nous ne quitterons pas cet hôtel sans une mention particulière sur la couleur de son eau de toilette. Cette eau, qui est d'un noirâtre effrayant, nettoie peut-être ceux qui sont sales, mais elle salit sûrement ceux qui sont propres.

Le lendemain matin, le major Bell vient nous prendre en voiture pour nous conduire à son habitation située à un mille de distance. Sa jeune femme nous fait un accueil empressé et nous invite à nous asseoir à une table fort bien garnie. D'excellents vins de France, comme nous n'en avions pas bu depuis longtemps, coulent à flots pressés dans nos verres, et le major nous raconte comment, par suite de la cherté des transports et des tarifs élevés de la douane, chaque bouteille de Sauterne lui revient à 4 piastres (20 francs).

Après déjeuner, nous visitons la ferme, dont la superficie n'est pas moindre de 60,000 acres (24,000 hectares). Ses limites, le long du chemin de fer du Pacifique, commencent à 6 milles à l'ouest d'Indian-Head, et, du côté opposé, vont jusqu'à 2 milles de la station de Qu'Appelle. L'acre a été payé 1 piastre et 1/2, sauf sur la bordure du chemin de fer, où la Compagnie en a réclamé 7 piastres. Cette étendue considérable de terres n'est pas entièrement exploitée. Chaque année, 7,000 acres environ sont mises en valeur. La culture dominante, pour ne pas dire unique, est celle du blé, qui donne, par acre, un rendement moyen de 25 à 30 minots (1), ce qui fait 22 à 23 hectolitres par hectare. L'abondance du rendement et le peu de frais de la culture expliquent facilement comment le Far-West a pu, malgré le prix des transports, inonder l'Europe de ses produits, et comment le Nord-Ouest canadien, avec son immense étendue de terres vierges, deviendra sous peu le grenier à blé de l'ancien monde.

La ferme nourrit 70 têtes de gros bétail, 150 chevaux et 300 porcs. Il n'y a pas de moutons. Les ouvriers agricoles, au nombre de 150 environ, avaient été réduits de moitié, ainsi que les cultures, au moment de l'insurrection des Métis. Chaque travailleur gagne 35 piastres par mois, logé, mais non nourri. Quand la nourriture lui est octroyée, son salaire descend à 25 piastres. Mais les prix changent selon les circonstances et l'année précédente le taux des salaires était plus élevé de 10 piastres. Chaque ouvrier a droit à une cabane et à une acre de terre.

Tout travail est fait à l'aide de machines à vapeur, à l'exception du labourage. Nous voyons fonctionner sous nos yeux 6 charrues à 3 chevaux; la veille, en l'honneur du gouverneur, il n'y en avait pas moins de 35. Le matériel est considérable et compte notamment 48 moissonneuses-lieuses et 50 semeuses à un cheval. Chacune de ces dernières ensemence 25 acres par jour. Très peu de machines sont de fabrique canadienne; presque toutes viennent des États-Unis dont le Canada est encore tributaire à ce point de vue. Une installation aussi complète que celle de la ferme Bell n'est pas sans être coûteuse; aussi le major nous dit-il que depuis trois ans, date de son installation, les dépenses faites sur sa propriété n'ont pas été moindres d'un 1/2 million de piastres. La maison d'habitation, d'un extérieur fort simple, est installée sans luxe, mais avec le confort nécessaire dans un pays n'of-

(1) Le minot (*bushel* anglais) équivaut à 36 litres environ.

frant point de ressources pour les facilités de la vie. Le téléphone relie la demeure du major Bell à la station et aux principaux points de son immense domaine.

Aux époques de grands travaux, comme au temps de la moisson, on engage à titre d'auxiliaires des Indiens du voisinage. Ce sont des Assiniboines (hommes de pierre) et parfois des Sioux. Ces derniers appartiennent à la grande tribu émigrée au Canada avec le Bœuf-Assis (Sitting-Bull), le Napoléon des Sioux, si souvent en lutte avec les Visages-Pâles. Après avoir détruit complètement la colonne du général américain Custer, envoyée pour le faire rentrer dans l'ordre, le grand chef sauvage comprenant qu'il ne pourrait résister aux forces nombreuses dirigées contre lui, prit le parti de quitter les Etats-Unis et vint avec sa tribu camper dans la vallée de la Qu'Appelle. Plus tard, il fit la paix avec le gouvernement de la Maison-Blanche et rentra sur les terres de la République à la bannière étoilée. Mais une fraction de la tribu est restée au Canada, vivant avec les Assiniboines, les moins sauvages de tous les Indiens.

Les Sauvages recrutés comme ouvriers travaillent assez bien, mais pas d'une manière suivie, 8 ou 10 jours ordinairement. Ils rentrent sous leur tente, puis reviennent un peu plus tard. On ne les emploie jamais qu'à des travaux peu compliqués, tels que le chargement des gerbes. Comme salaire on leur donne la somme, relativement élevée pour un Sauvage, d'une 1/2 piastre, plus la nourriture. Leurs femmes travaillent beaucoup mieux; mais cela tient à ce que la *squaw* est considérée par l'Indien comme une bête de somme et chargée, à l'instar de la femme arabe, des travaux les plus pénibles. L'homme se considère comme trop gentleman pour mettre souvent la main à la besogne. Un des Sioux, qui avait promis de venir travailler à la ferme, arriva un jour avec ses quatre femmes et s'assit tranquillement sur l'herbe pendant que ses compagnes ne se ménageaient point. Comme on lui rappelait sa promesse, il parut tout étonné et, montrant ses quatre femmes, dit qu'il voulait bien consentir à les laisser travailler, mais que lui avait bien compris qu'il n'aurait qu'à les regarder faire.

Avant de quitter le major Bell et Indian-Head, nous allons en voiture jusqu'au lac Qu'Appelle, situé à 10 milles environ au nord de la ferme. Le pays est plat jusqu'au lac; beaucoup plus long que large, qui semble enfoui au fond d'une grande coulée. A la partie orientale, où nous arrivons, il n'y a pour uniques habitants que des maringouins. Ces trop célèbres moustiques touchent, heureusement pour nous, au déclin de leur existence et sont devenus presque inoffensifs.

A une heure d'Indian-Head s'élève Regina, chef-lieu du district d'Assiniboia et capitale du territoire du Nord-Ouest. La nouvelle cité, qui ne date que de 1882, est une ville pour ainsi dire artificielle, car rien, ni au point de vue commercial, ni au point de vue politique ou stratégique, ne justifiait une création aussi peu pratique. Ce coin de terre présente un aspect absolument désolé. Il n'y a pas un seul arbre, et ceux qu'on avait transplantés pour orner la capitale ont refusé de vivre. L'eau fait généralement défaut, et l'on en est réduit à barrer un cours d'eau qui est à moitié sec ou marécageux, selon la saison. Enfin, quand le vent y souffle, et nous ne l'avons que trop bien senti, il le fait de façon à décorner les buffalos les mieux coiffés. C'est, en un mot, une triste résidence, qui paraît tout à fait dénuée d'avenir. Aussi ne peut-on expliquer sa fondation que par des considérations de spéculation de terrains.

La ville est tracée en damier, avec de larges chaussées, tout comme à Winnipeg; mais, sauf dans le voisinage de la gare, la plupart des rues ne possèdent que quelques maisons dispersées en tous sens. Cela vient de ce que les détenteurs de terrains voulant vendre ces derniers fort cher, on bâtit un peu partout et à grande distance. L'administration donne, du reste, l'exemple de cette incohérence de construction, car l'office gouvernemental est fort éloigné de la gare, dans un endroit tout à fait désert. C'est là que siège l'Assemblée législative du Nord-Ouest. Tout est anglais à Regina, fonctionnaires comme habitants, à l'exception du secrétaire du conseil, M. Forget.

Nous avons trouvé à Regina le plus aimable accueil chez M. Davin, directeur du journal local, *The Leader*, et ancien correspondant du *Standard* à l'armée du maréchal de Mac-Mahon. M. Davin (1) nous fait d'abord voir son imprimerie, une grande baraque en bois à un étage. Son journal, qui paraît une fois par semaine, est établi très modestement, car la clientèle est peu nombreuse et la main-d'œuvre fort chère : un ouvrier ne se paie pas moins de 16 piastres (80 francs)

(1) Depuis, député de Regina au Parlement fédéral.

par semaine. Un break nous attend, et M. Davin nous promène lui-même à travers les futurs quartiers de la ville, où nous ne voyons encore que de l'herbe. A 2 milles de la ville s'élève un bloc de constructions en bois : ce sont *les Baraques,* quartier général de la police montée et lieu de détention. Là est enfermé Riel avec Gros-Ours et quelques autres chefs insurgés. Nous espérions pouvoir visiter la prison et le grand chef métis ; mais, par une fâcheuse circonstance, tous les officiers et employés supérieurs sont allés à la rencontre du gouverneur général, et le sous-officier chef de service n'ose prendre sur lui de nous donner l'autorisation demandée. Nous avons du moins le plaisir de faire connaissance avec le P. André, aumônier de la prison, qui, avec une obligeance extrême, répond pendant toute la soirée à l'avalanche de questions que nous lui posons sur Riel et l'insurrection des Métis.

VIII

LOUIS RIEL ET L'INSURRECTION DES MÉTIS

Soulèvement des Métis de la Rivière Rouge. — Louis Riel. — Griefs des Métis du Nord-Ouest. — L'insurrection éclate. — Gabriel Dumont. — Premier engagement au Lac aux Canards. — Massacres commis par les Sauvages. — Difficulté des opérations. — Marche de Middleton sur Batoche. — Echec de la Rivière aux Poissons. — Prise de Batoche. — Riel prisonnier. — Opérations du colonel Otter et du général Strange. — Poursuite et capture de Gros-Ours. — Procès et condamnation de Riel. — Riel était-il fou? — L'échafaud de Regina.

Le nom de Louis Riel appartient aujourd'hui à l'histoire, mais l'époque de sa fin tragique est encore trop rapprochée pour que les passions politiques, soulevées autour de sa tombe, aient eu le temps de s'apaiser. Aussi court-on le risque, selon l'opinion émise, d'encourir l'approbation des uns et la désapprobation des autres. Cependant, on reconnaîtra, je pense, que l'opinion d'un non-Canadien pourra être, sinon absolument vraie — chose à laquelle on prétend ordinairement sans pouvoir y atteindre toujours — du moins entièrement dégagée de l'influence des partis. C'est avec cette espérance que j'écris ces lignes sur l'insurrection de 1885 au Nord-Ouest.

Ce soulèvement de la race métisse n'est pas le premier et il est intéressant de le rapprocher de celui de 1869-1870, car, dans tous deux, on trouve à peu près les mêmes griefs et la participation prédominante de Riel.

Lorsque le gouvernement fédéral, issu de l'acte d'union de 1867, voulut prendre possession des immenses territoires que venait de lui céder la Compagnie de la baie d'Hudson, il eut à lutter contre de graves difficultés. Le pays était à peine peuplé, mais dans la partie la plus accessible, et non la moins fertile, se trouvait établie depuis longtemps, sur les bords de la Rivière Rouge, une colonie métisse assez importante. Ces *sangs-mêlés*, ou *demi-sangs (half-breed)*, étaient environ 9,000, pour les trois quarts d'origine française. Leur possession territoriale était indiscutable en fait, mais, en droit, ils n'étaient point nantis d'un titre, ne pouvaient transmettre leurs terres d'une façon valable et souvent même ne parvenaient pas à faire respecter leur bien. Quand on eut reconnu, en effet, que le territoire nouvellement créé de Manitoba était extraordinairement fertile, les arpenteurs, envoyés pour l'établissement du cadastre, opérèrent sans façon et prétendirent disposer à leur gré des terres occupées par les Métis.

Ceux-ci réclamèrent des titres de propriété ou une indemnité équitable en cas d'expropriation. Mais, comme il n'était pas fait droit à leurs requêtes répétées, ils prirent les armes, établirent, à Fort-Garry, un gouvernement provisoire, qui arbora le drapeau blanc fleurdelysé, avec la harpe d'Irlande, et se donna bientôt pour chef un de ses membres, Louis Riel (1869). Et quand le premier gouverneur fédéral, W. Mac-Dougall, connu par son hostilité pour l'élément français, arriva par la voie de Chicago, la seule alors praticable, pour prendre possession de ses fonctions sur le territoire de la Rivière Rouge, le gouvernement provisoire le consigna à la frontière où il dut attendre tout l'hiver. Mac-Dougall prononça alors, de sa propre autorité, l'annexion du territoire au Dominion, mais le cabinet fédéral le désavoua.

Louis Riel était né en 1844 à Fort-Garry. Métis, comme ceux dont il prenait la défense, il possédait cependant peu de sang indien dans les veines. Fort intelligent, il fut remarqué par Mgr Taché, évêque de Saint-Boniface, qui l'envoya finir ses études au séminaire de Montréal. N'ayant point manifesté de dispositions pour la carrière ecclésiastique, il quitta le séminaire et revint au Manitoba au moment où l'agitation de ses concitoyens prenait une tournure plus inquiétante. Éloquent et énergique, il sut acquérir rapidement une influence considérable et se trouva tout désigné, au jour du soulèvement, pour prendre la direction du mouvement. Il publia alors une *Déclaration de droits* dans laquelle il revendiquait pour les Métis le droit absolu de propriété sur leurs terres.

Le cabinet fédéral entra alors en négociations avec Riel, reconnaissant ainsi implicitement l'existence de son gouvernement, et une députation fut envoyée à Ottawa pour discuter les termes de l'arrangement à intervenir. A ce moment, le parti anglais tenta de renverser Riel. Ambroise Lépine, lieutenant de ce dernier, dispersa les opposants après avoir fait quelques prisonniers. L'un d'eux, Thomas Scott, orangiste d'Ontario, ayant tenté à deux reprises de s'évader avec violence, fut traduit devant une cour martiale, condamné à mort le 3 mars 1870 et exécuté le lendemain, sans qu'on ait eu le temps d'intervenir efficacement pour empêcher cet acte d'excessive rigueur.

Cette exécution souleva de vives animosités. Les Anglais l'appelèrent un assassinat et vouèrent à Riel, qui avait osé toucher à un des leurs, une de ces haines implacables dont les effets se firent encore sentir quinze ans après.

Le gouvernement fédéral, pour apaiser les Métis, avait eu l'habileté de rappeler en toute hâte dans son diocèse, Mgr Taché, qui se trouvait à Rome. En même temps, l'hiver était mis à profit pour organiser une colonne expéditionnaire qui, sous les ordres du colonel, depuis général Wolseley, devait rétablir l'ordre matériel. Mais Mgr Taché, dont l'influence était considérable, parvint à tout concilier et, lorsque la colonne Wolseley entra à Fort-Garry, après une marche aussi longue que difficile depuis Port-Arthur, l'ordre était rétabli. Les Métis avaient obtenu d'importantes satisfactions et étaient en droit de réclamer une concession de 240 acres par tête. La province de Manitoba était créée avec un parlement responsable et l'usage du français se trouvait légalement consacré. Mais Riel était exilé pour cinq ans — en février 1875 — et l'amnistie octroyée, le 25 avril de la même année, ne s'appliquait pas aux chefs du mouvement.

La tentative, bien qu'avortée, de Riel n'avait pas affaibli le prestige de celui-ci. Élu député du Manitoba, il avait eu la hardiesse de se rendre à Ottawa, en 1874, pour prendre possession de son siège; mais, averti par ses amis qu'il ne s'y trouvait pas en sûreté, car le gouvernement d'Ontario avait promis 5,000 piastres pour sa capture, il consentit à s'éloigner en toute hâte et se retira momentanément aux États-Unis. Il se trouvait au Montana, en 1884, maître d'école dans une mission tenue par les jésuites, lorsque les Métis du Nord-Ouest vinrent le chercher pour soutenir leurs griefs.

Les causes de mécontentement des Métis du Nord-Ouest étaient presque identiques à celles de leurs concitoyens du Manitoba, en 1869. Dans une assemblée tenue par eux à Saint-Laurent (septembre 1884), ils formulèrent une *Déclaration de droits* qui fut votée à l'unanimité et transmise au gouvernement fédéral (1).

Pendant tout l'hiver l'agitation se poursuivit sans sortir de la forme constitutionnelle et légale. Elle s'étendait non seulement chez les Métis de race française placés au nombre de 2,000 environ sur les deux rives de la Saskatchewan, entre Battleford et Batoche, mais aussi chez les Métis de race anglaise et écossaise groupés aux environs de Prince-Albert. Ces derniers ne furent pas les moins ardents à encourager Riel, à le lancer en avant, pour l'abandonner avec empressement au jour du danger. Sans ce concours, sur lequel Riel croyait pouvoir compter, celui-ci n'eût peut-être pas poussé les choses à bout. D'un autre côté, le gouvernement aurait pu se débarrasser de l'agitateur à prix d'argent, car Riel se serait éloigné moyennant le versement d'une somme de 35,000 piastres. Mais le cabinet fédéral, après avoir hésité, refusa de suivre cette négociation.

A force d'attendre le redressement de leurs griefs, les esprits s'aigrissaient. Il y a loin, il est vrai, des bords de la Saskatchewan à la capitale du Dominion, mais la construction du chemin de fer du Pacifique, achevée depuis quelque temps jusqu'aux Montagnes Rocheuses, rendait les communications incontestablement plus rapides, et, malgré les lenteurs inhérentes à l'administration dans tous les pays du globe, les Métis avaient peine à comprendre comment leurs réclamations sommeillaient toujours à Ottawa (quelques-unes remontaient, en effet, à plusieurs années), et se considéraient, non sans quelque raison, comme

(1) Cette réclamation, qui récapitulait tous les anciens griefs, portait sur les sept points suivants : 1° Subdivision en provinces des territoires du Nord-Ouest. — 2° Octroi aux Métis de la Saskatchewan des mêmes avantages territoriaux concédés aux Métis du Manitoba. — 3° Délivrance de titres de propriété aux colons en état de possession. — 4° Vente de 500,000 acres de terre du gouvernement pour en appliquer le produit à l'établissement d'écoles, hôpitaux et autres institutions de même genre pour les Métis, et à l'octroi de semences et machines agricoles aux Métis pauvres. — 5° Réserve de 100 cantons de terres à distribuer dans l'avenir aux enfants des Métis. — 6° Subvention d'au moins 1,000 piastres pour l'entretien d'une école dirigée par des religieuses dans chaque établissement métis. — 7° Amélioration du sort des Sauvages.

Gabriel Dumont

abandonnés à eux-mêmes, victimes de dénis de justice répétés et ne comptant plus aux yeux du gouvernement. De là à un soulèvement il n'y avait qu'un pas, et ce pas fut vite franchi. La patience des Métis était à bout, leur confiance en Riel était immense, et celui-ci, qui passait presque pour prophète, résolut d'user de son ascendant pour lever l'étendard de la révolte, non avec la folle pensée de lutter contre tout le Canada, mais avec l'espoir d'obtenir par la crainte qu'il soit fait droit à toutes ses demandes.

Cette détermination était certes condamnable au premier chef, mais le gouvernement fédéral, de son côté, n'avait rien fait pour la prévenir. Et quand il se décida à accorder les premières satisfactions, il était déjà trop tard. Le 30 mars, une commission de trois membres était nommée pour s'enquérir, à bref délai, des réclamations des Métis. Mais déjà la poudre avait parlé, et la commission ne parvint sur les lieux qu'après la pacification.

La nouvelle de l'arrivée de la police montée, seule force publique chargée du maintien de l'ordre au Nord-Ouest, dans les paroisses habitées par les Métis, précipita le mouvement. Averti du fait et craignant pour sa sécurité, Riel convoqua en toute hâte ses partisans à Batoche, petit village situé sur la rive droite de la Saskatchewan du sud, et les détermina à la résistance. Pour les armer et les nourrir, il réquisitionna les armes, munitions et vivres qui se trouvaient dans les magasins des négociants, tout en demandant un état des livraisons qu'il entendait payer. En même temps, il laissait profaner l'église et persécuter les missionnaires, tout en affectant les dehors d'une grande piété. Faisant ensuite emprisonner quelques ôtages anglais, il constitua un gouvernement provisoire, sous la forme d'un conseil de douze membres, dont il fut le chef incontesté et absolu (18 mars 1885). Il prit le titre d'*exovide* et donna à son conseil celui d'*exovidat*.

Parmi ces membres on remarquait notamment Gabriel Dumont, Maxime Lépine, Philippe Garnot, Jackson. Ces deux derniers furent les seuls blancs associés par Riel à ses entreprises. Jackson, ex-apothicaire à Wingham, converti de la veille au catholicisme, devint secrétaire de Riel. Traduit en jugement, par la suite, il fut acquitté comme fou et enfermé comme tel dans une maison d'aliénés d'où il parvint à s'échapper. Max. Lépine, ancien député provincial au Manitoba, était frère d'Ambroise Lépine, lieutenant de Riel en 1870. Garnot, esprit aventureux, remplit les fonctions de secrétaire du conseil.

Quant à Gabriel Dumont, le chef militaire de l'insurrection, il mérite une mention spéciale. Chasseur de buffles à l'époque où ces animaux existaient encore, il passait dans toute la Prairie pour un intrépide trappeur doublé d'un tireur hors ligne. Il n'avait pas son pareil pour choisir son terrain de combat et dresser une embuscade, joignant la supériorité des blancs à l'instinct de la race indienne. Un jour il se rendit avec quelques chasseurs blancs et métis dans un camp de Pieds-Noirs. Les Sauvages exécutaient la *Danse du Poteau*, cérémonie dans laquelle les plus braves guerriers racontaient leurs exploits. Dumont entre hardiment dans la danse, s'approche du poteau et y plantant son couteau, s'écrie avec une téméraire audace : « J'ai tué dix Pieds-Noirs. » Ses compagnons, stupéfaits de cette bravade, se regardent déjà comme des hommes morts. Mais les grands sachems se lèvent et expriment à Gabriel Dumont leur admiration. « Tu es un brave, lui disent-ils. Nous avons entendu parler de ta valeur ; elle n'est pas surfaite. Tu resteras avec nous ; nous ferons festin avec toi et tes compagnons ». Avec un chef de cette trempe et des tireurs habiles comme les Métis, la lutte devait être chaude.

Tant que le sang n'avait pas coulé on pouvait espérer une transaction, comme en 1870. Mais cet espoir fut vite déçu. Le major Crozier, de la police montée, ayant appris la présence d'une bande de Métis près du Lac aux Canards, s'y rendit avec 100 de ses hommes et 40 volontaires (26 mars). Il y rencontra 26 Métis à cheval commandés par Gabriel Dumont et les somma de mettre bas les armes. Ceux-ci refusèrent. Un Sauvage ayant voulu saisir l'arme d'un homme de la police fut jeté à terre et atteint d'un coup de feu. Presque en même temps un Métis était tué. Les compagnons de Dumont firent alors une décharge sur la troupe du major Crozier, lui tuèrent 14 hommes et en blessèrent 9. La fusillade continua quelque temps ; mais le major, craignant de ne pouvoir déloger, sans de grandes pertes, les Métis postés au haut d'une colline, battit en retraite en abandonnant ses morts, après n'avoir infligé que des pertes légères à ses adversaires (4 tués et quelques blessés). Il fut rejoint par le colonel Irvine à Fort Carlton ; mais les deux officiers, craignant de ne pouvoir résister dans cette position mal fortifiée, l'évacuèrent et se retirèrent à Prince-Albert, d'où ils ne bougèrent plus de toute la campagne.

La nouvelle du soulèvement des Métis fut annoncée au Parlement d'Ottawa le 23 mars et fit l'effet d'un violent coup de tonnerre dans un ciel sans nuages. Les esprits troublés voyaient déjà une révolte générale des Peaux-Rouges. Rien n'était préparé pour la répression d'une insurrection que Riel, avec un coup d'œil remarquable, faisait éclater à cette époque de l'année où la fonte des neiges, qui dure généralement deux à trois semaines, rend les mouvements de troupes presque impossibles.

Le Canada n'ayant pas d'armée permanente, mais seulement des milices, il fallut mobiliser en toute hâte quelques bataillons. En y comprenant les armes spéciales, 5,000 hommes furent convoqués et transportés en moins d'un mois sur le théâtre des opérations.

Le général Middleton, désigné par le ministre de la milice, sir Adolphe Caron, pour diriger les opérations actives, se met en route dès le 24 pour Winnipeg, où il arrive le 27. Prenant avec lui le 90e bataillon (carabiniers de Winnipeg), qui avait été appelé sous les armes depuis quelques jours seulement, il se transporte aussitôt à Fort Qu'Appelle où il établit son quartier général, en attendant la concentration des troupes mobilisées. De ce point, il surveillait l'insurrection et, par sa présence, maintenait dans l'ordre les Sauvages, assez nombreux, qui avaient leurs réserves dans ces parages.

Le succès des Métis au Lac aux Canards avait été le signal d'un soulèvement des tribus indiennes de la Saskatchewan, travaillées depuis longtemps par Riel et ses émissaires. Riel n'ignorait pas qu'en appelant les Sauvages à la révolte, il donnait libre cours à tous leurs instincts féroces et sanguinaires ; mais il comptait sur son ascendant pour les maîtriser. Il n'en fut malheureusement rien, et, dès le début, se produisirent d'affreux massacres, qui enlevèrent à la cause des Métis les sympathies qu'elle pouvait avoir dans l'opinion.

Apprenant la nouvelle du premier engagement, le détachement de police à cheval qui se trouvait à la colonie du Lac aux Grenouilles se retira au fort Pitt, à 30 milles au sud, sur la demande même des blancs. Ceux-ci se croyaient plus en sûreté de cette façon, mais la tribu de Gros-Ours, dont la réserve était voisine, se chargea de les désabuser cruellement. Le 31 mars, les Sauvages pillaient les magasins, massacraient de sang-froid plusieurs colons, ainsi que deux missionnaires, les PP. oblats Fafard et Marchand, et emmenaient prisonniers ceux qui survivaient au massacre.

Gros-Ours marcha ensuite sur le fort Pitt, dont la garnison (22 hommes de la police montée), commandée par le capitaine A.-J. Dickens, fils du célèbre romancier, repoussa tout d'abord une première attaque. Mais le fort, hors d'état de résister à de nouveaux assauts, fut évacué à la nuit et la garnison descendit la Saskatchewan, alors en pleine débâcle, dans un bac qui faisait eau de toutes parts, et, après cinq jours d'une navigation des plus pénibles, arrivait à Battleford (22 avril).

De ce côté, les tribus des Cris et des Stonis qui avaient reçu de Riel du tabac — invitation et signal de se soulever, — venaient d'entrer dans le sentier de la guerre, sous le commandement de Poundmaker, secondé par Mosquito et Faisan Rouge. Le 30 mars, Battleford était envahi et pillé. Les colons et la garnison s'étaient mis à l'abri dans l'enceinte du fort situé au confluent de la Saskatchewan et de la rivière Bataille. La position était presque inexpugnable, aussi les Cris se contentèrent-ils d'établir un blocus qui dura jusqu'à l'arrivée des secours.

En quelques jours le soulèvement des Métis et des Sauvages s'étendait des environs d'Edmonton à Prince-Albert, sur les deux rives de la Saskatchewan. Peu s'en fallut que le théâtre des opérations ne prît des proportions beaucoup plus vastes. L'influence toute-puissante du P. Lacombe, les distributions de cadeaux et enfin l'arrivée des troupes maintinrent dans la soumission les Peaux-Rouges des environs de Qu'Appelle et de Calgary, et notamment la turbulente tribu des Pieds-Noirs, la plus puissante de toutes, au Canada.

Le terrain sur lequel allaient opérer les troupes fédérales était des plus défavorables. La neige ne fondait que lentement. La pluie, qui allait tomber fréquemment, formait une série de marécages. Le soir, la température descendait parfois au-dessous de glace et contribuait encore à aggraver les difficultés de la situation. Le pays qu'il fallait traverser étant à peine peuplé, les troupes en marche devaient traîner à leur suite tout ce qui était nécessaire à leur subsistance. Sans les centaines de charriots et d'attelages fournis principalement par la Compagnie de la baie d'Hudson et la ferme du major Bell, les opérations eussent été considérablement retardées. La concentration des troupes était aussi fort difficile, car le chemin de fer du Pacifique n'étant pas encore achevé au nord du lac Supérieur, les troupes venant de l'est étaient obligées de fournir plusieurs étapes dans des terrains détrempés, avant de retrouver la voie ferrée à Port-Arthur.

Malgré toutes ces difficultés les opérations commencèrent sans trop de retards. Le plan du général Middleton consistait à former trois colonnes expéditionnaires, ayant toutes pour base d'opérations le chemin de fer du Pacifique.

La 1re colonne, dont le général se réservait le commandement, était la plus importante et devait avoir pour objectif Batoche, centre de la rébellion. La 2e, commandée par le colonel Otter, avait pour but de dégager Battleford. La 3e, dirigée par le général Strange, devait protéger Edmonton et opérer sur la haute Saskatchewan du nord. Les trois colonnes ne se composaient guère que de jeunes miliciens, braves mais inexpérimentés et nullement préparés aux fatigues d'une rude campagne. Elles allaient avoir fort à faire en face des Métis, tireurs émérites, quoique médiocrement armés et sans artillerie, soldats infatigables et connaissant admirablement le terrain où ils opéraient. Ces avantages permirent à ces derniers de lutter, même avec succès, contre des forces supérieures en nombre et en armement.

De la station de Qu'Appelle à Batoche la colonne du général Middleton avait à parcourir 230 milles. C'est à Fort Qu'Appelle que se fait la concentration dans les premiers jours d'avril. Le 6, l'avant-garde se met en marche. Le 13, Humboldt, où se trouvent des magasins militaires, est occupé sans coup férir. De ce point, le général Middleton, voulant utiliser, autant que possible, le cours de la Saskatchewan, se dirige sur la Traverse de Clarke (Clarke's Crossing), où il parvient le 17, sans avoir, à son grand étonnement, rencontré l'ennemi, ni ses *scouts* (éclaireurs), qui auraient pu facilement le harceler et lui enlever ses convois, lesquels, imprudence grave, ne sont pas escortés.

Les Métis occupant les deux rives de la Saskatchewan, le général Middleton, au lieu de se contenter de garder le gué, résolut de diviser ses forces et de s'avancer en même temps sur les deux rives. Ce plan était fort téméraire, étant données l'absence de pont et la difficulté des communications (un chaland était le seul moyen de transport entre les deux colonnes). Si l'ennemi avait été entreprenant et avait eu les plus élémentaires notions de tactique militaire, il aurait pu, par l'agilité de ses mouvements, écraser l'une après l'autre les deux troupes alourdies par la masse de leurs transports. Il n'en fut rien. Les Métis ne bougèrent pas, paralysés qu'ils étaient par l'attitude indécise ou contradictoire de Riel, dont la conduite, pendant la durée de l'insurrection, fut un mystère. Aussi le général Middleton, après un premier avertissement, put-il atteindre son but.

Le 23 avril, le camp de la Traverse de Clarke est levé, et l'on se remet en marche : l'aile gauche, forte de près de 400 hommes et 2 canons, sous les ordres du lieutenant-colonel Montizambert avec lord Melgund comme chef d'état-major ; l'aile droite, forte de 500 hommes et 2 canons, sous les ordres directs de Middleton. Le 24, en approchant du ravin de la Rivière aux Poissons (Fish Creek), à 10 milles de Batoche, l'avant-garde est assaillie par des coups de feu, dans un terrain fort accidenté, et forcée de reculer. L'action s'engage aussitôt. Les Métis sont repoussés jusqu'au ravin, mais toutes les tentatives faites pour les en déloger restent infructueuses. Ils avaient creusé des tranchées et se tenaient blottis dans des *rifle pits*, trous profonds où ils se cachaient pour tirer, n'offrant de prise à l'ennemi que sur une surface très réduite. Employant leurs ruses de guerre, ils mettaient en évidence un chapeau au bout d'un bâton ou une couverture derrière un buisson, et, pendant que les soldats, encore novices sous ce rapport, criblaient de balles ces objets qui figuraient l'ennemi, celui-ci profitait de la circonstance pour tirer à coup sûr.

Middleton désespérant, malgré le tir de son artillerie, d'enlever les positions ennemies, d'où part une violente fusillade, cesse le feu et établit son camp à quelque distance en arrière du champ de bataille, après avoir perdu 10 tués et 40 blessés, soit 1/10e de son effectif. Les Métis, que commandait en personne Gabriel Dumont, n'étaient, d'après les papiers trouvés plus tard à Batoche, que 280. Leurs pertes furent de 11 tués et 18 blessés.

C'était un échec pour les troupes, et il en aurait été sans doute autrement si Middleton n'eût pas divisé ses forces. Pendant toute la durée du combat, la colonne de la rive gauche dut assister l'arme au bras au combat, le chaland qui lui eût permis de passer la rivière étant resté en arrière. Quand celui-ci arriva enfin, le transbordement commença, mais l'action touchait à sa fin et la colonne arriva trop tard pour changer la situation.

Le 25, la journée se passe tranquillement, après une nuit d'angoisses pendant laquelle on avait redouté une attaque furieuse et l'enlèvement des convois. Le 26, on est tout étonné d'apprendre que G. Dumont a abandonné ses retranchements. Cette retraite après une victoire est restée inexplicable et on ne saurait l'attribuer qu'à la conduite mystique de Riel, absorbé par les révélations qu'il prétend recevoir.

Middleton, après avoir évacué ses blessés, complété ses approvisionnements, reçu quelques renforts et une mitrailleuse Gatling, que le steamer *Northcote* lui amène de Swift-Current, lève le camp le 7 mai, prend le 8 le contact de l'ennemi et commence, le 9 au matin, l'attaque de Batoche, où Riel a établi son quartier général et son centre de résistance. Les positions avancées des Métis, qui couvrent Batoche sont enlevées tout d'abord, et Middleton parvient à s'avancer jusqu'à l'église catholique qu'il occupe. Pendant qu'il exécute ce mouvement, une bande de Peaux-Rouges débouchant subitement d'un fourré, se précipite sur l'artillerie qu'elle aurait réussi à enlever si cette dernière, qui est restée attelée, n'avait pu battre en retraite immédiatement. Le feu de la mitrailleuse Gatling arrête les assaillants et les rejette dans le fourré.

A peine remis de cette alerte, Middleton aborde la ceinture de bois qui couvre Batoche et forme la clef de la position. Mais tous ses efforts viennent échouer contre la tenace résistance des Métis qui, protégés par des tranchées et une série de *rifle pits*, dirigent contre les troupes canadiennes un feu aussi nourri que redoutable. Aussi les colonnes d'attaque hésitent-elles à se lancer à fond. Le *Northcote*, armé en guerre, seconde depuis le matin l'attaque des troupes; mais, assailli par un feu des plus violents des berges élevées qui dominent la Saskatchewan, il subit des pertes graves, se trouve presque désemparé et dépasse le théâtre des opérations. La nuit approche lorsque le feu mis aux hautes herbes et l'offensive reprise par les Métis forcent Middleton à abandonner l'église et à se replier un peu en arrière.

La situation est grave. Si Middleton recule, il est perdu, car sa retraite se changera inévitablement en déroute. Redoutant cette éventualité, le général en chef fait camper ses soldats sur le terrain, décidé à continuer l'attaque le lendemain.

Le 10, la matinée est passée à se fortifier, puis la lutte recommence. Le 10e grenadiers (Toronto) et le 90e carabiniers (Winnipeg) renouvellent leurs attaques de la veille, mais la journée s'achève sans qu'un pouce de terrain ait été conquis.

Le 11, nouvelle fusillade. Middleton esquisse un mouvement tournant, mais les Métis l'attendent et il se heurte à une série de retranchements qu'il n'ose aborder.

Le 12, le général en chef, décidé à en finir à tout prix, tente un suprême effort. Une attaque heureuse lui livre le cimetière fortifié et un mouvement tournant prononcé fait tomber la résistance des Métis. Le feu de ceux-ci se ralentit, leurs munitions se font rares et, se voyant débordés, ils battent en retraite de toutes parts, abandonnant les ôtages retenus depuis près de deux mois, et laissant aux vainqueurs leur drapeau blanc orné de l'image de la Sainte-Vierge.

Le triomphe des troupes canadiennes est complet, mais il n'a pas fallu moins de quatre jours de combat pour enlever des positions admirablement choisies et défendues avec un rare courage. Riel n'eut jamais sous la main que 600 hommes environ, parmi lesquels 200 Peaux-Rouges, et c'est avec ces faibles forces qu'il tint en échec les troupes fédérales. Quelle eût été sa résistance si Gros-Ours et Poundmaker avaient opéré leur jonction avec lui! Middleton avait eu à Batoche une soixantaine d'hommes hors de combat. Les pertes de Riel, quoique mal connues, furent bien plus considérables.

La prise de Batoche ne termine pas la guerre, mais le cœur de la résistance est brisé. Riel a disparu, mais on le sait caché dans le pays. Recherché de tous côtés, il est découvert par trois éclaireurs auxquels il se livre de lui-même (15 mai). Quant à Gabriel Dumont, qui s'est battu comme un lion, il gagne la frontière des États-Unis et se réfugie au Montana. Riel aurait pu suivre son exemple. Mais il a expliqué lui-même qu'il n'avait pas pris la fuite, parce qu'il avait foi dans la justice de sa cause.

Suivons maintenant les opérations des colonnes Otter et Strange, qui n'eurent pas la même importance que celle de Middleton.

Le colonel Otter, dont le but est de dégager Battleford, quitte

Swift-Current, sa base d'opérations, le 13 avril et arrive le lendemain à Saskatchewan-Landing. Il ne lui faut pas moins de trois jours pour transporter à bac, de l'autre côté de la Saskatchewan, ses 500 hommes, son artillerie (2 canons et 1 mitrailleuse Gatling) et ses nombreux convois. Le pays qu'il faut traverser est dénué de toute ressource et les soldats sont obligés d'emporter du bois pour se chauffer. La température est glaciale et le terrain défoncé. Le 18, la colonne reprend sa marche et arrive le 25 devant Battleford, ayant parcouru 202 milles sans avoir rencontré l'ennemi. Le fort, où 560 personnes se trouvaient entassées et à court de vivres, se trouve débloqué.

Les Sauvages rôdant toujours aux environs, le colonel Otter se dispose à les atteindre. Le 1er mai, il quitte Battleford avec plus de 300 hommes, 2 canons et une mitrailleuse, remontant la rivière Bataille. Le 2, un vif combat s'engage contre la bande de Poundmaker, à la Montagne du Coup de Couteau. Cachés dans les *rifle pits*, les bois et les coulées — car le terrain est très mouvementé — les Sauvages résistent à plusieurs attaques et, dans un retour offensif, sont sur le point de s'emparer de l'artillerie. Celle-ci est démontée par son propre tir, et le colonel Otter, désespérant alors d'enlever les positions ennemies, bat en retraite sur Battleford, sans être poursuivi par les Peaux-Rouges. La petite troupe a eu 8 tués et 16 blessés. Les pertes de l'ennemi sont presque égales, comme le nombre de ses combattants. Des deux côtés on se dit victorieux.

La nouvelle de la défaite de Riel change bientôt la face des choses. Poundmaker, conseillé par le P. Cochin, missionnaire qu'il retient prisonnier, fait sa soumission pour éviter de grands malheurs à sa tribu et se livre, le 26 mai, au général Middleton arrivé depuis deux jours à Battleford, après avoir visité Prince-Albert.

La 3e colonne, commandée par le général Strange, avait pour objectif de dégager Edmonton et Fort Pitt, dont la chute fut longtemps ignorée, et de réduire Gros-Ours. Laissant à Calgary et Mac-Leod, le 9e voltigeurs (Québec), pour surveiller les Pieds-Noirs et les Sarcis, le général Strange prend avec lui le 65e bataillon de carabiniers (Montréal) et le 92e (Winnipeg), plus un détachement de police montée et de *cowboys* (bouviers à cheval) formés en éclaireurs. Le 19 avril, l'avant-garde quitte Calgary et arrive, 6 jours après, à la traverse de la rivière de l'Orignal-Rouge (Red-Deer). Le 2 mai, elle fait son entrée, sans coup férir, à Edmonton, où 730 hommes se trouvent réunis quelques jours après. Le général Strange fait alors construire des radeaux pour descendre la Saskatchewan du nord, s'embarque le 14 et arrive à Victoria le 18. Il en repart le 20, le 65e descendant en bateau et le 92e suivant la route de terre pour gagner Fort Pitt, où la jonction s'opère le 25. C'est alors, seulement, que le général Strange apprend de quel côté se trouve la bande de Gros-Ours, évaluée à 600 guerriers. Marchant aussitôt à sa rencontre, avec 450 hommes, il la trouve retranchée à la Butte-aux-Français, à 15 milles de Fort-Pitt et à 3 milles de la rive nord de la Saskatchewan. Le combat s'engage le 28. Les tirailleurs et l'artillerie (1 canon) font taire le feu de l'ennemi, mais le général Strange, n'ayant pas toutes ses troupes sous la main, hésite à se lancer à l'assaut des retranchement. Un mouvement de flanc des Sauvages le décide, au contraire, à la retraite. Gros-Ours ne l'inquiète pas du reste, et, s'attendant à une nouvelle attaque, se retire vers le nord. L'engagement de la Butte-aux-Français avait été peu sanglant : du côté du général Strange, 4 blessés ; chez les Sauvages, 5 tués et 5 blessés.

A la nouvelle de cet insuccès, Middleton accourt à Battleford avec 500 hommes, opère sa jonction, le 2 juin, avec le général Strange et se met à la poursuite de Gros-Ours, le seul chef qui tienne encore la campagne. Mais celui-ci a une forte avance. Arrivé jusqu'à la rivière Castor, par des sentiers impraticables, Middleton renonce à lutter de vitesse et revient à Fort Pitt le 11 juin. Une nouvelle poursuite ne donne pas de meilleurs résultats. Mais la bande du chef sauvage, considérablement réduite, n'est plus à craindre, et les captifs du Lac aux Grenouilles ont été délivrés. Aussi le général Middleton, considérant la campagne comme terminée, ordonne-t-il le rapatriement des troupes, laissant le pays sous la garde de la police montée qui s'empare, le 3 juillet, de Gros-Ours et de ses derniers compagnons.

L'insurrection est vaincue. Ses chefs et les auteurs du massacre du Lac aux Grenouilles vont avoir à répondre de leurs actes devant la justice, pendant que la commission, chargée si tardivement de recueillir les plaintes des Métis, procédera enfin à une enquête et à la délivrance de titres de propriété. Que de malheurs on eût évité en agissant en temps opportun ! Des centaines d'existences eussent été

CARTE DU NORD-OUEST CANADIEN

Théâtre de l'insurrection des Métis et des Sauvages — Réserves Indiennes

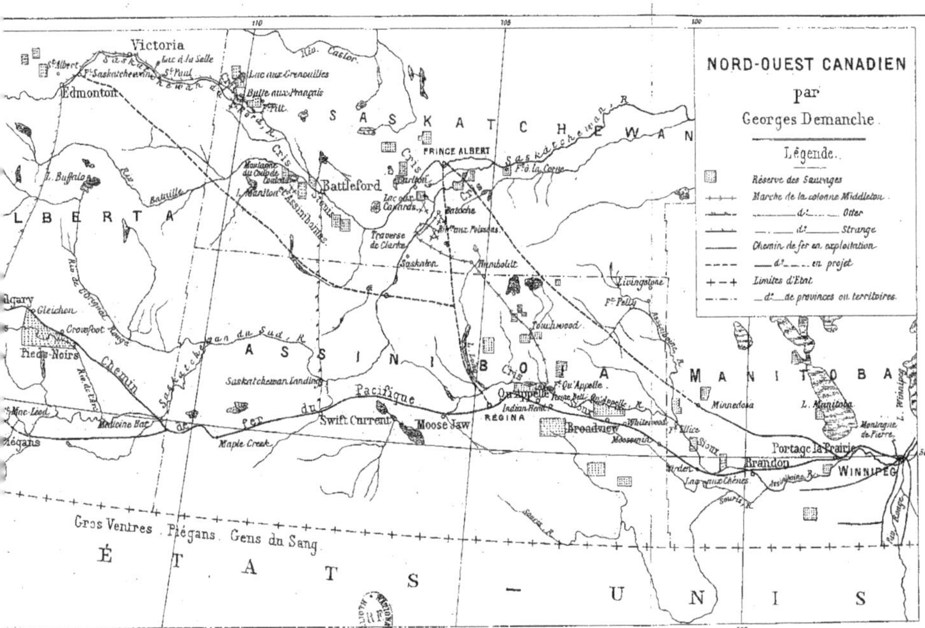

épargnées et le Trésor canadien n'aurait pas eu à débourser 10 millions de piastres (50 millions de francs) pour payer les frais de la guerre.

Le procès de Riel s'ouvrit le 20 juillet à Regina. Le tribunal était composé du magistrat stipendiaire Richardson et de six jurés, conformément à la législation des Territoires du Nord-Ouest. Riel était assisté de MM. F.-X. Lemieux et Fitzpatrick, avocats de Québec, et une souscription avait été ouverte pour couvrir les frais de sa défense.

Les avocats de Riel commencèrent par contester la compétence de la juridiction, puis plaidèrent la folie de leur client, malgré l'opposition de celui-ci qui protesta vivement contre ce système et se défendit avec une énergie et une éloquence rares, faisant valoir surtout la justice de la cause qu'il soutenait et les droits méconnus des Métis. Les témoignages entendus ne furent pas d'accord sur la responsabilité de Riel, les uns le considérant comme parfaitement sain d'esprit, les autres comme irresponsable. Le 4 août, le jury rapportait un verdict de culpabilité, mais *avec recommandation à la clémence de la cour*. Malgré cela, le juge Richardson tint ce langage à l'accusé : « Je ne puis pas entretenir d'espoir pour vous et je vous conseille de faire la paix avec Dieu. Pour moi, un seul devoir pénible me reste à accomplir : c'est de prononcer la sentence contre vous. Si on vous épargne la vie, personne n'en sera plus satisfait que moi, mais je ne puis entretenir aucun espoir de ce genre. La sentence est que vous, Louis Riel, serez conduit au corps de garde de la police à cheval de Regina, d'où vous venez, et gardé là jusqu'au 18 de septembre prochain, et de là au lieu de l'exécution, où vous serez pendu par le cou jusqu'à ce que la mort s'ensuive. Que Dieu ait pitié de votre âme ! »

Portée en appel devant la cour du Banc de la Reine à Winnipeg, la décision des premiers juges fut confirmée purement et simplement. C'est alors qu'un recours suprême fut adressé au Conseil privé à Londres, pendant qu'un sursis était accordé à Riel jusqu'au 16 octobre d'abord, et ensuite jusqu'au 10 novembre.

Nous étions à Regina au moment même où le sursis d'exécution venait d'être notifié à Riel. Celui-ci, qui depuis plus de quatre mois, était en prison, avait déjà beaucoup changé. Ses forces l'abandonnaient par moments, et lui, qui avait toujours été impassible, versait parfois d'abondantes larmes. Sa raison, déjà fort atteinte, s'égarait complètement lorsqu'il s'agissait de questions religieuses ou politiques.

On a beaucoup discuté la question de savoir si Riel était ou non fou, et ses ennemis ont prétendu qu'il avait tout bonnement simulé la folie, avant et après son procès, en vue d'échapper à la peine capitale. Il sera, je pense, assez facile d'éclaircir ce point d'histoire en examinant la conduite de Riel pendant l'insurrection de 1885.

Et d'abord il faut dire que Riel, avant d'habiter le Montana, sa dernière résidence, avait été interné par trois fois dans les asiles d'aliénés de Washington, de Longue-Pointe (près Montréal), et de Beauport (près Québec), où il était resté dix-huit mois. Ceci est significatif.

Après la prise d'armes de Batoche et pendant toute la durée de la campagne, Riel non seulement n'organisa rien, mais entrava tous les efforts des Métis, les empêchant d'étendre leurs opérations avant l'arrivée de Middleton, de harceler ce dernier et de profiter de leur succès de la Rivière aux Poissons. Tout entier à ses rêveries, à ses prophéties, il se disait en communication avec un grand Esprit qui devait diriger sa conduite, et il arrêtait les Métis dans leurs entreprises, en leur déclarant que l'Esprit ne leur avait pas commandé d'agir ainsi. Non seulement Riel était atteint de la monomanie des grandeurs, mais encore il se posait en réformateur de l'Église, se disant le prophète infaillible envoyé pour sauver la nation métisse, et ajoutait à son nom celui de David, pour mieux qualifier sa mission prophétique. Sous ce rapport, Louis « David » Riel se livra à des divagations qui ne permettaient pas de croire à son entière liberté d'esprit et qui semblaient sorties uniquement d'un cerveau malade. Mais les Métis remarquaient à peine les aberrations de Riel, car leur foi en lui était aussi aveugle que profonde. Après la prise de Batoche et la fuite des siens, Riel resta trois jours sans savoir ce qu'il voulait faire, jusqu'au moment où il devint prisonnier.

Pendant sa détention et au cours de son procès, Riel s'est vivement défendu de passer pour fou, entrant dans une grande colère lorsque cette opinion était présentée par des témoins ou soutenue par ses défenseurs, et disant que ses ennemis ne l'avaient fait interner que pour se débarrasser de lui. Mais un aliéné reconnaît-il jamais le manque d'équilibre de son esprit, ne proteste-t-il pas toujours contre une pareille hypothèse et ne prend-il pas habituellement pour des fous ceux qui ne pensent pas comme lui ?

La folie n'était-elle point simulée ? Non, car dans ce cas Riel ne se serait pas défendu d'être fou. Celui qui simule la folie fait porter la simulation sur tous ses actes, tandis que Riel avait de longs intervalles lucides, surtout quand il ne parlait ni politique ni religion. Un simulateur ne fera jamais preuve de sagesse, de grandeur d'âme et même d'esprit à côté de sa folie. Or, Riel, parmi les nombreuses notes et pensées écrites dans sa prison, laissait percer, au milieu de ses divagations d'esprit, des éclairs de bon sens. La plupart de ces écrits ont été détruits par lui ; néanmoins, voici quelques bribes de ses pensées, recueillies à Regina même, et dont l'original est entre nos mains. C'est d'abord un manifeste de fière indépendance, dans lequel éclate à chaque ligne sa haine contre l'Angleterre; puis, après cela, des pensées vagues et diffuses ne dénotant que trop bien l'incohérence de son esprit.

L'Angleterre ne s'est affirmée comme suzeraine du Nord-Ouest, en 1670, que pour soumettre ce vaste territoire et ses nombreux aborigènes au monopole de la Compagnie des Aventuriers de la Baie d'Hudson.

La charte du roi Charles II donna à cette Compagnie le privilège de faire la traite des pelleteries dans ces contrées à l'exclusion de tous autres gens, priva ainsi gratuitement le Nord-Ouest de son droit de trafiquer avec le monde, et le monde de son droit de trafiquer avec le Nord-Ouest ; frustra le Nord-Ouest des avantages du commerce universel, et fit perdre aux hommes, en général, les bénéfices du trafic avec les tribus et les peuplades de ce grand territoire.

Ce qui l'aida le plus à ruiner mes aïeux indiens du Nord-Ouest, c'est qu'en devenant riche à leurs dépens *(sic)*, et au fur et à mesure qu'elle gagna de l'influence auprès des autorités anglaises, cette Compagnie devint elle-même le gouvernement des contrées de la Baie d'Hudson, et ne les gouverna jamais que pour les fins de son avarice et de sa cupidité.

L'autocratie commerciale unie au pouvoir public dans la Compagnie fit de cette bande d'aventuriers un chancre, un monstre qui dévora le Nord-Ouest et l'immensité de ses richesses en pelleteries pendant plus d'un siècle et demi.

Cette réclamation que l'Angleterre a faite de mon pays, pour le donner avec mes pères en proie à des brigands, a été un abandon et une profanation de ses devoirs de suzeraine. Et puisque l'histoire de sa domination sur nous est là pour prouver irrécusablement qu'elle a commis cet abandon criminel, je m'en prévaus. J'invoque cette trahison internationale dont elle a fait grandir la culpabilité depuis 1670 jusqu'à 1849. Je dénonce le système de brigandage dans lequel elle s'est obstinée de la sorte durant cent soixante-dix-neuf ans. Je proclame que l'Angleterre a forfait à tous ses droits de gouvernement sur le Nord-Ouest.

Je déclare mon pays libre de son joug et de sa tyrannie en suppliant l'Homme-Dieu que j'adore d'une manière toute particulière, de me soutenir et de soutenir ma déclaration ; et en priant les hommes de m'aider autant que les circonstances le leur permettront, autant que la Providence voudra leur en donner la facilité.

Louis « DAVID » RIEL.

17 septembre 1885. 10 heures du soir.

INTUITIONS DE LA VÉRITÉ

« Riel vaut quatre Bollandistes. Il en vaut cinq. Il les vaudra longtemps. »

Le beau parti grit a rué un fier coup pour la droiture, ce soir. Il s'est étendu. Il reprend sa place.

AUTRES CHOSES

Un peu de neige sur la terre, pas assez pour toute la blanchir ; je tombe sur un peloton de gens qui se cachent ; ils ne m'aperçoivent pas. Ils sont, en apparence, une dizaine. Je ne leur vois pas d'armes ; le plus haut d'entre eux porte un casque, rond, haut, grande palette. C'est peut-être dans la Saskatchewan ; peut-être chez les Brumner ; peut-être dans la grande coulée qu'il faut passer pour aller à la première maison de l'établissement, quand on vient de chez Maxime Lépine.

Pauvres gens, ils se cachent en plein chemin, en descendant la côte.

Mon Dieu ! prenez en pitié les groupes éparpillés de mon peuple ; du peuple que vous m'avez donné, de ce qui est à vous entre tous les peuples de la terre. Mon Dieu ! souvenez-vous que vous n'avez eu un aussi bon peuple que le peuple métis.

Louis « David » Riel, *exoveed.*

De tout ceci il faut conclure que Riel, s'il n'était pas complètement fou, était certainement un halluciné, en proie à de fréquents accès d'aliénation mentale lui enlevant par moments toute indépendance d'esprit. C'était, suivant l'expression médicale, plus qu'un homme à responsabilité atténuée, c'était un irresponsable.

Malgré tous ces symptômes significatifs, le gouvernement hésitait à prendre une décision définitive ; car, après le rejet du recours suprême de Riel devant le Conseil privé, il avait reporté sans motifs le sursis du 10 au 16 novembre. C'est que, pour le cabinet, il y avait là une importante question politique. Québec, c'est-à-dire le Canada français, qui avait fait de la cause de Riel une cause de nationalité, réclamait à grands cris la commutation de peine du chef métis. Par contre, Ontario, c'est-à-dire le Canada anglais, manifestait des sentiments absolument opposés, demandant la rigoureuse application de la loi contre celui qu'on appelait le meurtrier de Scott, montrant ainsi que c'était plutôt des événements de 1870 que de ceux de 1885, qu'on voulait tirer vengeance, malgré le temps écoulé et malgré une amnistie. Des miliciens sous les armes allaient même jusqu'à le brûler en effigie dans leur camp ! Des manifestations aussi indécentes et aussi barbares, vis-à-vis d'un homme au pied de l'échafaud, ont toujours paru indignes d'un grand peuple civilisé.

Enfin, après un examen médical officiel qui ne fut qu'un simulacre, car les médecins chargés d'y procéder étaient connus d'avance comme opinant pour la pleine responsabilité du condamné, le gouvernement fédéral, dispensateur suprême du droit de grâce, arrêta définitivement sa ligne de conduite. Sir John Macdonald et ses collègues du cabinet, y compris les trois ministres français, se prononcèrent pour l'exécution, malgré la recommandation à la clémence du jury, qui avait manifesté par là sa croyance que Riel n'était pas entièrement responsable de ses actes.

Le 16 novembre au matin, l'échafaud était dressé dans la prison de Regina. Des précautions extraordinaires avaient été prises et la police à cheval interdisait l'abord du campement à un mille de distance. Riel, averti depuis la veille au soir, était prêt. Après avoir entendu la messe et reçu les derniers sacrements, que lui administra le P. André, aumônier de la prison, il se remit entre les mains du bourreau qui lui lia les mains derrière le dos. Puis, d'un pas ferme et assuré, la tête haute, il marcha vers l'échafaud, accompagné des P.P. André et Mac-William, en récitant des prières. Sa physionomie était sereine, son attitude digne, sa conduite noble et courageuse. Après avoir dit, en anglais : « Je demande le pardon de tous et je pardonne à tous mes ennemis, » il fit une dernière prière en français. Le bourreau, après lui avoir attaché la corde autour du cou, lui rabattit le bonnet sur la figure, la trappe s'ouvrit, et, quelques instants après, tout était fini.

Riel fut d'abord enterré sous l'échafaud de Regina. Il repose aujourd'hui, à côté des siens, dans le cimetière de Saint-Boniface.

L'exécution de Riel causa une stupéfaction profonde, car l'opinion publique, dans le monde entier, s'attendait à une commutation de peine. Riel était un condamné politique ; or, de nos jours, les crimes politiques ne sont généralement plus punis de la peine capitale. L'Angleterre s'était montrée plus clémente lors de la révolte des Cipayes, et les États-Unis, après la guerre de Sécession, avaient cru, avec raison, qu'il était de bonne politique de se montrer généreux.

Le gouvernement fédéral fut inaccessible à des sentiments de ce genre. Sa conduite fut inhumaine et impolitique. Inhumaine, parce qu'elle envoyait à la mort un homme dont l'esprit chancelant était mal équilibré et qui devait au moins bénéficier du doute général, surtout après la recommandation à la clémence du jury. Impolitique, parce qu'elle eut pour résultat de raviver les haines de race et de jeter une perturbation complète dans la ligne de conduite de l'élément français.

A peine connue, la nouvelle de l'exécution de Riel souleva les plus vives récriminations contre le cabinet, et surtout contre les ministres français, dans tout le Bas-Canada. Des meetings d'indignation eurent lieu partout et la presse, conservatrice aussi bien que libérale, — même une partie de la presse anglaise, — fit entendre d'ardentes protestations. Puis la réflexion aidant et la politique s'en mêlant, la question Riel ne fut plus qu'un tremplin électoral sur lequel se battirent les *pendards* ou *partisans de la corde* (conservateurs) et les *nationaux* (libéraux et conservateurs dissidents).

Depuis ce temps, l'animosité s'est affaiblie mais n'a point cessé, e la scission produite entre conservateurs s'est perpétuée. Lors des élections au Parlement de Québec, un an après, la majorité passa sans hésitation des conservateurs aux riellistes, et au Parlement fédéral, en 1887, le cabinet de sir John vit sa belle majorité sensiblement réduite.

Enfermé comme fou, Riel eût cessé d'être dangereux. Son exécution en a presque fait un martyr. Qui sait si, un jour, sa statue ne s'élèvera pas sur le lieu même de son supplice?

Les lieutenants de Riel: Poundmaker, Gros-Ours, Maxime Lépine, Garnot et plusieurs autres, furent condamnés à quelques années d'emprisonnement jusqu'au jour où des grâces individuelles, prévenant l'amnistie de juillet 1886, leur ouvrirent les portes du pénitencier de la Montagne de Pierre.

Les auteurs des massacres du Lac aux Grenouilles avaient expié leurs forfaits, et huit Indiens ou Métis avaient été pendus, le 27 novembre 1885, à Battleford.

C'était l'épilogue du drame du Nord-Ouest.

IX

LES PEAUX-ROUGES

De Regina à Calgary. — Les missionnaires chez les Sauvages. — La disparition du buffle. — Anchois et petits oignons. — Un logement au Royal-Hôtel. — Le P. Lacombe et Mgr Grandin. — Un mathématicien dans un bourbier. — La réserve des Sarcis. — Peaux-Rouges et photographe. — Les Sauvages au Nord-Ouest. — Les réserves et les traités. — L'Indien considéré comme animal nuisible. — Le camp des Sarcis. — Le wigwam de Tête-de-Bœuf. — La fête du Soleil. — Religion et superstitions. — La légende du bouleau. — Une école industrielle et les ombres chinoises.

De Winnipeg à Regina, nous avons parcouru la meilleure région des terres noires. De Regina à Calgary, nous allons traverser un pays moins bien favorisé sous le rapport du sol.

Moose Jaw (Mâchoire d'Orignal, du nom de cet élan d'Amérique), est la première station un peu importante où nous nous arrêtons. La Compagnie du Pacifique possède en cet endroit de grands bâtiments qui servent de remise à son matériel. Swift-Current, où nous descendons ensuite à une heure assez tardive pour déjeuner (2 h. 30), n'a de valeur que comme station de Battleford, qu'on atteint en cinq jours par la poste et quand les chemins sont praticables. En nous promenant d'un bout du train à l'autre, pour rompre la monotonie d'un aussi long trajet, nous découvrons la présence — je peux bien dire : à bord — de plusieurs Sauvages accompagnés du P. Cochin et d'hommes de la police, embarqués pendant la nuit. L'un d'eux, qui porte le nom d'Osawasiskiyakoup, autrement dit, Couverture de Terre Jaune, de ce qu'il avait l'habitude de couvrir ses vêtements de terre jaune, est le frère de Poundmaker. Il est grand, bien découplé comme lui et a dans la physionomie quelque chose qui trahit sa parenté. Avec lui se trouve un grand enfant, fils de Gros-Ours. Un autre, au visage plus pâle et qui a nom Opinawewine, c'est-à-dire la Mue, porte une chaîne au pied droit. Tous sont drapés avec une noble fierté dans leurs couvertures bariolées, ne disent mot et semblent profondément indifférents à ce qui se passe autour d'eux. Ils viennent de la prison de Regina et vont être remis en liberté à Battleford, à l'exception du dernier qui y sera jugé pour sa participation à l'insurrection.

Dans le P. Cochin, nous retrouvons un compatriote, depuis plusieurs années en mission au Nord-Ouest. Fait prisonnier par la bande de Poundmaker, il n'a eu qu'à se louer de la conduite de ce dernier qu'il a amené à déposer les armes. Bien que sa captivité n'ait pas été sans angoisses et sans danger, le P. Cochin, comme tous les missionnaires que nous avons eu la bonne fortune de rencontrer, est plein de commisération et de tendresse pour les Sauvages, ces grands enfants qui ont besoin d'être dirigés.

On ne saurait vraiment trop admirer le dévouement de ces envoyés de Dieu qui quittent sans regret leur famille et leur patrie pour répandre la foi et la civilisation chez les peuples sauvages. Rien ne les rebute dans l'existence de fatigues et de misères qu'ils mènent dans les régions glaciales et presque désertes du Canada.

Sur les bords de l'Athabaska, de la rivière de la Paix, du Mackenzie, là où il gèle même en plein été, où le blé ne mûrit plus, où l'homme n'a pour se nourrir que le produit de sa chasse, de sa pêche et les racines qui lui tiennent lieu de pain, l'existence des missionnaires parmi les tribus indiennes est particulièrement une vie de tristesse, de privations et de souffrances de toutes sortes. N'ayant souvent pour abri qu'une tente ou une cabane enfumée, quand ils n'en sont pas réduits à avoir la voûte céleste pour unique toiture, n'ayant qu'un tronc d'arbre pour siège et pour table, et de l'écorce de bouleau en guise de papier à lettre, ils n'en ont pas moins trouvé moyen d'écrire d'admirables pages qui ont rempli les *Annales de la Propagation* ou le *Journal des Missions catholiques*. Presque sans communications avec le monde civilisé, ils n'ont, pour se subvenir, que les faibles ressources mises à leur disposition par la Propagation de la foi. On comprend, en voyant ces hommes affaiblis par un pareil régime, minés et usés avant l'âge, malgré un tempérament robuste, qu'il faille des vertus particulières pour être apôtre.

Mais ce qui frappe surtout chez les missionnaires, c'est leur bonté, plus grande peut-être que leur charité, qui leur fait aimer comme des membres de leur famille ces Sauvages pour lesquels ils ont des trésors d'indulgence et qui ne s'en montrent pas dignes. Si, au point de vue spirituel, ils n'ont que difficilement prise sur les Peaux-Rouges, ils ont, par contre, un ascendant moral très développé sur eux et sont les intermédiaires naturels entre ceux-ci et le gouvernement. Leur présence vaut une armée, et, s'ils étaient plus souvent écoutés en haut lieu, leur intervention prévoyante et conciliante aplanirait bien des difficultés et éviterait parfois des catastrophes comme celle de 1885.

C'est avec regret que nous voyons descendre, à Swift-Current, le P. Cochin qui regagne sa mission de Sainte-Angèle, près Battleford, pillée et dévastée pendant l'insurrection. Grande est sa joie de retrouver ses fidèles disciples; mais que de misères il aura à secourir et de ruines à réparer!

Nous poursuivons notre course dans la partie la plus déserte de la Prairie. Toute la journée on aperçoit des étangs et des lacs sur lesquels s'ébattent des nuées de canards sauvages, que le passage du train n'effraie aucunement. Des oies, des outardes, des poules de prairie s'envolent à tire d'aile, pendant qu'un skunk (putois) ou un loup de prairie, troublé dans sa quiétude, s'enfuit à toute vitesse, mais presque toujours dans la direction suivie par la machine, qui semble ainsi s'attacher à ses pas.

De temps à autre, on découvre aussi de petits trous, d'où émerge parfois la tête d'un chien de prairie. Ce gentil petit animal, de la grosseur d'un écureuil et assez curieux de sa nature, se met parfois à la fenêtre de son terrier pour voir ce qui se passe. Il n'est pas très sauvage, mais quand on tente de s'en approcher de trop près, on le voit rentrer subitement dans son trou, comme mû par un ressort. Sa peau est employée comme fourrure, mais sa petitesse ne la fait guère rechercher que par les Indiens.

Les troupeaux sont très rares, ce qui ne les empêche pas de se camper en plein milieu de la voie, d'où la locomotive ne parvient à les chasser qu'en faisant entendre des coups de sifflet précipités et en lançant des jets de vapeur. Malgré tous ces avertissements, malgré un fort chasse-pierre, qui porte le nom caractéristique de cowcatcher (attrape-vache), il arrive parfois qu'un de ces animaux se laisse écraser et, malgré l'éperon protecteur de la machine, se trouve engagé sous la locomotive. Il faut alors le sortir de là à la force du poignet, et les passagers qui, poussés par la curiosité, sont venus voir « ce qu'il y a » assistent à un spectacle qui n'a rien d'attrayant.

Les terres cultivées sont extrêmement rares. Quant aux habitations, on n'en voit pas une seule dans le voisinage de la voie, qui traverse sur un assez long parcours un terrain sablonneux ou recouvert de dépôts salins. C'est la partie aride du Nord-Ouest, celle qu'on appelle le Désert, et qui s'étend surtout entre la ligne du Pacifique et la frontière des États-Unis. Les gares ne sont que de grandes cabanes en bois, percées d'étroites fenêtres et recouvertes d'un badigeon de couleur chocolat, qu'encadre une large bande blanche. En dehors de ces stations, aussi espacées que possible, à une demi-heure ou trois quarts d'heure l'une de l'autre, c'est la solitude à perte de vue.

Deux choses attirent à chaque instant le regard du voyageur dans cette immense plaine ondulée : les débris de boîtes de conserves et les ossements d'animaux. Les boîtes de conserves sont surtout éparses autour des stations et indiquent dans la perfection le régime nutritif auquel sont souvent soumis, ou pour mieux dire condamnés, ceux que leurs obligations ou leurs fonctions appellent dans le Nord-Ouest. Comme dans ces pays un peu perdus il faut tout utiliser, le métal des boîtes est découpé avec autant de symétrie que le permet l'irrégularité des enveloppes et est employé à couvrir les toitures des baraques; en cas d'abondance, il sert même de motifs décoratifs assez grotesques.

Les ossements blanchis qui jonchent la plaine sont ceux des bisons ou buffles qui, il y a une dizaine d'années, régnaient encore en maîtres dans la Prairie et faisaient trembler le sol dans leurs charges rapides. Le *buffalo* avait été jusque-là l'*alter ego* de l'Indien et était l'élément le plus indispensable de l'existence de ce dernier, qui se nourrissait de sa chair, se vêtissait de sa robe et fabriquait sa tente avec ses dépouilles. La chasse, alors, était difficile, périlleuse, et tous les guerriers de la tribu en quête de gibier y prenaient part avec leurs armes primitives et leurs fusils de rebut. Il fallait surprendre les buffalos, fondre sur eux à bride abattue, les pousser vers l'embuscade généralement préparée ou chercher à les gagner de vitesse. Et quand, acculés dans une impasse, les buffles cherchaient à se dégager, il s'ensuivait une mêlée courte, mais terrible, où les guerriers laissaient parfois des leurs sur le terrain.

L'arrivée au Nord-Ouest des chasseurs blancs avec des armes perfectionnées, que les Sauvages parvinrent peu à peu à se procurer, transformèrent toutes les expéditions de chasse en véritables boucheries. Quand un chasseur tuait un buffle, il le dépouillait pour avoir sa fourrure, qu'il vendait avec bénéfice, et lui coupait la langue, partie la plus délicate, pour en faire sa nourriture. Tout le reste était perdu. En une seule année on tua jusqu'à 120,000 buffalos.

Le massacre n'ayant pas discontinué, le Nord-Ouest vit disparaître en quelques années son gros gibier. Traqués de toutes parts, les derniers survivants des buffalos se réfugièrent aux États-Unis, dans les montagnes du Dacota, ou gagnèrent le Grand-Nord canadien. A l'exception de ces quelques spécimens, on peut donc considérer le buffle comme rayé du nombre des animaux de chasse du Canada. La Prairie seule conserve encore leurs débris, et dans quelques années il n'en restera même plus trace.

Dans l'ignorance où nous étions, au départ de Montréal, des conditions d'existence au Nord-Ouest et dans les Rocheuses, nous avions fait emplette d'une caisse de provisions où se trouvaient empilées des conserves de tout genre, mais où les petits oignons, les anchois, les cornichons, les câpres et quelques autres condiments tenaient une place fort en disproportion avec leur utilité. Il nous avait fallu demander une licence à Regina pour transporter du vin avec nous, toute boisson fermentée, liqueurs, vin ou bière, étant l'objet d'une prohibition complète au Nord-Ouest. Cette mesure prise dans le but de préserver les Indiens des ravages de l'alcoolisme, eux surtout qui recherchent avec avidité l'*eau de feu* (whisky), et deviennent dangereux lorsqu'ils sont sous l'empire de l'ivresse, serait excellente si elle était moins absolue. Dès le départ du Manitoba, nous avions, en raison des heures fantaisistes d'arrêt aux stations, fait honneur à nos provisions, et, groupés autour d'une tablette, chacun muni de son gobelet et de son plat d'étain venait recevoir la part que lui délivrait notre chef de popote. Notre meilleur accommodement était fait de bons mots et entretenu par un feu roulant de plaisanteries absolument nécessaire pour rompre la monotonie du trajet, et cet assaisonnement en valait bien un autre.

Mais parfois nous descendions prendre part au repas du commun des mortels. Une baraque en bois, à la porte de laquelle s'agite violemment une sonnette, ou se fait entendre un charivari (quelquefois les deux ensemble quand il y a concurrence) pour attirer les voyageurs, est le lieu de rendez-vous des dîneurs. A quelque heure du jour que ce soit, on a toujours le même menu. Un rôti plus ou moins dur, une conserve de poisson ou de légumes, une tarte aux fruits et du thé, voilà ce que l'on trouve sur toute la ligne pour le prix classique d'une demi-piastre (2 fr. 50 c.), somme relativement modérée pour le pays que nous traversons.

Après une seconde nuit en chemin de fer depuis notre départ du Manitoba, nuit toujours éclairée par des feux de prairie dont la fumée âcre pénètre, faute de vent pour la dissiper, jusque dans notre wagon, nous nous réveillons encore dans la plaine couverte d'herbe jaunie. Nous passons à Crowfoot (Pied de Corbeau), qui a pris son nom du chef de la tribu des Pieds-Noirs, dont la réserve se trouve dans le voisinage, à Gleichen, bourgade de deux maisons et de huit cabanes, et nous commençons enfin à apercevoir, à plus de 100 milles de distance, les sommets neigeux des Montagnes Rocheuses.

Plusieurs stations défilent encore au milieu d'un paysage ondulé, mais toujours monotone et dénudé. Tout à coup le décor se transforme : on aperçoit des arbres, une rivière que l'on franchit sur un pont de fer, une rangée de baraques et de maisons, des Indiens et une Indienne parée d'une superbe robe vert clair, les jaquettes rouges de la police montée, des cavaliers et des amazones passant la rivière à gué et se dirigeant en toute hâte vers la station de Calgary, où nous descendons après cinquante-trois heures de chemin de fer depuis Winnipeg.

Nous trouvons à la gare une foule véritable qui profite du dimanche et de l'arrivée du train pour se montrer. Il y a là un joli méli-mélo de mineurs, de cow-boys (gardiens de bestiaux) en tenue de travail,

L'ARRIVÉE DU TRAIN DANS LE NORD-OUEST

de marchands endimanchés, de misses tirées à quatre épingles, de Métis, de Sauvages et de Sauvagesses drapés dans leurs couvertures de laine multicolores. De tous les Peaux-Rouges que nous avons pu apercevoir jusqu'ici, ce sont les premiers dont le visage soit peint en rouge carmin.

Calgary est une ville qui date de 1882 et compte plus de cent maisons après trois années d'existence. Sa position, au débouché des Montagnes Rocheuses et à l'entrée de la Prairie, sur un sol fertile, au centre d'une contrée d'élevage et dans le voisinage d'une région houillère, lui assure le plus bel avenir et en fera le Winnipeg du Nord-Ouest, comme rapidité d'expansion et comme importance future. Ses rues sont droites et larges, mais n'ayant jamais eu aucun entretien, elles sont raboteuses et hérissées de pierres de toute dimension; le traditionnel trottoir de bois est encore une exception. Ses maisons de bois semblent à peine fixées sur le sol, et nous ne fûmes pas peu surpris, quelque temps après notre arrivée, de voir marcher un de ces bâtiments. Son propriétaire, trouvant la position défectueuse, le changeait tout simplement de place en le soulevant à l'aide d'un cric et en le faisant rouler. Ce n'est pas plus difficile que cela à Calgary. La ville naissante possède déjà un journal, des églises ou plutôt des chapelles de différents cultes, des banques qui, en Amérique, servent de marraines aux cités d'avenir, et des boutiques où se débitent côte à côte sur le même comptoir les marchandises les plus disparates.

Entre les différents hôtels qui s'élèvent au sein de la cité, nous prenons gîte au principal, le Royal-Hôtel, qui ne justifie son nom ni par son aspect extérieur, ni par son confortable intérieur. C'est une simple maison de bois à un étage qui n'a coûté que 500 piastres (2,500 francs) à son propriétaire pour l'acheter démontée, la faire venir et remonter à Calgary. Nous y trouvons tout juste deux chambres, c'est-à-dire deux mansardes pour les dames, qui ne peuvent entrer et sortir de chez elles qu'en traversant tout au long un grand couloir-dortoir qui est notre seul abri à nous autres hommes. On accède aux « appartements » par un escalier raide et sans rampe, à qui le nom d'échelle conviendrait davantage. Les mansardes, séparées par de simples planches mal jointes, n'ont pour tout éclairage qu'une lucarne basse sans carreau; quand on la ferme, on est dans l'obscurité complète. Dans notre grand couloir, toutes les couchettes se touchent sous l'angle formé par la toiture; les sommiers élastiques y sont remplacés par de solides planches de sapin. Pas un meuble, même en bois. Chacun descend faire sa toilette dans le petit *wash room* qui précède la salle à manger. Une brosse et du cirage sont à la disposition des gentlemen qui tiennent à avoir des chaussures présentables. Tout le reste est à l'avenant. Cependant rendons cette justice au Royal-Hôtel que la table y est assez bonne. Après tout, ce n'est peut-être que l'effet produit par un changement de régime.

La première main qui se tend à notre arrivée à Calgary est celle du P. Lacombe dont la mission s'élève à dix minutes de la station. Le vaillant missionnaire nous fait le plus cordial accueil et nous raconte comment, depuis trente-six ans, il a évangélisé toutes les régions du Nord-Ouest entre les États-Unis et le territoire glacial du Mackenzie. Le P. Lacombe, dans sa modestie, ne nous dit pas qu'il est l'auteur d'importants ouvrages sur les Sauvages, notamment d'une grammaire et d'un dictionnaire de la langue crise, résultat de bien des années de travail. Partout son autorité est incontestée et son influence légitime. C'est grâce à sa puissante intervention que la turbulente tribu des Pieds-Noirs n'a pas suivi les bandes de Poundmaker et de Gros-Ours dans le sentier de la guerre.

A la mission, nous trouvons aussi Mgr Grandin, depuis vingt-sept ans dans le pays, et qui a eu des missions non moins pénibles que le P. Lacombe. Mgr Grandin est un compatriote, car il est originaire de Laval et sa famille habite encore le département de la Mayenne. Son diocèse comprend les districts d'Alberta et de Saskatchewan. Sa résidence est à Saint-Albert, près d'Edmonton, où on se rend de Calgary en six à sept jours de voiture. Comme tous les missionnaires du Nord-Ouest, Mgr Grandin appartient à l'ordre des Oblats de Marie-Immaculée. Plus au nord, dans le voisinage des terres glacées, se trouvent encore les vicariats apostoliques d'Athabaska et de Mackenzie placés sous la direction de NN. SS. Clut et Faraud. Ce dernier, qui réside sur les rives du lac la Biche, est encore un Français. Ainsi, partout où il y a une œuvre de civilisation et de dévouement à accomplir, on est sûr de trouver au premier rang des enfants de France.

Le P. Lacombe nous montre à sa mission, près de laquelle habitent des Sœurs grises, quelques jeunes Peaux-Rouges qu'il s'efforce de civiliser, et ce, non sans espoir. Parmi eux se trouvent un Pied-Noir, moins rebelle au progrès que tous ceux de sa tribu, et un fils de Poundmaker, grand et beau jeune homme de seize ans, que son père a consenti à confier aux missionnaires pour l'élever et lui apprendre un métier, celui de charpentier. Nous adressons quelques mots à ces grands enfants, mais tous semblent plus timides qu'une jeune fille et répondent à peine en baissant les yeux. Remarquant l'intérêt que nous portons aux Indiens, le P. Lacombe, qui s'efforce de nous être agréable, y réussit pleinement en s'offrant à nous faire visiter la réserve de la tribu des Sarcis, située à 8 milles de Calgary.

Nous voici donc tous partis le lendemain dans deux grands chariots trouvés non sans difficulté. Traversant à gué l'Elbow river (rivière du Coude), nous suivons quelque temps la piste assez bien frayée qui mène à Mac Leod. A 20 milles de Calgary, il n'y a plus de terres libres; tout a été acheté par des colons ou par des spéculateurs, car la couche d'humus, qui a une moyenne de deux pieds de profondeur, forme ici un excellent terrain de culture qui sera prochainement coté à un prix élevé. Mais ces terres sont vides d'habitants pour la plupart, et leurs limites ne sont que rarement indiquées. Cependant nous traversons une propriété de 1,200 acres, coupée en deux par la route et bordée de chaque côté par une clôture en fil de fer qui a certainement coûté plus cher que la propriété elle-même. Nous cheminons ainsi à travers une plaine accidentée, couverte d'herbes jaunes et traversée par un ruisseau fangeux. Là, le P. Lacombe, qui a l'expérience du pays, nous fait faire un léger détour pour franchir la rivière en biais, afin d'éviter le passage habituel, dangereux à force d'avoir été suivi. Mais la deuxième voiture ne suit pas notre exemple. Conduite par un des nôtres qui, en sa qualité de professeur de mathématiques, croyait réellement que la ligne droite est le plus court chemin d'un point à un autre, elle s'engage directement dans le ruisseau, en suivant la piste fréquentée, et grâce à son poids, y reste bel et bien embourbée. Tous les efforts faits pour la dégager ne servent qu'à l'enfoncer davantage, et ce n'est pas sans peine que nous pouvons dételer les chevaux et les faire sortir du marais. Quant au chariot, il n'y faut pas songer. Par bonheur nous trouverons aide et assistance à la réserve des Sarcis à laquelle nous touchons presque, et où nous arrivons deux heures après notre départ de Calgary.

Les Sarcis ont choisi pour résidence la région la plus fertile et la plus pittoresque de la contrée. En effet, en arrivant au haut de la colline qui nous sépare du camp indien, on découvre une large coulée boisée, au fond de laquelle la Fish Creek (rivière aux Poissons) décrit ses méandres. Tout au loin, à l'arrière-plan, la grande chaîne des Rocheuses. Une quinzaine de tentes se dressent près de la rivière ; puis, à peu de distance, quelques habitations basses, en terre et en bois : ce sont les demeures des Indiens pendant la mauvaise saison. L'une de ces habitations, plus grande et autrement confortable que les autres, sert de résidence à l'agent du gouvernement. Un autre groupe de tentes se dresse encore plus loin.

Un de nos compagnons, M. Joliot, qui s'est avancé seul vers le camp pour prendre quelques photographies, se voit bientôt entouré de Sauvages, sortant comme par enchantement de dessous les hautes herbes. D'abord hésitants, les Indiens se rapprochent peu à peu, d'un air sournois et sans mot dire, de l'appareil qui pique leur curiosité. Mais bientôt un grand diable qui excite les autres, se poste devant l'instrument qu'il menace de briser. Vainement M. Joliot essaie de parlementer par gestes avec lui ; pour chercher à l'adoucir, il lui montre même l'intérieur de l'appareil. Mais l'Indien voyant, à travers la glace en position, ses compagnons marcher la tête en bas, se montre de plus en plus menaçant et force est à notre compagnon de battre en retraite aussitôt, mais en bon ordre, pour éviter une collision. La cause de cette opposition nous fut expliquée par le P. Lacombe. Les Sauvages étaient convaincus que l'on invoquait contre eux le mauvais Esprit et qu'ils devaient être atteints d'épidémies qui les feraient mourir à brève échéance.

Après avoir campé et déjeuné sur le bord de la rivière, nous laissons les restes de notre repas aux Peaux-Rouges qui sont venus nous contempler sans mot dire et sans donner la moindre expression à leur physionomie. Leur premier mouvement est de sentir nos bouteilles de vin vides ; leur second de les reposer par terre avec déception, en disant au P. Lacombe que ce n'est pas de l'*eau de feu* que les blancs viennent de boire.

Ces Sauvages, qui ne le sont pas trop cependant, car ils consentent cette fois, après quelque hésitation, à se laisser photographier, ont le visage couvert de vermillon. D'autres sont peints en jaune ocre; enfin il y en a qui se teignent en vert. Ils sont ordinairement drapés dans de grandes couvertures à raies multicolores qui ne contribuent pas peu à leur donner un air singulier. Sous la couverture apparaît le bas d'un large pantalon à franges et à dessins de couleur. Leurs pieds, pour la plupart fort petits, sont chaussés de mocassins à broderies de différentes nuances. Sur les épaules flotte leur noire chevelure, dont une partie est nattée, celle qui tombe de chaque côté des tempes, et est enserrée à hauteur des joues dans des anneaux de cuivre. Quelques-uns ont les cheveux de devant taillés en brosse et peints en vert, ce qui fait un singulier contraste avec le reste de la coiffure que dissimule parfois une toque de plumes. Ils fument la pipe et acceptent sans se faire prier le tabac que nous leur offrons. Leur grande occupation est de ne rien faire.

Nous nous rendons à la maison de l'agent du gouvernement, qui est en même temps le fermier chargé d'apprendre aux Sauvages à cultiver la terre. Ce fermier est, avec sa femme, le seul blanc installé sur la réserve des Sarcis; il est en bons rapports avec ces derniers, mais ses efforts pour les faire travailler sont à peu près sans résultat. Il en est de même sur toutes les réserves, et, sans les traités passés avec le gouvernement de la Puissance, les Indiens ne trouveraient plus à vivre.

Ces traités ne datent que d'une douzaine d'années. Jusqu'à cette époque, Sauvages et colons ne s'étaient guère trouvés en contact les uns avec les autres que par l'intermédiaire des Métis et des trappeurs; aussi vivaient-ils dans la plus complète indépendance les uns des autres. Mais, après la formation de la province de Manitoba en 1870, le courant d'émigration qui se portait vers cette province commença à se diriger vers le Nord-Ouest, jusqu'alors domaine incontesté des Peaux-Rouges. Le colon suivait le chasseur et s'installait souverainement sur les terres qui lui convenaient, non sans avoir maille à partir avec les Sauvages. Ceux-ci, de leur côté, voyaient leur principale ressource, le buffle, diminuer d'une façon inquiétante et se demandaient s'ils ne seraient pas bientôt réduits à la famine. C'est alors que le gouvernement d'Ottawa entreprit de traiter avec les Peaux-Rouges et fit toutes les ouvertures auprès d'eux.

Les Indiens ont toujours été et sont encore aujourd'hui disséminés en nombreuses petites bandes. La principale nation est celle des Cris, presque aussi importante à elle seule que toutes les autres tribus du Nord-Ouest. C'est la moins sauvage et aussi la plus accueillante de toutes les tribus indiennes. Aussi la plupart des trappeurs et coureurs de bois ont-ils contracté union avec les femmes des Cris, ce qui explique comment la langue de cette nation est parlée par presque tous les Métis. Les Cris, qui se divisent en Cris des prairies et Cris des bois, habitent par bandes toute la vallée de la Saskatchewan du Nord. Le véritable nom de cette rivière est Kisiskatchewan (le courant rapide), et il est fâcheux que, dans cette circonstance comme dans bien d'autres, l'orthographe géographique officielle ait dénaturé son origine indienne.

A côté des Cris se trouvent les Saulteux, dont le langage est presque identique; les Sioux et les Assiniboines, dont la langue est le sioux, cantonnés sur la Qu'Appelle; les Sarcis, les Pieds-Noirs, voisins de Calgary, les plus remuants et les plus indociles des Sauvages, ennemis héréditaires des Cris; les Gros-Ventres, les Piégans et les gens du Sang, limitrophes des États-Unis, et dont la langue est le pied-noir.

Tout au nord, près de l'Athabaska, du Mackenzie, du lac Caribou, de l'île à la Crosse, se tiennent les Montagnais, les Castors et d'autres tribus avec lesquelles le gouvernement fédéral n'a point passé de traité, n'ayant pour cela aucun intérêt à le faire. En effet, ces tribus ont encore du gibier de terre et d'eau en assez grande abondance, et la région froide qu'elles habitent ne semble pas favorable à la colonisation. Il n'y a donc pas de famine à craindre pour les Sauvages, ni de protection à assurer aux colons qui n'existent point dans ces parages. Les Sauvages relèvent directement du ministère de l'intérieur à Ottawa, où il y a un bureau des affaires indiennes.

Les Sarcis sont une fraction de la famille des Castors. Ils habitaient jadis les bords de la rivière Lapa, mais à la suite de dissensions avec les Castors, il y a un siècle et demi, ils firent bande à part et descendirent dans la Prairie, près des Montagnes Rocheuses. Ils formaient alors un groupe de 150 familles; mais décimés, comme la plupart des tribus, par les maladies (notamment la petite vérole), les excès et les privations, ils voient leur nombre sans cesse décroître et ne comptent plus qu'une quarantaine de familles. Cette décroissance vient aussi de la diminution de la natalité. En effet, un certain nombre de Peaux-Rouges établissant un parallèle entre la liberté et l'indépendance dont ils jouissaient avant l'arrivée des blancs et l'espèce de servitude dorée à laquelle ils sont pour ainsi dire réduits aujourd'hui, en tirent de tristes conclusions pour l'avenir de leur race. Le fonctionnement de nos machines industrielles et agricoles, l'emploi de la *charrette de feu* (locomotive) et des armes à longue portée, qui, suivant leur pittoresque expression, « partent aujourd'hui et tuent demain », leur ont démontré clairement notre supériorité intellectuelle sur la leur. Quelque peu fatalistes, comme les Arabes, ils se résignent, attendant patiemment la fin d'une existence brisée pour eux, et se refusant parfois à produire des descendants qu'ils jugent devoir être plus malheureux qu'eux encore.

Depuis les traités les Sauvages sont, pour ainsi dire, parqués sur des étendues de terrain trop restreintes pour y subsister, s'ils ne vivaient que de chasse, mais suffisantes pour s'y livrer à la culture et à l'élevage. C'est ce qu'on appelle une réserve. Il est défendu aux colons de s'y installer, mais la tribu qui s'y trouve ne doit pas en sortir non plus, sous peine de se voir retirer tout subside et toute subsistance et d'amener l'intervention toujours désagréable de la police à cheval.

En revanche, l'Etat s'est engagé à nourrir les Indiens et à leur apprendre la culture de la terre. Le fermier installé sur chaque réserve est l'intermédiaire par lequel vivres et subsides sont distribués. Les Sauvages ont bien un chef, mais celui-ci n'a guère d'attributions et parfois d'influence. Choisi par ses compagnons, sa nomination doit être ratifiée par le gouvernement. Ce qui est le plus caractéristique, c'est qu'il reçoit 25 piastres (125 fr.) par an, tandis qu'un simple membre de la tribu n'en reçoit que 5. Chaque semaine, des bœufs sont envoyés à la réserve pour assurer la subsistance de la tribu. Le fermier remet le bétail aux Indiens qui se le partagent. En dehors de cela, ils parviennent à tuer des canards et des poules de prairie, derniers débris des grandes chasses d'autrefois. Quant à travailler, c'est, pour un Sauvage, le cadet de ses soucis. Il n'y a en culture, à la réserve des Sarcis, qu'un champ de pommes de terre ; encore le défrichement n'en a-t-il pas été fait par les Indiens.

Aux États-Unis, le même système est en vigueur ; mais les agents du gouvernement, véritables souverains au petit pied, n'abusent que trop souvent de leur situation pour détourner à leur profit une bonne part des envois destinés aux Sauvages et ne leur donner que des marchandises avariées. Les réclamations, quand il y en a, ne parviennent généralement pas à destination, et leurs auteurs ont souvent à s'en repentir. En outre, chasseurs et mineurs ne se gênent pas pour envahir les réserves qui leur plaisent et en chasser les Indiens à coups de carabine. Le bon droit est incontestablement du côté du sauvage contre l'homme civilisé, mais 99 fois sur 100 c'est ce dernier qui a gain de cause. Que voulez-vous, l'Indien est considéré comme un animal malfaisant, et on ne rend pas justice aux animaux !

Au Canada on pense bien quelquefois de cette façon, mais il faut reconnaître que l'on passe rarement de la parole à l'action. Il y a bien des abus, des exactions, mais quand ils ont pour conséquence d'amener un soulèvement comme celui de 1885, on y regarde à deux fois avant de les tolérer. Il faut ajouter qu'il y a aussi au Canada un élément de pacification et de justice qui n'existe pas de la même façon aux États-Unis : je veux parler des missionnaires catholiques. Presque seuls, ils ont pu acquérir une influence sur les Sauvages, par leur esprit conciliateur et tolérant. Faisant plus de civilisation que de prosélytisme, voyant dans les Peaux-Rouges des hommes et non des parias, s'efforçant de redresser toutes les injustices qui leur sont faites, ils ont acquis sur eux une influence infiniment supérieure à celle de tous les représentants de l'*Indian Office*.

Le P. Lacombe nous ayant fait faire la connaissance de Tête-de-Bœuf, chef des Sarcis, ce sachem nous invite à visiter son wigwam. Pour y arriver nous traversons tout le camp, au milieu des aboiements redoublés des chiens, toujours prêts à se précipiter sur les visiteurs comme leurs congénères les chiens kabyles. De dessous chaque tente sort un Indien avec sa squaw et ses enfants plus ou moins vêtus et plus ou moins noirs. L'arrivée d'une caravane comme la nôtre est un événement ; aussi chacun a-t-il mis le nez dehors. Sur notre passage nous apercevons des brancards indiens qui n'ont pas coûté grands frais d'exécution. Deux grandes perches ajustées en forme d'X, mais inégalement croisées et reliées dans la partie la plus large par des traverses, tel est, dans toute sa simplicité, le mode de transport le plus usité chez

CAMPEMENT INDIEN

les Sauvages. C'est du côté le plus étroit que s'attelle l'animal de trait, cheval ou chien (quand ce n'est pas la femme) ; ce traîneau sert le plus souvent au transport du bois.

Nous pénétrons dans la loge (tente) du chef en passant, à demi courbés, par une étroite ouverture. La tente, composée de morceaux de toile de divers âges et de grandeurs variées, est soutenue par une douzaine de hautes perches qui se croisent au sommet, laissant au jour un orifice par où passe également la fumée. La marmite est sur le feu au centre même de la tente. Sur des cordes tendues à hauteur d'homme se balancent des morceaux de viande plus ou moins sèche, qui répandent un parfum de venaison des plus accentués. Une douzaine de personnes peuvent tenir à l'intérieur de la tente. Le chef s'asseoit en face de l'entrée, sur des toiles qui recouvrent une partie du sol. Une de ses femmes (car il est polygame) enfile des perles roses et bleues sur ces petits carrés en peau d'orignal qui servent d'ornement. Voyant que nous la regardons avec curiosité, elle soulève un des replis de la toile qui lui sert de tiroir et en sort, pour nous prouver son adresse, deux de ces carrés entièrement terminés. Mais c'est en vain que nous voulons les lui acheter ; rien ne peut la décider à les vendre.

Une autre des épouses de Tête-de-Bœuf reçoit la visite d'une sauvagesse de ses amies et toutes les deux, pour se distraire, jouent.... aux cartes, tout bonnement. Elles fument la même pipe, qu'elles se passent d'une bouche à l'autre après en avoir tiré quelques bouffées. Notre présence ne les trouble nullement et elles ne paraissent même pas s'en apercevoir. Leur figure hâlée et brûlée par le soleil a cette rudesse qui fait que souvent il est difficile de les reconnaître des hommes sous leurs couvertures rayées et leur couches de peinture. Il fait chaud sous cette tente et l'odeur de viande qui s'y dégage ne nous invite pas à prolonger outre mesure notre visite. Nous serrons la main du chef et battons en retraite vers nos équipages, le char embourbé ayant été extrait, non sans peine, du marécage dans lequel il s'était affaissé.

En quittant les abords du camp nous remarquons deux arbres morts, n'ayant plus que quelques branches, sur lesquelles les Sauvages ont déposé leurs fétiches pendant la fête du Soleil. Autrefois, cette fête était annuelle, mais les missionnaires et le gouvernement ont fait tous leurs efforts, depuis quelque temps, pour la faire tomber en désuétude. Elle a cependant encore des racines assez profondes, et de temps à autre on la tolère pour ne pas mécontenter trop fortement les Sauvages.

C'est généralement au mois de juillet que cette fête se célèbre en présence d'un grand concours de guerriers. La cérémonie commence la nuit par une *Danse à la Lune*, espèce d'invocation religieuse accompagnée de musique sauvage. Puis, au lever du soleil, apparaissent les jeunes guerriers qui, après avoir passé la nuit dans une tente autour d'un grand feu, malgré une chaleur intense, doivent exécuter la *Danse du Poteau,* véritable scène de torture, auprès de laquelle les exercices hypnotisants et répugnants de la secte arabe des Aïssaouas ne sont qu'une jonglerie. Après avoir passé par diverses épreuves préparatoires pour montrer leur insensibilité à la douleur, les jeunes guerriers à demi nus, la figure peinte et les cheveux ornés de plumes, se font entailler des lambeaux de chair qui tiennent encore solidement au corps. A ces lambeaux on attache des lanières fortement assujetties à l'arbre qui sert de poteau, et les guerriers doivent se détacher ces lambeaux de chair en exécutant des danses convulsives et en poussant des hurlements de douleur au milieu des chants, des clameurs et des excitations des assistants. C'est bien alors un retour à la barbarie la plus horrible. Les jeunes guerriers ne parviennent parfois à se délivrer de leurs attaches qu'au bout de deux ou trois heures, quand ils ne tombent pas évanouis auparavant et ne succombent pas sur place à leurs cruelles blessures. A la fin du spectacle, les Peaux-Rouges sont dans un tel état d'excitation que la moindre chose peut les porter aux pires excès et leur faire jouer du tomahawk. C'est pour éviter ces scènes de désordre et de cruauté que les plus grands efforts sont faits auprès d'eux pour les amener à renoncer désormais à ces sauvages pratiques. Aussi ces barbares réjouissances deviennent-elles de plus en plus rares et le jour de leur complète disparition est proche.

De retour à Calgary, il nous faut attendre plus d'une journée le train de Colombie. Pendant que nos compagnons se livrent à la recherche de bibelots indiens authentiques, tels que calumets, mocassins, broderies, tomahawks, qui deviennent aussi rares que les Sauvages qui le sont entièrement, je profite d'une offre gracieuse que me fait le P. Lacombe d'aller visiter l'école industrielle de Saint-Joseph, en compagnie de Mgr Grandin et du P. Legal, qui doivent poursuivre jusqu'à Mac Leod.

Nous passons encore une fois l'Elbow à gué et suivons à peu près le même chemin que la veille. Cette piste est une des moins désertes des environs de Calgary. Près de la ville nous rencontrons une de ces énormes voitures en forme de cage rectangulaire, qui ne contient pas moins d'une tonne de foin. Plus loin c'est un groupe de cavaliers indiens gravissant une colline au petit galop de leurs chevaux, le fusil posé devant eux, en travers, la chevelure flottante, et profilant sur le sol une gigantesque silhouette dessinée par le soleil levant. Quels beaux cavaliers que ces Peaux-Rouges et quel coup d'œil séduisant que de les voir fendre l'air à toute vitesse dans leurs chatoyants costumes! Ces Sauvages ont un air de dignité, de noblesse et de grandeur comme on n'en trouve plus que bien rarement, et malgré tous leurs défauts et leur inaptitude à la civilisation (je parle de la nôtre), on se sent pris d'un sentiment de compassion pour cette race fatalement condamnée à bientôt disparaître.

Non loin de la réserve de Sarcis nous apercevons des arbres funéraires dont les branches recèlent encore, selon toute apparence, la dépouille de Sauvages. Ceux-ci ont, en effet, pour principe de ne pas enterrer leurs morts; ils les enveloppent dans des couvertures et les déposent à peu de hauteur du sol sur les maîtresses branches des arbres, en ayant bien soin de les couvrir de feuillage et de branchages disposés de façon à former une voûte. Près du mort ils placent, entre autres objets, une pipe, du tabac et des allumettes.

Comme tous les peuples, les Sauvages possèdent à un haut degré le culte des morts et, bien que païens, ont en honneur leur religion mêlée de superstitions. Le Soleil et la Lune sont des divinités très répandues, mais certaines nations, comme les Sioux et les Pieds-Noirs, adorent d'une façon particulière le Soleil. Une éclipse est un signe de mauvais augure et annonce l'approche de quelque calamité. En principe les Indiens reconnaissent un Dieu bon et un Dieu mauvais; un grand Esprit, qui est bon, et un mauvais Esprit, souvent original, bizarre, qui s'incarne dans le tonnerre, les songes, les manitous, les sorciers, les jongleurs. Parmi leurs êtres surnaturels ils placent un Génie, qui tantôt a le pouvoir de commander, quand il s'agit d'une bonne action, tantôt subit une influence supérieure qui le domine, quand il est porté à mal agir. Nombre de légendes cou rent sur son compte; en voici une, celle du bouleau, qui montre de quelle façon particulière les Sauvages expliquent les phénomènes de la nature :

Le Génie, traversant un jour une savane, aperçut un ours qui se frottait fréquemment les yeux avec ses pattes. Il se dirigea vers lui. « Eh ! s'écria-t-il, salut, frère. » L'ours leva la tête et l'ayant reconnu : « Salut, frère », car les animaux le comprenaient et pouvaient lui répondre. « Qu'as-tu donc à te frotter comme cela les yeux ; as-tu mal ? — Eh ! oui, j'éprouve une démangeaison que je ne puis faire cesser. — Oh ! si ce n'est que cela, dit le Génie après l'avoir regardé, je puis te guérir. Veux-tu que je t'indique un remède ? — Oui, répondit l'ours, car j'ai confiance en toi. — S'il en est ainsi, je vais prendre ces petites graines rouges que tu vois là-bas, en exprimer le jus et te le verser dans les yeux. Ce sera cuisant, mais cela ne t'en guérira que plus rapidement. Il faut pour cela que tu te mettes sur le dos afin de me faciliter l'opération. — C'est entendu, » fit l'ours, qui de suite se plaça dans la position requise. Le voyant ainsi sans défense, le Génie prit une grosse pierre et, d'un coup, lui broya la tête. « Voici, se dit-il alors, mon déjeuner assuré. »

Il se demanda ensuite comment il ferait cuire l'ours. Réflexion faite, il se décida à le faire rôtir tout entier avec le poil. L'opération terminée, il regretta de ne pas avoir un grand appétit afin de pouvoir dévorer l'ours à belles dents.

Il eut alors une idée. S'adressant à un bouleau formé de deux tiges partant du même pied, il lui dit (car les arbres le comprenaient aussi) : « Je vais me placer entre tes deux branches et tu me resserreras jusqu'à ce que je te dise d'arrêter, afin que, par cette opération, je puisse me dilater et absorber une plus large part du festin qui m'attend. » Le bouleau le resserra. « Encore, dit-il, ce n'est pas assez. » Le bouleau continua son mouvement. « Encore un peu, fit-il. Là ; c'est bien. Desserre-moi maintenant. » Mais le bouleau, voulant le punir de sa mauvaise foi envers l'ours, resta immobile et le maintint attaché malgré ses supplications.

Voyant qu'il ne pouvait remuer et restait comme pris au piège, les loups et les coyottes, qui attendaient dans le fourré que le repas fût consommé pour en recueillir les restes, s'avancèrent sans crainte en vue de rassasier leur faim. Ils mangèrent de si bel appétit que de l'ours il ne resta bientôt plus rien. Alors seulement le bouleau se desserra et, satisfait de la leçon qu'il venait de donner, rendit la liberté à son captif.

Mais le Génie voulut à son tour se venger du bouleau qui l'avait humilié. « Désormais, lui dit-il, ton écorce ne poussera plus en hauteur comme celle des autres arbres, mais elle s'étendra de côté. »

Et voilà pourquoi, depuis cette époque, l'écorce du bouleau pousse dans le sens horizontal.

De la légende je reviens à la réalité en reprenant la route de l'école Saint-Joseph. Nous franchissons successivement la Fish et la Pine Creek, gravissons plusieurs côtes pour descendre enfin dans un repli de terrain qui abrite l'école. Le site est assez pittoresque : à deux pas de la maison, coule, en de sinueux contours, la rivière du Grand Bois ; de gracieux bouquets d'arbres donnent de la vie à ce petit coin de terre, sur lequel apparaissent des affleurements de charbon. Celui-ci est malheureusement trop disséminé pour pouvoir être extrait avec profit.

L'école n'a que deux ans d'existence, aussi l'installation est-elle à peine terminée. Les communs sentent leur provisoire, les jeunes arbres se plantent, les clôtures se dessinent; seul, un beau potager est dans toute sa splendeur. Une petite hutte basse attire mon attention. Au-dessus d'un trou, creusé jusqu'à mi-hauteur d'homme, s'élève une rotonde de branchages que l'on recouvre de toiles et de couvertures. Au fond du trou s'entassent des cailloux rougis, et sous cet abri, où l'air ne se renouvelle pas, pénètrent en rampant des Sauvages malades et rhumatisants, qui viennent faire une longue séance d'inhalation. C'est ce que, dans la traduction littérale, on appelle une suerie.

En fondant des écoles industrielles pour les Sauvages, le gouvernement a voulu voir s'il serait plus facile de transformer les Indiens en artisans qu'en agriculteurs. Jusqu'ici, les résultats ne semblent pas meilleurs, mais l'épreuve n'a pas été suffisante pour qu'il soit possible de se prononcer. L'école est une petite colonie, mais une colonie anglaise. En effet, les maîtres, les serviteurs, les Sœurs qui y sont installés, sont tous de langue anglaise, à l'exception d'une novice, originaire de France, dont la pénitence (qui ne sera pas longue sans doute) est de ne posséder aucune notion de la langue britannique. L'éducation des jeunes sauvages se fait en anglais, car, à part les missionnaires chargés de la surveillance des écoles, aucun des maîtres ne possède les deux langues. Bien mieux, quand le maître est de langue française, c'est encore l'anglais qu'il doit enseigner. C'est ainsi que dans l'immense Nord-Ouest se pratique l'égalité des deux langues. C'est là un fait extrêmement fâcheux, non pas au point des résultats qu'il donne actuellement, mais de ceux qu'il pourrait donner et des précédents qu'on ne manquera pas d'invoquer à l'avenir. Il faut cependant reconnaître que, dans le cas actuel, il n'y a en jeu que des intérêts indiens, et non français.

Jusqu'à ce jour, le plus difficile a été de retenir les Indiens. La première année de l'école, on en avait amené, et non sans peine, de 12, 15 et même 18 ans; au bout de quelques mois, et une fois l'hiver passé, il n'en restait plus un seul, tous avaient pris successivement la clef des champs. Cette année, on n'a cherché à élever que des enfants de moins de 12 ans. Le résultat a été meilleur, mais bien faible encore. Que peut-on obtenir de ces pétulants enfants, qu'il est impossible de faire tenir tranquilles, et qui ne savent qu'inventer pour faire tourner la tête à leurs maîtres? Quand nous sommes entrés dans l'école, ces petits Pieds-Noirs se laissaient glisser sur la rampe de l'escalier ou jouaient à qui descendrait le plus vite les marches sur la partie postérieure de leur individu. Pour captiver leur attention et obtenir un peu de calme, leur surveillant leur faisait des ombres chinoises représentant toutes sortes d'animaux, et il était devenu de première force à cet exercice. Grâce à de petits talents de société de ce genre, on parvient à infuser quelques connaissances dans ces esprits réfractaires à toute discipline; mais qu'en restera-t-il quand ils seront rendus à eux-mêmes ?

X

LES MONTAGNES ROCHEUSES

Le garage de Cochrane. — Les cow-boys. — Les ranches au Nord-Ouest. — La descente des Rocheuses. — La passe du *Cheval Qui Rue.* — Mineurs français et délicatesse américaine. — Donald. — *Yes, no.* — A travers les précipices. — Vancouver et la Colombie.

Au départ de Calgary commence, quoique fort douce encore, la montée vers la chaîne des Rocheuses, que nous apercevons au loin. Mais avant de nous engager dans les gorges de ces Alpes d'Amérique, jetons un coup d'œil sur le *ranche* de Cochrane, situé sur la ligne, à peu de distance de Calgary.

Grâce à l'obligeance de M. Egan, surintendant général du Pacifique, nous avions obtenu qu'un wagon de voyageurs fût accroché à un train de marchandises et laissé à la station de Cochrane, où le train tri-hebdomadaire de voyageurs le prendrait en passant le lendemain, après nous avoir laissé le temps de visiter le ranche. Nous télégraphions à M. Cochrane, propriétaire du ranche qui porte son nom, pour l'avertir de notre arrivée à la fin de la journée. En route, il nous arrive une mésaventure : la locomotive, avec son chasse-pierre ou attrape-vache (dont le nom est cette fois bien justifié), écrase une de ces bêtes à cornes, qui s'engage si malheureusement sous la machine, qu'il faut près de deux heures pour l'en retirer. Cet événement nous fait arriver assez tard dans la soirée à Cochrane. Avant que nous ayons le temps de nous reconnaître, le train, qui n'a pas à s'arrêter ici, pousse notre wagon sur une voie de garage et continue sa route sans plus tarder.

Cet abandon sans avertissement nous fait supposer que nous sommes arrivés à destination. Nous regardons autour de nous, mais ne voyons absolument rien à travers la nuit noire, pas même la cabane qui sert de gare. Rien ne remue et il n'y a pas une lumière à l'horizon. Enfin deux d'entre nous se dévouent pour aller en reconnaissance. Ils finissent, grâce aux aboiements des chiens, à découvrir la station, où, vu l'heure avancée, on ne leur ouvre qu'après quelque attente. Là on apprend que M. Cochrane est absent et que personne n'a été averti de notre arrivée, car il n'y a pas de bureau télégraphique ouvert. L'employé qui avait reçu notre télégramme, l'avait lu bien attentivement, en avait perçu scrupuleusement le prix, mais ne s'était pas donné la peine de nous dire qu'il ne parviendrait pas. En présence de ce tour par trop américain, il nous faut renoncer à l'hospitalité du ranche, sur laquelle nous comptions un peu. Notre wagon, fermé à ses deux extrémités, est transformé en campement. Chacun, en déplaçant à sa guise les banquettes mobiles, s'organise une couchette de sa façon, et le poêle, dans lequel nous remettons le charbon laissé à notre portée, nous permet de ne pas trop nous ressentir de la fraîcheur de la nuit.

Le lendemain, nous nous rendons à l'établissement d'élevage qui est le but de notre visite. Avant d'arriver au ranche nous rencontrons le troupeau de chevaux, fort de 3 à 400 têtes, qu'un seul cow-boy mène s'abreuver à la rivière. Le cow-boy (gardien de bestiaux) est toujours monté, et souvent avec un certain luxe. Son costume — un pantalon de cuir à franges, une vareuse de peau ornée de broderies et de franges — lui donne beaucoup de cachet. Cavalier intrépide et chasseur émérite, il exerce un dur métier en surveillant en tout temps de nombreux troupeaux qu'il a pour mission de protéger contre les rapines des Indiens. Parfois c'est un déclassé de haute famille qui expie sous la veste de cow-boy, les dissipations de sa jeunesse ; mais la leçon ne sert guère, car le cow-boy dépense souvent au jeu le fruit de plusieurs mois de travail, s'il lui arrive de rentrer, ne fût-ce qu'un instant, dans le giron de l'humanité civilisée. Fort habile dans le maniement de son troupeau, le cow-boy que nous rencontrons nous en donne une preuve en lançant sa troupe au petit galop. C'est un curieux spectacle de voir s'ébranler cette longue file de chevaux et, pour en prendre un, il faut se servir du lasso, utile à double fin, car c'est avec lui qu'on capture également les maraudeurs.

Cow-boy

Le ranche Cochrane se compose d'un enclos couvert, pour les moutons, qui ne pourraient sans cela résister à l'hivernage, et d'un autre, qui n'a pour toiture que la voûte céleste. Ce dernier est réservé aux chevaux et au gros bétail. Si l'on ajoute un abri pour les étalons et une maison en bois pour les rancheros, on a une idée complète de l'établissement.

Les ranches canadiens sont d'origine toute récente. Le premier date de 1881 et fut fondé par le sénateur Cochrane, chez qui nous sommes et par M. Mac Eachran, directeur de l'école vétérinaire de Montréal. Depuis cette époque, grâce à l'achèvement du chemin de fer du Pacifique, des étendues de terrain considérables ont été consacrées à l'élevage des chevaux et du bétail. Les animaux doivent se nourrir eux-mêmes hiver comme été et vivent presque à l'instar des bêtes sauvages. Le propriétaire d'un ranche n'a guère à sa charge que la surveillance de son troupeau dont la valeur s'augmente chaque année par le croît. Afin de permettre aux rancheros de reconnaître leur bien, une grande réunion de tous les propriétaires, cow-boys et troupeaux, a lieu deux fois par an, au printemps et à l'automne, aux environs de Calgary. Là, on procède à la marque du bétail et l'on règle les différends qui ont pu surgir.

Les ranches qui augmentent chaque jour comme nombre et comme importance (il y a des troupeaux de 10 à 15,000 têtes), sont tous situés sur le versant oriental des Montagnes Rocheuses, à une altitude de 12 à 1,500 mètres. Le climat y est assez doux l'hiver, et la neige, qui n'y est jamais très haute, fond assez rapidement sous les effluves des vents chauds venant de l'océan Pacifique. Grâce à l'absence de population, les troupeaux ont un espace considérable pour se mouvoir et trouver une nourriture qui ne manque jamais, même en hiver, car les bêtes savent parfaitement gratter la neige pour trouver l'herbe qu'elle recouvre. La mortalité du bétail est ordinairement de 5 0/0 ; parfois elle descend jusqu'à 2 0/0. Un ranche bien choisi, c'est-à-dire près d'un cours d'eau, sur un sol bon pour le pâturage et sur un terrain mouvementé, qui procure un abri contre les tourmentes, donne de beaux bénéfices qui sont ordinairement de 30 à 40 0/0 et atteignent parfois 70 et 75 0/0. Mais l'élevage a quelque chose d'assez aléatoire, car une épidémie, une tempête de neige *(blizzard)* peuvent tarir la source même de ces bénéfices en anéantissant entièrement le troupeau. Cette destruction totale est chose rare, mais les pertes partielles sont quelquefois assez importantes pour faire reculer de plusieurs années la marche ascendante du troupeau. Jusqu'ici, l'expédition du bétail et même sa consommation sur place ont été peu considérables ; mais beaucoup de troupeaux se trouvant fortement constitués, le surcroît ne tardera pas à prendre la route de la Colombie, des États-Unis et des vieux pays canadiens.

La station de Cochrane est située près de la rivière de l'Arc *(Bow River)* dont nous suivons les contours depuis Calgary. Nous voici de nouveau en chemin de fer. Au fur et à mesure que nous approchons des Montagnes Rocheuses, dont les neiges étincèlent à l'horizon, la vallée se dessine, et, de chaque côté de notre wagon, les collines se transforment graduellement en montagnes. A Padmore ces montagnes se rapprochent des deux côtés et nous entrons dans les premiers contreforts de la grande chaîne, en passant et repassant sans cesse la rivière de l'Arc. Le jour est sur son déclin quand nous arrivons à Canmore, où le train s'arrête, car on ne traverse pas encore de nuit les Rocheuses.

Le gîte faisant défaut, il nous faut encore camper dans notre wagon. Le lendemain, nous ne nous remettons en route qu'après avoir regardé les premières lueurs de l'aurore se dessiner sur les arêtes neigeuses et les teinter de pourpre comme pourrait le faire un gigantesque incendie. Nous sommes maintenant au cœur du système montagneux. Tantôt ce sont des cimes disparaissant sous une couronne de verdure, tantôt des pics inaccessibles et déchiquetés, tantôt d'énormes masses ayant la forme d'un cône tronqué, ou bien des sommets arrondis. La plupart de ces montagnes sont dénudées par suite de l'escarpement de leurs parois, leur structure est originale et elles affectent en général une couleur gris-cendré. Quelques-unes ont des veines rocheuses de diverses couleurs et se profilant parallèlement en longues lignes horizontales. Parfois ces veines forment un relief régulier et dessinent sur les flancs de la montagne une série d'étages disposés avec une harmonie parfaite. Ces étages servent d'abri à une couche de neige qui enguirlande la montagne avec une régularité mathématique.

Le chemin de fer se fraye facilement un passage en remontant la rivière de l'Arc dont le lit est de moins en moins profond, mais dont les eaux conservent une pureté de cristal. Jusqu'ici, pas un tunnel, pas de travaux d'art ; à part quelques ponts sur la rivière, la voie, qui ne semble pas monter, est établie aussi simplement que dans la Prairie. Nous arrivons ainsi à la station de Banff. Là, il n'y a pas même de baraque tenant lieu de gare. Le service du chemin de fer est établi dans un wagon placé sur une voie de garage.

Depuis, Banff a changé d'aspect: ses sources sulfureuses, son site grandiose y attirent les touristes qui trouvent à s'y loger autrement qu'à la belle étoile. Comme les États-Unis, le Canada a voulu avoir son Parc national, et ce sont les environs de Banff qui, avec une grâce charmante, formeront le cadre de ce site si vanté.

Plus loin, à Castle-Mountain, on aperçoit sous le feuillage de la vallée une vingtaine de maisons en bois : mais la plupart sont abandonnées. Jadis cet endroit, qui porte aussi le nom de Silver-City, eut quelque réputation ; on y avait découvert une mine d'argent dont l'exploitation avait été entreprise, mais le filon était médiocre et la population de mineurs abandonna bientôt toutes ses installations qui tombent en ruines aujourd'hui.

La station est dominée par un énorme bloc de granit à deux étages qui représente avec beaucoup d'exactitude un puissant château-fort (Castle-Mountain) du moyen âge, avec ses tours et ses donjons. Son aspect est saisissant et l'on se sent comme écrasé sous cette masse aux parois abruptes et dénudées. Au fond de la vallée, disparaissant sous des massifs de bouleaux et de maigres sapins, se dresse une triple rangée de hauteurs que recouvre, au dernier plan, un blanc manteau de neiges éternelles.

Laggan est la dernière agglomération que nous rencontrons sur le versant de l'Atlantique. Cinq ou six baraquements, plus mal alignés que dans une foire de village, se présentent de front devant la voie ferrée. Une enseigne en toile à demi déchirée, portant la mention : *Royal Hôtel, billard-hall,* flotte sur la devanture d'une de ces masures, dont les planches mal jointes sont une invite adressée aux courants d'air beaucoup plus qu'aux voyageurs. A côté, l'écriteau d'un *hardware* (quincaillier), aussi répandu au Nord-Ouest que le plat à barbe dans la patrie de Figaro.

A Laggan, notre train reçoit une forte locomotive à l'arrière, afin de faciliter la manœuvre dans les parages difficiles que nous allons avoir à franchir pour entrer en Colombie par la passe du Cheval-Qui-Rue (Kicking-Horse Pass). La montée est toujours peu sensible et rappelle d'autant plus celle de la Manche, en se rendant de Madrid à Cordoue, que, comme celle-ci, elle est suivie d'une brusque et rapide descente. Le défilé se forme peu à peu près de Stephen, et se resserre pour arriver à Hector, point culminant de la ligne à 1,800 mètres d'altitude. Puis, subitement, on s'aperçoit que l'on vient de franchir la ligne de partage des eaux. Un ruisselet, qui bientôt devient torrent, se fraye un passage vers l'océan Pacifique dans un défilé abrupt où le chemin de fer a peine à trouver place. Mais bientôt le torrent se creuse un chemin de plus en plus profond au milieu des rochers et ses eaux, sans cesse rebondissantes, transforment son lit en une mousse argentée. Nous sommes en pleine forêt d'arbres verts et, pour la première fois, les sapins se présentent sous un aspect majestueux.

Tout à coup le torrent s'affaisse et se dérobe au regard, pour ne plus laisser apparaître au-dessus du précipice qu'un de ces grands ponts de bois, aux piles à claire-voie, dont le tablier a juste la largeur nécessaire pour recevoir les deux lisses (rails) de la voie ferrée. De ce point, le regard plonge à grande distance sur le ravin qui s'ouvre et s'élargit dans des proportions considérables. En levant les yeux, on se trouve face à face avec d'énormes parois de rochers et, par-dessus le faîte ondulant des sapins, on devine au loin la vallée dans laquelle on va déboucher. Le spectacle est aussi sauvage que grandiose et digne de toute admiration.

La descente est raide, car il faut racheter une différence de niveau de plus de 900 mètres sur un parcours de 19 kilomètres. Le train marche avec une sage lenteur, en rasant le rocher, qu'il a fallu entailler à vif à maintes reprises. Par instants la voie est tellement sur le bord du précipice qu'un regard mal assuré serait susceptible d'engendrer le vertige. Sur divers points, le flanc rocailleux de la montagne n'offrant aucune résistance, il a fallu arc-bouter des traverses en bois qui surplombent le précipice au-dessus duquel roule le train. On ne peut vraiment qu'admirer, mais non sans quelque effroi, la hardiesse des ingénieurs et des constructeurs du chemin de fer.

A plusieurs reprises un embranchement se détache de la voie et s'engage dans les replis de la montagne en conservant une position horizontale et parfois même légèrement ascendante. Ce sont des voies de garage. Quand le mécanicien se sent entraîné sur la pente et craint de ne pouvoir serrer les freins d'une manière satisfaisante, il engage le train sur une de ces voies d'évitement, qui sont au nombre de quatre. Ces précautions sont nécessaires, car si un accident survenait au cours de la descente, il serait peut-être impossible d'enrayer sur la pente.

Nous côtoyons le flanc d'un pic abrupt dont la cîme altière se perd dans les nuages. Cette fois ce n'est plus seulement de la neige, qui couronne ce géant de granit, mais un véritable glacier dont les crevasses profondes laissent entrevoir des reflets bleuâtres. Plus loin, le rocher fait une saillie tellement proéminente qu'il a fallu percer un court tunnel pour rendre possible l'établissement de la voie. Ce tunnel mérite d'être signalé, car c'est le premier que nous rencontrons depuis Winnipeg et le seul qui existe dans toute la descente des Rocheuses. Bientôt le fond du précipice s'élargit, et sur le versant opposé, dépourvu de toute végétation, se dresse menaçante, une colossale paroi de rochers grisâtres, qui semble dépasser, en hauteur à pic, le fameux cap Éternité, du Saguenay.

Enfin, nous arrivons au bas de cette belle descente, à la station de Field, où nous retrouvons deux mineurs français, vieilles connaissances de quelques minutes, contractées à Calgary. Ces compatriotes nous offrent quelques échantillons de minerai d'argent que nous serrons précieusement dans un ancien sac de provisions. Le métier de mineur est pénible et il faut souvent des années d'exploration et de sondage avant d'arriver à mettre la main sur un filon riche en métal. Encore faut-il que l'extraction n'entraîne pas de frais trop élevés, sans quoi la mine devient pratiquement inexploitable. Telle n'est pas la situation de notre compatriote, qui vient de revendre 1,000 piastres une faible part de sa concession payée 200 piastres en tout et pour tout.

A quelques stations de là, nous étions presque tous descendus à terre lorsqu'un voyageur d'assez bonne apparence, qui nous avait vus examiner notre minerai d'argent, vient le plus simplement du monde s'asseoir à côté du sac qui le renferme, l'ouvre délicatement et, jetant un coup d'œil rapide sur son contenu, en extrait un bel échantillon qu'il met de côté. Puis, renouant le sac, toujours avec la même délicatesse, il retourne sur sa banquette prendre une pose aussi calme qu'indifférente, après avoir eu soin de placer dans sa valise fermée à clef, le précieux minerai qu'il vient de nous soustraire avec un naturel si touchant. On n'est pas plus Américain. Notre ami G. Tiret-Bognet, qui avait assisté à cette petite scène, croqua sur son album la silhouette du monsieur à l'air distingué, que nous sûmes depuis être M. F.-R. R., ingénieur du gaz.

Laissant Field en arrière, nous suivons une étroite vallée entourée de montagnes, disparaissant sous l'épaisse chevelure des pins. On travaille à l'entretien de la voie, et, comme dans ces parages déserts, les restaurants font quelque peu défaut, les ouvriers prennent leur pension dans un *boarding-car*, wagon de forte dimension placé sur une voie d'évitement.

Au delà de Palliser et de ses cinq maisons de bois, le paysage redevient fort pittoresque jusqu'à Golden City. Il faut franchir cinq fois la rivière et traverser quatre tunnels de forme courbe. L'un d'eux est pourvu, sous la voûte, d'un revêtement en bois en vue d'éviter les infiltrations. Nous sommes engagés dans un long et sinueux défilé encaissé dans de majestueuses montagnes boisées à la base, mais se terminant par des parois à pic entièrement dégarnies. Malheureusement les sapins ont été brûlés sur de grandes étendues et l'aspect de ces hautes tiges noircies et dépourvues de feuilles est profondément triste. La rivière, dans ses brusques évolutions, ronge tantôt une rive, tantôt l'autre, ce qui oblige le chemin de fer à se frayer un passage dans le vif de la roche tour à tour granitique, ardoisée et charbonneuse. En certains endroits les parois de la montagne sont perforées et parsemées de rayures fort curieuses. Parfois le rocher est formé par du bois pétrifié et, d'un simple coup d'œil, on peut reconnaître la trace des rainures ligneuses.

Mais la voie ferrée n'a pas à surmonter seulement des obstacles granitiques; il lui faut encore lutter contre les éboulements de gravier, les affaissements de la montagne, qui parfois déverse jusque par-dessus la voie des masses de boue. Le cas venait précisément de se présenter à la suite de pluies fréquentes et la circulation avait été momentanément interrompue au moment de notre passage. Ces obstacles de la nature disparaîtront peu à peu. La rapidité avec laquelle la voie a été construite ne permettait pas de l'entourer de prime abord de toutes les mesures de précautions qui viendront en leur temps.

La partie la plus curieuse du défilé dont la traversée ne demande pas moins de trois quarts d'heure, est certainement la dernière. Ici le feu a épargné la magnifique végétation colombienne, et c'est un vrai bonheur. Les sombres aiguilles des pins se marient agréablement au feuillage des bouleaux et des hêtres dont les nuances d'un jaune d'or éclatant s'harmonisent admirablement avec les teintes écarlates des essences que le soleil couchant embrase de ses feux.

Ce site vraiment séduisant fait bientôt place à une riante vallée couverte de prairies, et les cimes neigeuses, un instant masquées par le défilé, réapparaissent plus étincelantes que jamais. Mais le soleil se cache brusquement, les nuages se forment avec rapidité sûr les crêtes des montagnes, et quand, à la chute du jour, nous arrivons à Donald, dernière station ouverte à l'exploitation de ce côté, une pluie maussade est la seule autorité présente pour nous recevoir sur le sol de la Colombie.

Nous nous réglons ici à l'heure du Pacifique, en retard de 3 heures sur Montréal et de 8 heures sur Paris. Une différence de 24 heures existant pour le tour complet du globe, même avant le roman si connu de Jules Verne, le trajet que nous avons parcouru depuis notre point de départ représente donc le tiers du tour du monde.

A Donald nous n'apercevons qu'une dizaine de maisons, voisines de la rivière Columbia que nous venons de traverser. On peut donc juger, par l'importance de la localité, de la valeur de l'hôtel de quinzième ordre qu'on y rencontre. Les trois seules chambres disponibles sont adjugées aux dames et au curé Labelle. Dire qu'on s'y trouvait mieux que nous autres, pauvres délégués, campant encore une fois à bord de notre *char*, serait, je crois, faire offense grave à la vérité.

Dans cet affreux petit trou où nous pataugeons dans une boue intense, nous parvenons cependant à faire un solide dîner grâce à la circonstance suivante. L'un de nos compagnons, Ch. de Bouthillier, qui avait obtenu pour nous une lettre de recommandation de M. Van Horne, directeur de la Compagnie, était allé voir M. Ross, surintendant de la section colombienne. Ne trouvant pas ce dernier, il s'adressa à son secrétaire qui, sans lever les yeux de dessus son papier, et avec ce flegme britannique bien connu, répondait invariablement à toutes les questions par ces deux monosyllabes : *yes*, *no*, aussi agaçants que décourageants. Impossible d'en tirer le moindre renseignement sur la possibilité de continuer la route par terre ou par un train de ballast.

Mais quand ce même secrétaire eut appris que nous avions une lettre de son directeur, il leva la tête et commenca à sortir de son impassibilité. Puis, quand il eut lu la lettre, il devint immédiatement l'homme le plus aimable du monde, nous invita aussitôt à venir nous chauffer dans son bureau, installé dans un wagon placé sur une voie de garage. Il nous fit alors connaître l'absence de M. Ross, ce qui rendait à peu près impossible la continuation de notre voyage, et, finalement, nous annonça qu'il nous faisait préparer à dîner avec tout ce que la Compagnie pouvait nous offrir de mieux. Voilà comment, grâce à M. Van Horne, nous fîmes honneur à la table de la Compagnie du Pacifique.

Le soir, nous nous rendons à l'hôtel encombré d'ouvriers aux traits tirés et aux figures parfois rudes et farouches. Ce sont pour la plupart des terrassiers qui ont travaillé tout l'été à la construction de la ligne et sont en route, par escouades, pour repasser les Rocheuses. Nous trouvons là quelques rares Canadiens-Français, un de nos compatriotes, originaire de Decazeville, et un individu bavard qui se dit aussi Français, et qui, pressé de questions sur son lieu d'origine, finit par déclarer qu'il est de... Lombardie. Tous sont peu satisfaits, car l'abondance de la main-d'œuvre a amené forcément une baisse des salaires. Il y a un an, chacun recevait 3 piastres par jour ; or cette année, le salaire quotidien n'a été que de 2 piastres. Sur ces 2 piastres, il faut chaque jour en prélever une pour le prix de la pension et, quand il fait mauvais temps, l'ouvrier chôme et n'est pas payé. Depuis deux semaines le temps est presque toujours à la pluie et la campagne de travail est virtuellement terminée.

Tout est très cher à Donald : une chambre pour la nuit avec un petit déjeuner se paie 1 piastre 1/2, et quelle turne! Si l'hôtelier se plaint de ce que les ravitaillements sont coûteux, par contre il ne dit pas quels bénéfices il réalise sur les liqueurs fortes. Le petit verre de brandy se vend 50 cents (2 fr. 50 c.), et les ouvriers en consomment presque tous. Or, comme le gallon (4 litres 1/2) revient à 4 piastres

(20 francs), on voit que le métier de débitant dans ces parages permet d'aller vivre de ses rentes fort jeune encore.

Nous passons la soirée dans la grande salle de l'hôtel Selkirk où se trouve un billard sale et défraîchi qui ne manque pas d'amateurs. Les carambolages se succèdent et les boules roulent toute la nuit. A côté, autour d'une grande table, éclairée par une lampe fumeuse, des joueurs suivent, l'œil hagard, avec une attention bruyante, la fortune des cartes, et les piastres, froissées et crasseuses à force d'avoir passé dans les portefeuilles, tombent par paquets devant le banquier, sur un tapis qui a pu être considéré comme vert à une époque déjà éloignée. La demi-clarté qui enveloppe ce groupe fait encore ressortir l'énergie de ces figures rébarbatives, mineurs, bûcherons, peut-être même brigands, avec qui on ne voudrait pas avoir même l'ombre d'une discussion. Quel beau sujet d'étude il y aurait là pour un Gustave Doré!

Donald était, au moment de notre passage, le terminus du Pacifique, à l'est de la Colombie, tandis qu'à l'ouest la voie ferrée était exploitée de Port-Moody à Kamloops. Quelques semaines plus tard (7 novembre) le dernier rail était posé, réunissant les deux sections et, par suite, les deux océans. Huit mois après, le train d'inauguration partant de Montréal, arrivait à Port-Moody (4 juillet 1886).

L'intérieur de la Colombie, hérissé de montagnes et couvert de forêts, est, pour ainsi dire, inhabité et ce n'est que dans le voisinage de l'océan Pacifique que la colonisation réapparaît. Mais avant d'y arriver le chemin de fer traverse une région aussi pittoresque que sauvage.

A Donald, on se trouve sur le versant oriental de la chaîne de Selkirk. Pour arriver à Revelstoke, sur le versant opposé, sans s'astreindre à suivre les détours de la Columbia, la voie ferrée grimpe, pour ainsi dire, à l'assaut de la montagne qui disparaît sous un manteau de sombres forêts que couronnent des neiges étincelantes. S'engageant dans la gorge étroite du Castor, elle se glisse ensuite dans celle, plus accidentée encore, de Roger pour arriver, par une série de précipices, au sommet de la chaîne, à plus de 1,600 mètres au-dessus du niveau de la mer. De ce point la descente s'effectue par une série de zigzags à flancs de rochers, la voie ayant à racheter une différence d'altitude de 200 mètres sur un parcours de 10 kilomètres environ, avant de suivre les capricieux crochets de la rivière Illecillewait dont les eaux roulent au fond d'une coulée de granit de 60 mètres de profondeur. Ce parcours est d'un effet grandiose et l'on ne sait trop ce qu'on doit admirer le plus de la beauté sauvage de la nature ou des tours de force exécutés par les ingénieurs pour faire passer la voie sur une série de ponts, jetés à une grande hauteur en travers de gouffres profonds, ou accrochés à leurs flancs.

Au delà de Revelstoke commence une série de lacs poissonneux que l'on suit jusqu'à Kamloops non sans franchir une succession de ponts et de tunnels. A Kamloops la scène change et la montagne cède le pas à la plaine. Bientôt on atteint la rivière Fraser, dont les eaux, comme celles de la Columbia, renferment une quantité prodigieuse de saumons qui s'expédient en conserves dans toutes les parties du monde. Le sol redevient mouvementé et le paysage aussi varié qu'agréable jusqu'à l'arrivée à Port-Moody, premier terminus du chemin de fer, remplacé aujourd'hui par Vancouver-City, sur les bords mêmes de l'océan. Huit heures de bateau mènent à Victoria, capitale de la Colombie, située au sud de l'île Vancouver, dans l'échancrure d'une baie du détroit de Fuca.

Victoria, point le plus important de la province, port naturel de tous les bateaux arrivant au Canada par le Pacifique, est une petite ville dotée d'une véritable colonie chinoise formant le quart de la population et ayant son quartier, ses magasins et jusqu'à son théâtre. Sobres, durs à la fatigue, se contentant d'un salaire notablement inférieur à celui des travailleurs américains, les Chinois deviennent un danger pour le Nouveau-Monde qui, de tous côtés, cherche maintenant à leur fermer ses portes. Le champ de la colonisation est cependant assez vaste, surtout en Colombie, où la pénétration dans l'intérieur est encore peu avancée.

Par la douceur de son climat, l'humidité de sa température, la Colombie fait un contraste frappant avec les autres provinces de la confédération. Les richesses de ses pêcheries, de ses forêts et de ses mines lui ont fait donner le nom de Californie du Canada. Il n'est point de province où l'émigrant d'Europe trouve une plus grande variété d'occupations et une plus grande facilité d'acclimatement. La trouée faite par le chemin de fer du Pacifique à travers les Montagnes Rocheuses soude désormais les unes aux autres les provinces les plus éloignées du Canada. Elle leur assure avec une cohésion politique plus forte, un développement commercial considérable auquel ne contribuera pas peu le choix de cette voie nouvelle comme route de transit entre l'Europe et l'Extrême-Orient.

COLOMBIE. — PONT DU CHEMIN DE FER SUR LA RIVIÈRE DE PIERRE

XI

COLONISATION FRANÇAISE ET AVENIR

L'émigration française et la colonisation au Canada. — Pourquoi il faut préférer le Canada aux États-Unis. — Des catégories d'émigrants et des provinces à choisir. — Les Canadiens-Français aux États-Unis. — Avenir de la race française en Amérique.

Avant de terminer ces notes de voyage, je désire consacrer quelques lignes à la colonisation française au Canada. L'idée d'émigration qui s'y rattache m'amène tout naturellement à envisager l'éventualité d'une impulsion à donner, vers le Dominion, à l'émigration française qui se dirige vers l'Amérique du Nord. On dira peut-être qu'encourager l'émigration est contraire aux intérêts de la France, que l'émigration affaiblirait et appauvrirait. Cela n'est pas exact.

Et d'abord l'émigration, bien loin de produire ce résultat, enrichit au contraire un pays, car il s'établit forcément, entre l'émigré et ceux qu'il a laissés dans la mère patrie, un courant de relations et d'affaires qui contribue à ouvrir de nouveaux et parfois d'importants débouchés commerciaux entre la nouvelle patrie de l'émigré et son pays d'origine. Il suffit pour s'en convaincre de citer comme exemple l'Angleterre et l'Allemagne. C'est grâce à ses émigrants et à ses colonies que l'Angleterre est un pays prospère doté d'un mouvement commercial considérable. Et si l'Allemagne ne peut invoquer ses possessions coloniales, elle peut établir qu'elle entretient un commerce des plus développés avec les États-Unis, où dix millions de ses enfants ont émigré depuis cinquante ans.

Chaque année l'émigration prend des proportions croissantes dans le Royaume Uni, ainsi que dans l'empire d'Allemagne et, malgré cela, la population augmente sans cesse dans ces deux pays. Ce sont surtout ceux qui sont à l'étroit qui émigrent; le vide qu'ils laissent est aussitôt comblé et assure le développement de leurs voisins. Tous deux y gagnent et l'État n'y perd rien.

En second lieu, ceux qu'une situation difficile pousse à tenter au loin la fortune et ceux qui, pour des raisons diverses, veulent quitter la mère patrie, émigreront toujours. Pourquoi dans ce cas ne pas diriger cette émigration au lieu de la laisser se perdre aux quatre coins du globe sans profit aucun pour l'avenir de la race et de la langue françaises ?

Ceux qui habitent le midi de la France trouveront en Algérie et en Tunisie un sol fertile qui ne demande qu'à être mis en valeur, de la place à discrétion dans un milieu où ils se feront vite, et cela à une distance des plus rapprochées de leur pays d'origine. Les autres colonies françaises, pour la plupart si dissemblables comme climat et comme genre de vie, ne sauraient entrer en comparaison avec l'Afrique septentrionale à titre de colonie de peuplement.

Par contre, ceux qui sont enfants du nord ou des froides régions des montagnes trouveront au Canada, plutôt qu'aux États-Unis, un climat qui se rapproche du leur, d'immenses terres vierges pleines d'avenir, et, avec une liberté sans égale, un peuple ayant avec eux une communauté de mœurs et d'origine.

Ce n'est pas seulement une question de proximité relative et de rapports commerciaux qui fait établir cette division. Ces deux courants d'émigration doivent se déterminer ainsi d'après les lois de l'hygiène, car il est démontré qu'en général l'homme du nord s'acclimate mal sous le soleil d'Afrique et que l'homme du midi a peine à se faire aux froids hivers du Canada.

Mais pourquoi l'émigration française dans l'Amérique du Nord doit-elle se diriger vers le Canada plutôt que vers les États-Unis ?

C'est d'abord parce que le Canada est un pays plus neuf, plus ouvert, plus accessible, plus sympathique à l'émigrant qui, 99 fois sur 100, ne parle que sa langue maternelle, et qui trouvera là-bas une population de sa race, de sa langue et de sa religion, ayant gardé le culte de la France et qui le recevra à bras ouverts. Aux États-Unis, au contraire, par suite de la cherté de la vie, de la différence de langue, du peu de sympathie de la majorité de la population pour la France, l'émigrant aura à surmonter des difficultés autrement grandes qu'au Canada pour se créer un établissement.

Enfin une raison d'ordre supérieur existe encore. L'émigrant français fixé aux États-Unis sera noyé dans la masse des Anglo-Saxons et finira, malgré sa résistance, par être anglicisé, tandis qu'au Canada non seulement il conservera le cachet de sa race, mais encore il apportera un renfort appréciable à l'élément canadien-français, qui lutte pacifiquement pour conquérir la suprématie du nombre, et qui, avec le temps et le ralentissement fatal de l'émigration britannique, finira par y arriver, si sa fécondité naturelle se maintient sur le même pied.

L'émigration au Canada aura donc pour effet de renforcer notre race et de répandre davantage notre langue. Or ce résultat n'aura-t-il pas pour conséquence d'agrandir notre domaine économique, scientifique et littéraire et d'accroître le nombre des clients de la patrie française ? Celui qui est de race française, ou simplement même parle la langue française, n'est-il pas tributaire plus ou moins de notre pays au double point de vue matériel et intellectuel ? C'est donc faire œuvre nationale que de contribuer au maintien d'abord, et au développement ensuite, de la race et de la langue françaises.

De ce que l'émigration au Canada est digne d'encouragement, il n'en faut pas conclure qu'elle le soit pour tout le monde. Elle convient à ceux qui, possesseurs d'importants capitaux viendront y fonder de grands établissements industriels, commerciaux ou agricoles. Quant aux émigrants n'ayant que de faibles économies, ils pourront réussir au Canada, à la condition de s'adonner à l'agriculture ou à l'élevage. En dehors de ces deux branches de travail on ne saurait que déconseiller l'émigration à ceux qui n'auraient pas par avance une situation assurée. Ceci s'applique aux artisans et surtout à ceux qui, d'une façon quelconque, tiennent aux professions libérales. Ce sont là des positions véritablement encombrées et, pour ne citer qu'un exemple, il est certains quartiers de Montréal où il est impossible de circuler sans voir à chaque tournant de rue une enseigne d'avocat, ou plutôt une double enseigne, car les avocats canadiens sont généralement associés deux par deux.

Il ne faudrait pas croire que le Canada soit un Eden, même pour les agriculteurs, car, sans un travail persistant et assidu, nul ne pourra atteindre le résultat qu'il convoite. L'émigrant sans aucune ressource, arrive souvent à force de travail et d'épargne à ce qu'on est convenu d'appeler une honnête aisance; à plus forte raison, celui qui a quelques économies parviendra-t-il facilement à prendre sa place au soleil. La terre ne manque pas au Canada, mais il faut savoir la choisir dans ce pays grand comme l'Europe, qui ne compte encore que 4 millions et demi d'habitants et peut en contenir vingt fois davantage.

De toutes les provinces du Canada, celle de Québec étant la plus française, sera aussi celle où l'émigrant aura le plus la tentation de ses fixer. Mais Québec commence déjà à se peupler et toutes les bonnes terres de la vallée du Saint-Laurent sont occupées. Pour en avoir sa part il faudrait les payer assez cher. Il n'y a guère que la région voisine des États-Unis, les cantons de l'Est, où l'émigration, pour un prix assez modique, pourra acquérir des terres. Quant au nord de la province c'est une contrée par trop couverte de forêts pour un émigrant européen. Défricher la forêt est un trop rude labeur pour ce dernier, et seuls des bras canadiens peuvent se livrer efficacement à ce pénible travail.

Aussi est-ce vers l'ouest que l'émigrant devra tourner ses regards. Laissant de côté la province si anglaise d'Ontario où il n'y a guère place pour lui, sauf dans le comté d'Essex, s'il est vigneron, il devra se rendre au Manitoba et au Nord-Ouest qui lui offriront des avantages bien supérieurs à ceux des autres provinces. Si Québec reste enseveli pendant quatre ou cinq mois sous plusieurs pieds de neige, cette neige, au Manitoba et au Nord-Ouest, tombera plus tard, disparaîtra plus tôt et plus rapidement et aura une épaisseur bien inférieure. Dans ces deux provinces, la terre est excellente pour la culture et ne demande d'engrais qu'au bout de vingt ou trente années d'exploitation, des concessions s'y donnent gratuitement et les lots de terres, que le gouvernement met en vente, sont d'un bon marché sans exemple. Là, le cultivateur ne sera pas gêné par ses voisins, il pourra transporter facilement les produits de son exploitation, s'il a soin de ne pas se fixer à trop forte distance des voies de communications et rentrera promptement dans tous ses déboursés.

L'émigrant qui n'amène point de compagnons fera bien de s'associer à un compatriote ou à un Canadien, sans quoi l'isolement, la tristesse, le découragement pourraient abattre tout son courage. Une famille aura plus de chances de réussite qu'un émigrant isolé, et, à l'inverse de ce qui se passe souvent en France, plus elle sera nombreuse plus elle sera riche, car elle aura plus de bras à consacrer à son établissement dans un pays où la main-d'œuvre est hors de prix par suite du manque de journaliers.

Enfin celui qui voudra faire de l'élevage trouvera, sur les premiers contreforts des Montagnes Rocheuses notamment, un terrain essentiellement favorable sur lequel des ranches prospères sont déjà établis en grand nombre.

Au point de vue de la richesse du sol, de la facilité d'installation, là surtout où il y a des centres français, l'émigrant aura donc tout intérêt à se porter au cœur du Canada. A cela, il faut ajouter un intérêt supérieur : celui du développement de la race française. Le Manitoba, outre ses avantages naturels, aura un jour, par suite de sa position stratégique à égale distance des deux océans, une importance capitale, et la race qui arrivera à y asseoir d'une façon indiscutable sa suprématie, jouira, dans un avenir peut-être éloigné encore, d'une influence prépondérante sur le régime politique de la confédération.

L'élément français ne représente encore qu'une faible minorité au Manitoba et au Nord-Ouest, pays qu'il a découvert et peuplé tout d'abord de ses coureurs de bois ; mais sa résistance à l'envahissement, sa ténacité comme possesseur du sol, sa force d'expansion sont choses trop connues, pour que ses adversaires mêmes n'en arrivent pas à admettre la possibilité de son triomphe numérique sur l'élément britannique. Ce jour-là, le faible lien de suzeraineté qui rattache encore le Dominion à la couronne d'Angleterre aura été rompu, une grande puissance française sera fondée dans l'Amérique du Nord et servira de contrepoids aux cent millions d'Anglo-Saxons, mâtinés de Germains, qui peupleront prochainement les États-Unis. Peut-être l'envahissement de la race canadienne-française, qui a déjà entamé plusieurs États limitrophes de la grande république américaine, amènera-t-il même un refoulement de ceux qui, aujourd'hui, ne parlent que d'absorber les descendants des 65,000 Français, abandonnés jadis sur les bords du

Saint-Laurent et sauvés d'un naufrage complet par la conservation de leur langue, de leur religion et de leurs mœurs

C'est là, en effet, un phénomène intéressant que de constater les facultés prolifiques, dans certaines circonstances, de cette race française déclarée impropre à la colonisation par ceux qui ne connaissent pas son passé et n'ont sous les yeux que les obstacles opposés à l'initiative individuelle. A plusieurs reprises, dans le cours de cette étude, il a été parlé du refoulement naturel et progressif de l'élément anglais vers les États-Unis par la population canadienne-française. Ce qu'il y a de plus merveilleux à constater, c'est que cette population, non contente de prendre au Canada même une extension croissante, se déverse également dans le nord des États-Unis, là où, il y a un siècle, on reconnaissait l'absence presque totale de l'élément français. Peu à peu les Canadiens ont pris le chemin de la frontière pour se fixer dans les États limitrophes de leur pays, attirés surtout par le travail des usines, beaucoup plus développé qu'au Canada et plus rémunérateur, mais plus inconstant et plus affaiblissant que le travail des champs. Les familles ont suivi les travailleurs et bientôt de véritables colonies canadiennes ont été fondées.

Aujourd'hui on estime à 800,000 les Canadiens-Français répandus aux États-Unis dont 500,000 sont fixés dans les États du nord-est. S'il faut en croire les renseignements recueillis par les paroisses, le chiffre s'élèverait même à un million. Les divergences d'appréciation viennent de ce que l'élément canadien n'a été recensé à part que dans quelques États et encore ce dénombrement remonte-t-il à 1885. Dans Rhode-Island on comptait à cette époque 24,631 Canadiens-Français soit 1/12e de la population totale. Au Massachusetts le recensement du 1er mai 1885 accusait 108,073 Canadiens, soit 1/19e de la population de cet État. Au Minnesota, le seul comté de Polk en renfermait 8,000. En Californie on estime à 20,000 le nombre des Canadiens. Ces chiffres sont aujourd'hui au-dessous de la vérité, car l'émigration du Canada, loin de diminuer, a pu se maintenir et même augmenter dans ces dernières années, et tous les États limitrophes, depuis le Maine jusqu'à l'Orégon, renferment d'importantes colonies canadiennes.

Partout où se trouve une population agglomérée assez nombreuse, une école française est établie, une Société Saint-Jean-Baptiste est fondée, et un prêtre canadien-français est chargé de desservir la paroisse. De cette façon la langue et le culte d'origine se conservent et se perpétuent. L'éducation de famille, les relations constantes avec le Canada, la publication de nombreux ouvrages et de dix-sept journaux canadiens ne contribuent pas peu à ce résultat. Ces centres canadiens actifs, laborieux et jouissant de la meilleure réputation font la tache d'huile tout autour d'eux.

Peu de Canadiens ont abandonné leur nationalité pour se faire naturaliser citoyens des États-Unis, mais parmi ceux qui l'ont fait, plusieurs ont conquis parmi leurs nouveaux concitoyens une place honorable dans les affaires publiques. C'est ainsi que les législatures des États de Minnesota, New-York, Massachusetts, Vermont, Connecticut, etc., renferment des députés canadiens-français. Le Maine en compte quatre pour sa seule part, le New-Hampshire, six.

L'influence canadienne est si peu à dédaigner qu'elle fait souvent pencher la balance électorale du côté vers lequel elle se porte. En 1884 le candidat démocrate à la présidence des États-Unis, Cleveland, a été élu grâce à l'appoint des voix canadiennes dans l'État de New-York; en 1888, le même Cleveland, qui s'était rendu les Canadiens hostiles par sa politique de représailles envers le Dominion, a vu l'élément canadien contribuer à sa défaite.

Cette participation des Canadiens-Français à la vie politique et électorale des États-Unis a cependant un grave inconvénient : celui de leur faire perdre à peu près sans retour leur nationalité. Tant qu'ils conserveront l'usage de la langue française il n'y aura là que demi-mal. Mais le jour où la langue britannique prédominera à leur foyer, et où, comme cela arrive déjà, ils donneront une tournure anglaise à leur nom de famille, le Canada pourra cesser de les revendiquer comme siens.

Tout ceci démontre quel cas les États-Unis doivent faire des Canadiens-Français. Jonathan raille souvent John Bull et Jean-Baptiste; peut-être rira-t-il moins quand ce dernier aura conquis pacifiquement la prédominence dans la terre de Jacques Cartier, de Champlain et de Montcalm.

FIN

TABLE DES GRAVURES

TABLE DES MATIÈRES

PARIS. — IMP. CHAIX, RUE BERGÈRE, 20. — 10482-5-90.

www.ingramcontent.com/pod-product-compliance
Ingram Content Group UK Ltd.
Pitfield, Milton Keynes, MK11 3LW, UK
UKHW031839260826
14628UKWH00001B/475

9 782019 705589